■ 本论丛是重庆大学“双一流”学科重点建设项目“新闻传播学一级学科水平提升计划”研究成果，由项目经费资助出版。

反击侵略：抗战时期的报界动员与新闻救国

新闻传播研究论丛

齐辉 著

重庆大学出版社

图书在版编目（CIP）数据

反击侵略：抗战时期的报界动员与新闻救国 / 齐辉著. -- 重庆：重庆大学出版社, 2025. 3. -- (新闻传播研究论丛). -- ISBN 978-7-5689-4646-9

Ⅰ. G219.296

中国国家版本馆CIP数据核字第2024MS2568号

反击侵略：抗战时期的报界动员与新闻救国

FANJI QINLÜE：KANGZHAN SHIQI DE BAOJIE DONGYUAN YU XINWEN JIUGUO

齐 辉 著

策划编辑：唐启秀

责任编辑：杨 扬　　版式设计：唐启秀

责任校对：王 倩　　责任印制：张 策

*

重庆大学出版社出版发行

出版人：陈晓阳

社址：重庆市沙坪坝区大学城西路21号

邮编：401331

电话：（023）88617190　88617185（中小学）

传真：（023）88617186　88617166

网址：http：//www. cqup. com. cn

邮箱：fxk@cqup. com. cn（营销中心）

全国新华书店经销

重庆正文印务有限公司印刷

*

开本：720mm × 1020mm　1 / 16　印张：15.5　字数：256千

2025年3月第1版　2025年3月第1次印刷

ISBN 978-7-5689-4646-9　定价：68. 00元

总序（一）

马胜荣[1]

重庆大学新闻学院推出一套新闻传播研究丛书，书稿涉及的内容比较广泛，有独到的视角和理论思考，是学院中青年教授在不同时间段的研究成果。

重庆大学文科教育有着近 100 年的历史，1929 年建校之初设立了文学院。新闻教育起步于 20 世纪末期，1998 年成立人文艺术学院，开设了广播电视新闻学专业。2007 年，学校组建文学与新闻传媒学院。2012 年，学校调整学科布局，更名为重庆大学新闻学院。此后，学院不断引进人才，教学和科研不断发展，成果显著。目前，新闻学院已经拥有新闻传播学一级学科硕士授权点、新闻与传播硕士专业学位点，新闻传播学一级学科博士点，形成了本—硕—博完整的新闻传播人才培养体系。

这套研究丛书成稿的时间由各位作者跟踪各自所研究问题的时间不同而定，有的是多年来相关论文的选集，有的侧重传播史的研究，如书稿作者在前言或后记中所言，所著文字都是他们紧密结合不断变化的新闻传播实际进行的理论探讨与思考，或是自己对所关注领域的新闻传播史的研究。书稿所涉及的问题涵盖新闻传播研究的这些方面，迫切需要不断和深入地探讨、思考和追踪研究。我以为，新闻传播研究对现有一些观点或者权威论断进行阐述和解释是有必要的，但更重要的是要发现新闻传播中的现实问题，分析和研究这些问题存在的环境和内在逻辑，提出新的思路和看法，以深化问题和理论研究，或进一步研究新闻传播史上的一些重要问题，提出新的见解。

新闻传播学是实践性很强的学科。我认为，在研究新闻传播的过程中，坚持历史的观点和实践的观点是同样重要的。恩格斯在《路德维希·费尔巴哈和德国古典哲学的终结》这本具有代表性的马克思主义哲学著作中批评了历史领域中的“非历史的观点”。他指出，这种观点“不能把世界理解为一种过程，理解为一

1　马胜荣：第十一届全国政协委员、新华社原副社长兼常务副总编辑。

种处在不断的历史发展中的物质”。他写道：“在这里，反对中世纪残余的斗争限制了人们的视野。中世纪被看作千百年来普遍野蛮状态所引起的历史的简单中断；中世纪的巨大进步……欧洲文化领域的扩大，在那里一个挨着一个形成的富有生命力的大民族，以及 14 和 15 世纪的巨大技术进步，这一切都没有被人看到。这样一来，对伟大历史联系的合理看法就不可能产生，而历史至多是一部可供哲学家使用的例证和插图的汇集罢了。”[1] 恩格斯的这个观点对新闻传播研究有重要的启示意义。

实践的观点同样重要。新闻传播研究无疑需要深刻的理论思考，但这种理论思考应当建立在考察和研究实践问题的基础之上，应当而且必须同新闻实践紧密地联系起来。1999 年著名新闻传播学教授方汉奇先生讲过：“21 世纪是一个高度信息化的时代，是信息经济和知识经济占主导地位的时代。信息经济和知识经济有两大支柱，一是以高新科技为代表的传播技术产业，二是从事新闻和信息产品生产的媒体产业。新闻传播学作为将这两大领域有机联结的桥梁，在今后的国家建设和社会发展中必将发挥越来越重要的作用。”方汉奇先生当年的提醒是准确和重要的。进入 21 世纪后，随着传播技术的不断革新，新闻传播的环境发生了极其深刻的变化，新闻传播的形态、模式、渠道、受众等与以传统媒体为主的时代极其不同，人工智能和算法等新技术给新闻传播领域带来的变化是颠覆性的。在这种传播环境中，越来越多的新闻学者认识到，新闻传播研究要更加关注新闻实践中遇到或者已经存在多年的问题，不断针对具体问题进行深入研究和理论思考。

关注和重视当代新闻传播实践是这套丛书的特点。八位教授的书稿涵盖面比较广，突出体现了他们关注实践的问题意识以及在研究方法和理论思路上独有的视角，反映了他们研究所关注问题的进程与轨迹。董天策长期从事新闻理论的教学、研究和新闻教育管理工作，是很有成就的中年学者。他的书稿《提要探微：新闻传播理论纵横》选编了所发表过的论文中的 28 篇。他对在这一时期“有幸参与其中”的“新闻传播研究波澜壮阔、高歌猛进”岁月深深怀念，这些文章“算

1　恩格斯.路德维希·费尔巴哈和德国古典哲学的终结［M］.中共中央马克思恩格斯列宁斯大林著作编译局，译.北京：人民出版社，1988：23.

是汇集了个人在新闻传播学术河流中的几朵浪花”。郭小安的《反思与重构：新时代舆论学研究的知识转型》、刘海明的《混沌与秩序：新闻伦理探微》、张小强的《颠覆与创新：新媒体生态及其治理》、曾润喜的《沟通与善治：网络时代的媒体与政策传播》等书稿紧密联系新闻传播实际，“眼睛始终没有离开业界的前沿问题”，时刻注意“去瞄准一个随时移动的靶子”，关注“没有得到足够重视”的有关领域，从实际问题入手进行深入的理论思考，提出了一些解决问题的思路与理论框架。龙伟的《历史的褶皱：近代中国的媒介与社会》、齐辉的《反击侵略：抗战时期的报界动员与新闻救国》、张瑾的《开放与嬗变：文献记录中的重庆形象》资料丰富、考证严谨，侧重从研究新闻传播史的视角，阐述他们各自研究领域的相关观点。张瑾和齐辉教授历史学的造诣相当深厚，对各自领域的研究对象进行过多年的跟踪研究，成果比较突出，无论是研究视角还是理论思考，他们的研究都有助于拓宽新闻传播史研究的视野。

我以为，新闻教育中教学与研究是相互支撑的两个方面，两者互为作用、相互完善，推动新闻教育的整体发展。教学主要是对学生的培养，为新闻媒体和其他有类似业务的机构输送人才。研究应该是对新闻传播领域各个方面的规律性研究和相关的理论研究，为新闻传播理论作出贡献。教师的出色科学研究无疑会推动教学工作，使学生能够在学习的过程中更直接分享教师的研究成果，从而推动教学。同样，出色的教学也会给研究注入活力。在书稿中，有一些研究是有学生参与的，能力比较强的学生肯定可以更多地贡献自己的智慧。编写丛书的这八位教授十分受学生的欢迎和尊敬，同时他们的科研成就非常突出，在教学和科研两个方面都为学院作出了贡献。

我相信，随着重庆大学新闻学院的不断发展，学院的教师们一定会有更多的新闻传播研究著作问世，继续为推动新闻传播教育和研究而努力。

是为序。

马胜荣

2022 年 10 月 8 日于北京

总序（二）

董天策

2019年，对重庆大学新闻学院来说，是个具有重要意义的时间节点。这一年，经校内外专家评审与重庆大学学位委员会审议，新闻传播学成为重庆大学自主审核通过的首个一级学科博士点；这一年，“新闻传播学一级学科水平提升计划”获得学校支持，被列入重庆大学“双一流”学科重点建设项目。

从1999年招收广播电视新闻学本科生，经过20年发展，重庆大学建成了新闻传播学本—硕—博的完整人才培养体系，学科专业水平不断提升。2019年、2021年，新闻学、广播电视学两个本科专业先后获批教育部国家级一流本科专业建设点。2020年，重庆大学新闻传播学团队获批重庆市高校协同创新研究团队。同年，新闻传播学在软科中国最好学科排名中进入全国高校同类学科前20%。2021年，在软科中国大学专业排名中，两个本科专业均在全国高校同类专业前20位以内。

面对这样的发展态势，在推进“新闻传播学一级学科水平提升计划”的过程中，我提议出版一套新闻传播学研究丛书，让新闻学院的教授们在建院15周年之际来个集体亮相。经过一两年筹划与准备，“新闻传播研究论丛”终于完成了八本书稿的编撰，交付重庆大学出版社出版。

重庆大学是中央直管、教育部直属的全国重点大学，国家“211工程”和“985工程”重点建设的高水平研究型综合性大学，国家“世界一流大学建设高校（A类）”。20世纪40年代，重庆大学就发展成为拥有文、理、工、商、法、医6个学院的国立综合性大学。1952年全国院系调整，重庆大学成为以工科为主的多科性大学。改革开放以来，学校大力发展人文社科类学科专业，逐步发展成为研究型综合性大学。

1998年，重庆大学成立人文艺术学院，开设广播电视新闻学专业。1999年，成立广播电视新闻系，招收广播电视新闻专业本科生。2004年，获批新闻学、传播学、广播电视艺术学三个二级学科硕士学位授权点。2006年，获批新闻传播学一级学科硕士授权点，新闻学成为重庆市拟建设重点学科。

为了促进新闻传播学科专业的建设与发展，学校 2007 年组建文学与新闻传媒学院，聘任第十一届全国政协委员、新华社原副社长兼常务副总编辑马胜荣为院长。文学与新闻传媒学院在马院长的带领下稳健发展。学院成立当年，即与学校宣传部共建舆情信息研究所（中宣部直报点）。2010 年，获批新闻与传播硕士专业学位点。2011 年，学院与中国人民大学新闻与社会发展研究中心共建新闻传播与区域发展研究院。2012 年，学校调整学科布局，将中文系划出，文学与新闻传媒学院更名为新闻学院。

正是在这个时候，学校物色我来主持新闻学院院务。这是我从未想过的。在学校领导的感召之下，我接受了邀请，深为能够服务于家乡的顶级大学而备感荣幸。当年，林建华校长曾提出一个问题：重庆大学新闻学院能否不办博士教育而专注于硕士教育尤其是专业硕士教育，办出特色，像美国哥伦比亚大学那样？个人以为这是一个富有创意的构想，但考虑到国情，我不得不坦率地回答：恐怕不行。在中国，一个学科专业没有博士点，大家就觉得水平不够。重庆大学新闻学院还是要努力创建新闻传播学博士点。

就任院长后不久，重庆大学人文社科学部负责人要我做一个比较完善的学科专业规划，我未能圆满完成任务，因为当时的师资队伍还不足以支撑一个理想的学科专业规划。我只好说不急，“草鞋没样，边打边像”。幸好重庆大学有个“百人计划”人才招聘项目，我能够陆续引进几位具有学术发展潜力的“百人计划”青年学者，同时努力招聘国内外的优秀博士，在三四年内逐渐组织起具有学术研究能力的基本科研与教学队伍。

2015 年，新闻学院成功申报教育部、财政部高等学校“专业综合改革试点”项目“新闻学—卓越计划”，启动卓越新闻传播人才培养计划；新闻学专业获批重庆市特色专业。2016 年，新闻学院成为中国记协确定的中国新闻奖试点报送 18 家新闻院所之一。2017 年，新闻传播学入选重庆市重点学科，新闻传播与影视艺术专业群（与电影学院联合申报）获批重庆市特色学科专业群，新闻传播与区域发展研究院更名为新闻传播与社会发展研究院，获批校级研究平台，后再更名为数字媒体与传播研究院。学院的发展受到学界关注，被誉为国内高校十所

“最具成长力的新闻学院”之一。

成长，是后起学院的主题，甚至是后起学院长期的主题。重庆大学新闻学院2013年确立了“入主流，有特色，成品牌”的办学思路，2019年提出了“好学求真，力行至善”的院训，期待学院成长，期待教师成长，期待学生成长。令人欣慰的是，这些年来，重庆大学新闻学院一直在成长，教师和学生也一直在成长。“新闻传播研究论丛”系列著作，就是重庆大学新闻学院教师学术成长的部分记录，也是重庆大学新闻传播学者参与中国新闻传播学术研究的个人见证。

对重庆大学这样的高校来说，建成新闻传播学一级学科博士点，新闻传播学进入软科中国最好学科排名前20%，只不过是真正的学科起步，未来的发展道路还很漫长。我相信，重庆大学新闻学院的专任教师，包括“新闻传播研究论丛”的各位作者，一定会奉献更多更好的学术力作。

在此，特别感谢首任院长马胜荣先生。2007年，马老从新华社副社长兼常务副总编辑的领导岗位退下来，千里迢迢来到重庆大学创办文学与新闻传媒学院。2012年，为了支持我顺利开展工作，马老主动让我走上前台，改任名誉院长。即使按规定结束在重庆大学的所有工作之后，马老仍然一如既往，始终关心、支持、爱护重庆大学新闻学院。请允许我代表新闻学院师生道一声：“尊敬的马院长，感谢您为重庆大学新闻学院所做的一切，我们向您致敬！”

2022年10月8日 于重庆

前　言

习近平总书记在纪念抗日战争胜利70周年的讲话中曾高度评价抗日战争对于中国近代历史与社会的意义。他指出，中国人民的抗日战争胜利“是近代以来中国抗击外敌入侵的第一次完全胜利”。“这一伟大胜利，重新确立了中国在世界上的大国地位”，更“开辟了中华民族伟大复兴的光明前景，开启了古老中国凤凰涅槃、浴火重生的新征程”。如果将这段论述具体到中国近代新闻事业发展的历史长河中观察，我们可以发现抗日战争时期无疑是中国近代新闻事业最具“魅力”的时期。

抗战时期，中国新闻事业打破了在少数中心城市发展的不平衡格局，向中国广大内陆地区发展，抗战还使得新闻事业与中国广大民众的生活更加紧密地联系在一起，新闻界的团结与合作蔚然成风。值得注意的是，抗战时期是中国共产党领导人民新闻事业逐步走向成熟和发展，形成马克思主义新闻观的关键时期。此间中国共产党领导的人民新闻事业蓬勃发展，各地抗日根据地发行报刊达400多种，《解放日报》改版和《新华日报》在国统区旺盛发行，马克思主义新闻观孕育生成，这些都使得中国共产党抗战宣传与新闻传播活动成为战时中国新闻事业的中流砥柱。毋庸讳言，抗战时期奠定了中国人民新闻事业的基础，是中国共产党的新闻事业最为精彩、最为重要的发展阶段之一。抗战烽火还锤炼出了一批中国新闻事业的骨干，为新中国的新闻事业输送人才打下了基础。抗战时期的中国新闻事业在前所未有的苦难中艰难成长，续写了近代百年新闻事业发展史最为辉煌和耀眼的篇章。

鉴于抗战新闻传播史的重要性，中国新闻史学界的前辈对抗战新闻史的研究都十分重视。在通史著作中，方汉奇主编的《中国新闻事业通史（第二卷）》、吴廷俊主编的《中国新闻事业史》、许正林著的《中国新闻史》都对抗战新闻业进行了基础性研究，初步建立了抗战新闻史研究的框架。在新闻专史著作中，李秀云著的《中国新闻学术史（1834—1949）》、李建新著的《中国新闻教育史论》和乔云霞主编的《中国广播电视史》分别从新闻学术、新闻教育和广播的视角对抗战时期新闻业的相关内容进行了专题梳理。新中国成立后，学界对抗战时期的报纸及报人还有大量的个案研究。其中，报刊方面对抗战时期重庆《大公报》《新华日报》的研究较为集中，代表成果有方汉奇主编的《〈大公报〉百年史（1902-06-17—2002-06-17）》、吴廷俊著的《新记〈大公报〉史稿》、廖永祥著的《新华日报史》等。新闻学人物研究方面，对张季鸾、范长江等重要报人的抗战活动较为关注，代表作如王润泽著的《张季鸾与〈大公报〉》、方蒙著的《范长江传》等，梳理了上述报人在抗战时期的新闻活动。

值得注意的是，抗战新闻史料的保存和整理在一些地方文献和报纸个案研究中保存较为完整和丰富，且近年来有新史料被不断整理出版，代表性史料有《新闻研究资料》《重庆新闻史料》《新华日报的回忆》等，同时各地所编的文史资料都收录了大量的抗战时期报人的回忆文章。近年来，一批新的历史档案不断被挖掘、整理和出版，如重庆图书馆、抗战文献数据库等，都为研究抗战新闻传播史奠定了坚实的基础。此外，我国台湾地区及海外对抗战新闻史的研究起步较早，台湾《传记文学》记录了部分国民党报人的抗战活动，董显光、曾虚白等人的著作都有战时新闻报业的相关论述，王凌霄著的《中国国民党新闻政策之研究》等专论则从战时舆论制度的角度谈及了一些抗战时期国民党新闻业情况。抗战时期，大量的外国记者云集中国报道战事，他们撰写了大量在渝活动的文章，集中发表在美国的《时代周刊》《生活周刊》。此外，还有外国记者回忆录等间接地记载了抗战时期中国新闻业的内容。例如，海伦·斯诺著的《我在中国的岁月》、白修德著的《中国的惊雷》等，对重庆等地的抗战新闻业都有一定描述，这些回忆以第三方视角为抗战新闻史研究提供了域外视野。

鉴于学界对抗战新闻传播史研究的丰硕成果，本书在内容及编撰中主要呈现以下几个特点。

第一，坚持从史实出发，用史料说话呈现抗战新闻业的全貌。习近平总书记在 2015 年中共中央政治局第二十五次集体学习时曾强调，“深入开展中国人民抗日战争研究，必须坚持正确历史观、加强规划和力量整合、加强史料收集和整理、加强舆论宣传工作，让历史说话，用史实发言。”本书收录的文章坚持在抗战新闻史料的搜集与整理之上立论。论文的撰写、问题的阐发、史实的呈现都坚持言必有据、论从史出的原则，力求尽力详实和准确地还原中国抗战新闻史的具体面貌。在抗战新闻史的史料搜集和使用上坚持以一手史料为基础，用史料说话。书中采用的史料坚持多样性和可信性原则，既包括常规的报纸、期刊文献，也力图尝试将档案，将日记、书信和回忆录等史料放入其中。本书选题大量使用新发现和挖掘的史料，利用日本外务省档案、中国抗日战争文献数据库、国家图书馆民国文献保护计划等相关优秀成果。坚持史料为先的立论选择，强调和突出抗战新闻史研究的史学意识与史学规范。

第二，本书在研究中坚持将问题放在“中心”位置，力求突出问题意识。全书着重解决抗战时期中国新闻传播业如何从“平时”向“战时”转换？抗战时期中国新闻业如何开展民众动员？抗战时期中国新闻传播业如何开展国际宣传？抗战时期中国的宣传政策与策略是什么？针对日本的侵略宣传中国如何有效应对，日本又是如何借助其新闻传播的优势开展舆论战和宣传战？中国共产党新闻宣传事业如何从无到有，如何承当起敌后抗战宣传的重任？全书注重在史料挖掘的基础上提出问题，围绕问题开展研究，既重视时间、背景和事件的铺陈，又重视其中及背后所隐藏的历史问题的再现。

第三，本书强调“人”的意识和活动：以往新闻传播史研究多着眼于新闻业本身开展论述，只见“事业”不见“人物”。即使有一些报人的相关研究，亦是集中于张季鸾、范长江等知名报人。本研究力求跳出这种固有的范式，通过史料的挖掘，将研究视野“下放”到以往被忽略的普通报人及记者，揭示他们在战时的言行、思想乃至活动。既尝试展现报人“个体”在战争中的命运抉择，亦将其放置于“群体”之中，探寻其共性与立场，努力还原战时报人的活动轨迹、思想面貌与精神特质，让新闻界“鲜活”起来。

第四，跳出局域限制，突出“大抗战”视野和新闻传播业的“整体性”与专业性。所谓“‘跳出局域性’突出‘大抗战’”的研究思路，即在地域上突出抗战新闻传播研究的全国性和全局性，不强调某一地方或某一领域色彩。以往有关抗战新闻史书写多偏重地方一隅，往往关注某省、某地，或者强调所谓的“大后方”概念。本书认为，唯有将新闻传播的侵略和反侵略放在全国的视野中考量，才能对各地及各新闻传播领域的活动进行全面的厘清与合理的阐释。在研究时间范畴上，本书将抗战时段延长至1931年东北沦陷之后，到1945年日本投降。此前，所谓的强调抗战新闻传播业的整体性与专业性就是单纯重视战时“报业”研究，而本书将之拓展至广播、通讯社乃至广告及其报业周边产业，从而使研究形成一个完整的新闻事业链。

第五，本书研究内容强调引入新视角。以往研究多只谈“我方”在抗战中的事业及活动，却忽略了“敌方”的视角。但是如果没有“敌方”的研究，“我方”的宣传活动往往缺乏历史的纵深和缘由。故本书选取的论文将日本侵华新闻传播活动纳入研究视野，重视日伪新闻业及其传播活动的研究，用史料揭露日本在华新闻业的侵略性和欺骗性，从而使研究更全面、系统和完整。在选题上，本书的内容涉及报纸、广播、报人、新闻教育、新闻附属产业、传播受众等多个领域与方向，在坚持历史唯物主义、马克思主义新闻观不动摇的立场之上，走多学科融合交叉之路，力求呈现“新时代”抗战新闻传播史学研究的特色、成果与风貌。

2019年1月，习近平总书记在《致中国社会科学院中国历史研究院成立的贺信》中强调，“历史研究是一切社会科学的基础”,“历史是一面镜子，鉴古知今，学史明智。重视历史、研究历史、借鉴历史是中华民族5 000多年文明史的一个优良传统”。中国新闻传播史是中国新闻传播学的基础学科和重要组成部分，有着优良的学术传统和深厚的学术积淀。近年来，随着西方社会科学理论和研究范式的盲目引进，中国新闻史研究有被新闻传播学界“轻视”甚至“边缘化”的危险，“历史无用”的论调亦有所抬头，这种倾向导致中国新闻史学界自20世纪90年代方汉奇主编《中国新闻事业通史（共三卷）》之后，再未出现具有影响力和系统性的新闻史专著。希望本书的出版能够抛砖引玉，推动学界重视抗战新闻史的研究，并为学界早日完成一部具有新时代特色、充分体现“继承性”“民族性”“时代性”“系统性”“专业性”等特点的抗战新闻传播史专著提供一点参考和助力。

当今世界适逢千年未有之变局，尤其是俄乌战争爆发后，国际传播领域的斗争更加激烈与动荡。我国新闻业如何在世界变局中为中国的发展创造良好的内外舆论环境，是中国新闻传播业面临的重要课题。本书亦尝试从新闻史的视角总结抗战时期新闻事业开展舆论斗争的宝贵经验，回顾战时报人及国际友人的活动与思想，以期“以史为鉴，启示当下”，为中国新闻事业发展及新闻学研究创新、提高文化软实力，提供历史素材。本书付梓之际，适逢我主持的国家社科基金项目“中国近代新闻学期刊史研究（1919—1949）（23BXW012）”获得立项，本书为该项目课题成果之一。

本书收录了十余年来我在日本侵华新闻传播史及抗战新闻传播史等研究领域的专题成果，其内容涉及中日宣传战、抗战时期的新闻教育、抗战时期的报业与报人等。本书从策划到出版都得到了重庆大学新闻学院的全力支持，原院长董天策教授曾为书名的拟定、章节的划分反复与我推敲给予指导，现学院领导郭小安院长、曾润喜副院长多次询问本书出版进度。本书能够顺利出版，与学院的关心和支持密不可分。

本书在编写出版期间，适逢重庆大学抗战新闻传播史研究中心成立，本书出版亦可视为研究中心的一份重要成果。特别感谢我的博士生陈康、沈玉莲、李春晖、张德民以及出版社张慧梓、唐启秀等同志，他们为书稿的编辑及校对付出了大量时间和精力，对此我由衷表示感谢。成书之际，回想来路，得到过诸多学人的指点与帮助，他们是中国人民大学王润泽教授、邓绍根教授，复旦大学蒋建国教授，华中科技大学张昆教授，暨南大学赵建国教授，山东大学王咏梅教授、俞凡教授，西北大学王晓梅教授，上海大学齐爱君教授，感谢师友的关心、鼓励和支持。

本书的出版得到市社科规划项目“血火中的奋斗：重庆大轰炸时期中国报业的损失与应对研究（2022NDYB111）”及国家社科基金重大项目“日本馆藏中国共产党新闻宣传史料整理与研究（1921—1945）”（21&ZD323）“中国共产党新闻宣传工作史料收集整理与数据库建设（1949—1966）（18ZDA314）”“中国近代新闻通讯社史料搜集、整理与研究（1872—1949）（23ZD216）”等研究成果的支撑及经费资助。其内容如有错误或不足，欢迎广大读者提出宝贵意见（qihui78@163.com），本人将不胜感激。

齐辉
重庆大学新闻学院

目 录

一　日本对华的新闻扩张与新闻侵略

抗战前“满铁”与日本在华新闻势力的扩张

日俄战争后，日本通过在华设立“南满洲铁道株式会社”（以下简称“满铁”）为其侵略战争提供全方位的服务。“九一八”事变前，满铁蓄意插手中国东北地区的报业经营，重金收买中国报人，竭力扶植日本报刊势力进行扩张，遏制中国舆论力量的发展，其活动对于维系满铁及日本移民在中国的优势地位、扶植和推动日本侵华势力的扩张发挥了极为重要的作用。目前中外学界对这一问题虽有研究，但多从政治、经济等角度切入，而能以传媒为本位，从中日舆论势力角逐的视角分析和研究满铁及其新闻势力在华渗透的研究成果尚不多见。[1] 近年来，笔者在从事伪满新闻史研究过程中陆续发现并整理了一些与中日新闻传播史有关的满铁档案[2]，这些档案真切地反映了满铁在华从事新闻舆论扩张的具体活动，呈现了其收购扶持日本报业势力、打压中国报刊的历史细节，从而为我们分析“九一八”事变前日本在东北新闻强势地位的构建及其影响、理解日本轻易独占东北并实施长达 14 年殖民统治提供了新的认识。

---

1 近年来对日本侵华新闻史研究正成为新闻史研究的热点。在国外尤其是日本对有关战前满铁在中国东北的新闻活动，主要有李相哲的《満州における日本人経営新聞の歴史》；日本学者中下正治的《新聞にみる日中関係史—中国の日本人経営紙》。这些研究对日本人在东北办报的发端和渐进过程进行了叙述；此外研究满铁与东北广播业关系的有贵志俊彦编著的《战争、广播、记忆》、川岛真著的《广播与战争——东亚广播战》等。战后日本学界编著的《满洲的日本人》《近代日本对满洲的投资研究》等著作也对日本在中国的舆论扩张活动有所涉及。国内研究这一问题的著作有黑龙江报业集团编辑的《东北新闻史》、周佳荣的《近代日人在华报业活动》等，这些著述对于厘清日本在东北新闻殖民活动过程，揭露日本在华新闻经营的侵略等，作出了重要贡献。这些多侧重于历史过程的宏观叙述，且研究资料大多利用已有的历史资料，相互转载，以讹传讹的错误之处甚多。

2 满铁自 1906 年设立后，组建了庞大的调查机构，在其后 40 年的情报搜集活动中，积累了数十万件调查报告和档案文书，形成了规模宏大、包罗万象的满铁档案资料。这些资料反映了日本侵占中国的政治、社会、经济、文化的各种状况，为揭露日本侵华罪行提供最有力的证据。从新闻传播史研究专业角度而言，满铁档案尚保存了大量中日近代新闻史的资料。在笔者搜集的满铁档案中有关新闻史料大体可以分为三类：一、为满铁对中国新闻业的调查资料。例如，1926—1935 年，满铁先后完成《满洲言论机关现势》和《满洲新闻通信调查》等调查报告，对中国境内报刊的资本、运营、政治倾向进行过详细调查。二、为满铁所属出版机构所出版的图书著作如《满铁王国》《满洲开发四十年》。三、满铁保留下来的文书、契约、电稿等官方及个人文书中有关新闻的史料，有些以《满铁史资料》《满铁档案资料汇编》结集出版。此外，日本亚洲历史资料中心公开的档案资料中也有一大批有关日本在华新闻活动，满铁及日本外务省对华报刊进行资助、调查和舆论操纵的资料，可与满铁档案相互印证。毫无疑问，作为日方档案其对于研究中日新闻史、伪满新闻史和日本侵华新闻史都具有极为重要的史料价值。但因该档案卷帙浩繁且大量资料散佚严重，故专门以满铁档案为史料系统研究日本侵华新闻史的成果尚付阙如。

一、满铁强力扶植日本报人和报刊势力操控东北舆论

“九一八”事变前，日本在中国的报业活动是在“满铁”的主导下进行的，随着日本人大量移民中国东北，日本在中国东北创办报纸的数量飞速增长，满铁对日本报刊的扶植与控制主要通过出资兴办御用报纸、收购日本“独立”报纸、贿赂中国报人等方式实现。

（一）满铁直接出资扶持兴办“御用报纸”

满铁在中国兴办规模最大的报纸是《满洲日日新闻》。该报1907年创刊于大连，在旅顺、奉天（今沈阳）、抚顺、安东（今丹东）、哈尔滨、营口、长春、鞍山、东京、大阪、汉城均设有分社。该报“由满铁会社总裁后藤男爵提倡”，是满铁在“满洲开发的机关报”。该报除发行日文版外，还有英文版。满铁对该报的经营极为看重，投入巨资，决心将其打造成为“具有巨大势力的理想报纸”。截至1935年该报已拥有资金50万日元。《满洲日日新闻》的董事、社长及员工均由满铁一手任命。“会社业务分为新闻、印刷两部分”。因为资金充裕，设备优越，其印刷业务“成为人所公认的满洲印刷界的权威”。《满洲日日新闻》首任社长为森山守次，并聘任与满铁和日本占领军关系密切的高柳保太郎为顾问。在满铁的资助下，该报“会社业务立即隆盛起来”，成为每日早刊4页、晚刊8页，“内容特别充实的满洲[1]唯一的大报纸”。[2]

满铁还以《满洲日日新闻》英文栏目为基础，创办了英文版。在满铁理事犬冢信太郎和总裁中村的提名下，任命滨村善吉担任该报总编。与《满洲日日新闻》一样，该报的资金亦由满铁提供，在一份现存档案中显示：

提供的保证金1 000日元是由满铁会社领取的现金，因为可以享受利息收益而于几年前换为公债券，其差额和利息用作购置社员公共文娱、网球、冰鞋等运动用具，或用作下级社员生病等意外情况的借款，此款通过正金银行往来存款账户办理。其后由“满洲”日日新闻社向满铁会社请求每月亏损额的补助。[3]

尽管《满洲日日新闻》的英文版经营不佳，但仍能从满铁机构中支取经营经

1 满洲：原指满族族称，近代用于地名，泛指“中国”主义。日本侵略中国东北期间，满洲也意指“东北三省”。伪满时期，日本侵殖民者也称中国的东北人为“满人”。

2 长冈源次兵卫．满铁王国［M］．大陆出版协会，1927（昭和2年）：131-133.

3 解学诗．满铁档案资料汇编：第三卷［M］．北京：社会科学文献出版社，2011：419.

费，其利息甚至可以用于维持该报社成员的福利消费。英文版的各项事务几乎由满铁包办。据社长滨村回忆，该报的英文社论如要刊发首先要征得满铁董事会的同意。这类稿件通常由滨村起草完毕后，翌日晨请经满铁高层犬冢信太郎理事亲自审阅，方能发行。该报曾因报道“天皇御影”不慎，被殖民当局处以停发 3 天的处罚，此间该报负责人“曾向犬冢理事提出请求，在停发期间改换报头重新发行英文版”，而满铁则答复称“不宜更换报头”，对该报决策拥有绝对的控制权。截至 20 世纪 20 年代末，在满铁主导下，《满洲日日新闻》先后 9 次改组，累计接受满铁投资近 75 万日元，最终成为“不仅在全满洲是一流，即使在日本国内新闻界也屈指可数”[1]的大型日文报纸。

（二）收购、兼并和改组日本在华“独立”报刊

满铁并不满足于其在南满地区日文报界的舆论优势地位，它的目标是将满铁的舆论势力伸向整个东北亚地区。满铁长期觊觎在华文报界拥有一席之地的《盛京时报》，借此进一步扩大对中国民众的影响。《盛京时报》是日本在华“新闻界元老中岛真雄所创办的”一份老牌中文报刊，该报 1906 年 10 月创办于奉天至 1944 年停办，经营时间近 40 年。日本对该报在华舆论作用十分重视，评价称：

事业日益走向发展，不仅在满蒙言论界俨然独具权威，而且在中国中外人经营的中文报纸中也诚为白眉（笔者注：“白眉”即同类中出类拔萃者），例如其发行份数常与上海《申报》争一二。该社于大正 14 年间改组为资本 35 万日元全部实缴的株式会社之后，基础更加日益巩固而牢不可破。[2]

作为日本在东北创办影响力最大的中文报纸，《盛京时报》始终标榜独立，因敢于批评中国政局而在东北知识分子中颇具人望。但到 20 世纪 20 年代，随着中岛真雄年事已高，加之其在五卅运动偏袒日方的言论，从而遭到了中国东北各界的普遍抵制，经营逐渐陷入困境。为了维持这一日本传统报刊的经营，日本“外务省再三求救于满铁”，希望由满铁出面对该报施以援手，提供资金上的援助。在满铁的补助下，《盛京时报》“收支逐渐达到平衡”，暂时渡过难关。随后又借助直奉战争的报道，实现了报纸“中兴”，20 世纪 20 年代中后期，该报发行

1　井上谦三郎．大连市史［M］．辽宁：大连市役所，1934：764.

2　菊池秋四郎，中岛一朗．奉天二十年史［M］．奉天二十年史刊行会，1925：159-160.

量“一跃达 1.7 万余份”，从而为后续的发展“奠定巩固基础”。

1925 年，中岛真雄因年事已高萌生退意，拟将该报出售，满铁遂积极出面组织对该报的收购、改组。在满铁对《盛京时报》的改组计划书中显示，满铁打算以 35 万日元的估价，一次性买断该报的“全部财产和发行权”，将其改造为株式会社。其中，满铁出资 20 万，日本外务省投资 15 万，这笔收购费用一部分用于该报所欠债务，一部分则用于“偿付该社全部财产及发行权而交付中岛真雄”。[1]“改组后的《盛京时报》：今后因经营所发生的一切亏损全部由满铁负担。”对于该报的经营，满铁委托旗下的《大北新报》[2]代为管理。为此满铁评价道：“哈尔滨《大北新报》抱着每年亏损 1.6 万日元的决心进行经营，从国策观点来看应该得到称赞”[3]。

需要特别注意的是，在《盛京时报》的收购过程中，日本外务省原计划认股 5 万日元，但因担心“如以外务省或与外务省有关者为名义人，均可能引起中国当局之怀疑”。故提出“拟在外务省负担股票钱款上的权利义务的条件下，最好将我部股票以贵社名义处理”[4]，通过满铁以企业兼并的名义淡化收购的政治色彩。

1925 年，满铁最终以 23.5 万日元收购《盛京时报》，成为出资该报的第一大股东。[5]满铁档案显示，《盛京时报》被收购之后，得到了多种形式的资金援助。在《盛京时报》社昭和 6 年（1931 年）度决算监查报告中显示：

我社由于近几年来屡遭中国官宪压迫，发行份数逐渐减少，本报销售收入也因受银价暴落的影响而事业衰退，连年相继亏损。至昭和 4 年度之亏损额，经我社恳请满铁的结果，已全部给以补贴，并从昭和 5 年度起由满铁每月给予补助金 2 000 日元。但仍因上述原因不仅事业恶化，而且至本年上半年为止，昭和 5 年度及 6 年上半年亏损额又累计达 22 050.15 日元，不但经营资金枯竭、用品费无着，甚至连工资都要经常拖欠，当时恳请满铁于 10 月 6 日借给资金 15 000 日元，另外，10 月 4 日即将到期的满铁借款 4 500 日元，也同意延期并计入上述资金。我社董监事等从 9 月份起已降低董监事报酬，并从 10 月份以后减发社员工资一成，

1　满铁档案［A］. 满铁理监事会决裁，社文庶 24 第 15 之 210 号，1925 年 3 月 16 日.

2　《大北新报》是《盛京时报》的姊妹报，于 1922 年 10 月创办，时为北满最大汉文报。

3，4　满铁档案［A］. 甲种，大正 14 年至昭和 3 年，总体，文书，产业，他会社，盛京时报社，第 15 册之 11，2 号.

5　满铁档案［A］. 甲种，昭和 6—7 年，总体，监理，关系会社监理，盛京时报社，第 114 册之 2，1 号.

此外其他一般费用的开支也极力节俭，如交际费即由董监事自行负责。[1]

正是在满铁雄厚的资金奥援下，以《盛京时报》为代表的日本在华报刊才得以度过各种经营危机，维系发行，而满铁对旗下报刊的资金援助往往是不计成本和回报的，其目的就是维持日报在东北舆论中的主导权。

（三）收买和贿赂日本“独立”报人，扩张舆论势力

除收购报纸外，满铁还拨出大量经费，打着各种拨款、津贴的名义资助日本报人，进而实现对整个报刊的控制。满铁档案中保存了大量日本报人接受满铁津贴后将报纸拱手相让的事例。例如，《哈尔滨日日新闻》是1922年由《北满洲》《西伯利亚新闻》和《哈尔滨新闻》3家日文报纸合并后的独立报纸，其首任社长为儿玉右二。该报立足于俄国控制的北满地区，其言论相较于日本控制的南满地区具有更为强烈的独立倾向。为了能在北满地区拥有一张属于满铁的报纸，满铁不惜投入大量资金，持续不断地对该报给予资金上的投入，详见表1。

表1　满铁对《哈尔滨日日新闻》资金补助[2]

时间	补助金额	补助名义	补助形式
大正11年度（1922年）	每月50日元	无	无
大正12年12月（1923年）	免除贷款利息中的1 000日元	与广告费相抵	无
大正13年1—6月（1924年）	每月补助350日元，支付广告费2 000日元	补助金及广告费	现款及贷款利息抵广告费
大正13年1月（1924年）	付给2 500日元补助金	补助金	现款
大正14年度（1925年）	付给300日元	补助金	现款
大正15年1月（1926年）	付给1 000日元	补助金	现款
大正15年6月（1926年）	付给500日元	补助金	现款

1　满铁档案［A］. 甲种，昭和2—3年，总体，文书，产业，他会社，第2册，1号.

1925年五卅运动爆发后，哈尔滨掀起抵制日货运动。该报经营陷入困境。为此，儿玉右二被迫向满铁大藏理事求援，“请求每月拨付补助金1 000元和铅字购置费4 700元，并言明以遵照满铁意见决定该报一切报道内容为条件。”满铁立刻抓住这一控制该报的难得契机，决定趁人之危，控制该报。在满铁哈尔滨事务所所长古泽幸吉致松冈理事函中这样称：

从我方来说，因时局关系充实此地日文报纸，不单是为本社，且从国家方面来看亦系当务之急，故无妨大体同意其请求。

满铁同时游说“儿玉右二与该社断绝关系”，满铁的内部通信显示，儿玉右二对此有所踟蹰，希望将该报转给日本“留民会”等民间组织经营，并不愿将该报出让给满铁，但满铁高层则势在必得，动用各种关系对儿玉右二开展工作，满铁高层的通信显示，日本对该报的收购情报极为重视，利用其庞大的人脉关系探听其动向：

从砚部检三处闻知，作为儿玉右二与砚部检三两人的意见，他们愿将所有持股全部转归哈尔滨居留民会，之后同该社断绝一切关系。根据上述情况，作为儿玉右二代理人之有久胜平为该社所进行的种种策划，显然未同儿玉右二充分交换意见，结果使我方在对有久胜平的要求的处理上，有所踌躇。为此，望能确切了解阁下与儿玉右二的交谈情况。再者，无论如何，我认为本社以儿玉右二名义贷给的3万日元，应趁此时机将利息一并计入，换成该社股票，变更为本社名义，全部结清，最为重要。[1]

对于满铁的重金收购计划，儿玉右二则游走于各个势力之间，待价而沽。满铁内部通信中显示：

据我方所获情报，儿玉右二通过田中大将正在交涉将《哈尔滨日日新闻》售与张作霖，町野（张作霖日本顾问）答称，权利财产共3万日元即可成交，因价格关系，尚未谈定。[2]

实际上这是儿玉右二的一种策略，想要以此来要挟满铁用更高的价格收购该报，获取利益最大化。1926年，满铁如愿收购《哈尔滨日日新闻》。在与儿玉

1 满铁档案［A］. 甲种，昭和2—3年，总体，史书，他会社，第2册，1号.

2 满铁档案［A］. 满铁东京支社次长致大藏理事电，甲种，昭和2—3年，总体，文书，他会社，第2册，1号.

右二签订的合同中这样规定：满铁以 5 万日元收购儿玉右二及其同僚在该报的全部股份，共计 6 595 股，同时儿玉右二辞去该报社长等职，考虑儿玉右二“在报纸经营上功劳颇多”，满铁废除此前该报所欠的 3 万日元债务。同时任命出身满铁系统的大河原厚仁为新董事。[1]

借助此类收买和并购，满铁无疑已经成为东北报业的垄断巨头，为各家报业背后的无冕之王。资料显示，1936 年 4 月，伪“满洲”国为进行言论统制而设立“满洲”弘报协会，满铁投资的报刊即占了该协会全部报刊资本的 23%，在最初加盟的 7 家报纸中，有 5 家隶属于满铁系统。该协会第一届理事长也由长期掌管满铁宣传舆论机关的高柳保太郎担任，充分印证了满铁对于东北报业具有绝对的掌控能力和发展优势。[2]

二、重金收买中国报人或华文报纸

收买中国报刊及中国报人是满铁控制东北舆论的又一重要方式。由于汉文报刊在文化及语言方面更易为中国人接受且影响更大，因此如何控制和引导汉文报纸及其舆论是满铁所面临的难题。“九一八”事变前，满铁的舆论控制能力主要在满铁沿线及其附属地。以哈尔滨为中心的北满地区，日本统治势力鞭长莫及，尚难实现对整个东北新闻业的全面掌控。为改变这一面貌，满铁利用其雄厚的财力大肆收买中国报人，遏制中国报业的反日言论，实现为满铁所用的目的。

从现存 1925 年满铁高层对满铁哈尔滨事务所所长有关收买中文报纸的请示信函的回复中可知，满铁对东北地区中国人报纸的情报掌握极为全面和准确，对各报的收买价格已成竹在胸。

> 操纵贵地中文报纸问题，根据大藏理事的意见，认为《国际协报》按照贵职提出的款额决不能达到我方的要求；对于《松江日报》，大概不必投入如申请那样多的金额；但关于利用《华东通信》，据称有充分考虑的余地。[3]

在收购资金的分配及报刊的利用程度上，满铁亦能根据局势的变化，采取分化瓦解、乘虚而入的方针，灵活地制订活动策略，依据中文报刊的经营状况、对

1　满铁档案［A］. 满铁社长安广伴一郎与哈尔滨日日新闻社长儿玉右二契约书，1926 年 10 月 28 日，甲种，昭和 2、3 年，总体，文书，产业，他会社，第 2 册，1 号 .

2　解学诗 . 满铁档案资料汇编：第三卷［M］. 北京：社会科学文献出版社，2011：426.

3　满铁档案［A］. 满铁哈尔滨事务所所长致文书课长函，1925 年 4 月 8 日，哈庶 25 第 1—2 号 .

日倾向及言论影响力综合考虑对中文报刊的收买策略，注重收买资金的使用效率。在一份对《东三省商报》的收买信函中，满铁高层指出：

《东三省商报》：关于本报业经贵方批准，每月支出300日元，所以也许再无必要重新说明。为了慎重，再赘述如下：该社社长叶元宰[1]作为特别区警察总管理处咨议，每月从该处领取津贴，但他似乎与中东管理局无特别关系。所以，本社为了积极利用这一报纸，约定每月支给300日元。这是叶元宰和佐佐木参事直接商定的。敝人认为这一数目还算便宜。货物课长曾来信感到款额是否有些稍多。但在不能满足我方要求时，拟随时取消前约。

对抗日言论激烈、拒绝收买的中国报人，满铁则毫无根据地进行各种污蔑和栽赃。例如，东北地区具有爱国传统和民族色彩的《国际协报》[2]及其创办人张复生[3]，满铁对其可谓恨之入骨：

《国际协报》：该社社长张复生是个心术非常不正的人，以前从日本方面、中国方面、俄国方面都得到很多款额。简单说是个软硬不吃很难斗的人。对满铁来说，也是一个最不易对付的新闻记者。

《国际协报》是东北地区汉文报纸中的翘楚，该报因抗日言论而闻名，为日本侵略势力所忌恨。为让其实现舆论的转向，哈尔滨满铁负责人向满铁高层请示拟用重金收买，均未能得逞，但是满铁并未动摇，时刻关注该报和张复生的动向，伺机而动。1925年，张复生在经营中遇到困难，生活拮据，满铁迅速抓住这一时机，向张复生提出资助要求：

1 叶元宰（1886年—？），号轻帆。广东省新会县人。为中国南洋兄弟烟草公司职员，1921年12月1日，他在哈尔滨道外十五道街创办《东三省商报》，为民办大型日报。任社长兼发行人。办报经费即由公司在哈经销机构提供现大洋7 000元。第一版经常刊载公司所产香烟的大幅广告，因此该报当时被人称为南洋兄弟烟草公司的广告报。“九一八”后出兑给张子淦。该报1933年停刊。

2 《国际协报》于1918年创刊于哈尔滨，创办人为张复生。20世纪二三十年代该报发行量居哈埠中文报纸之首。1937年因抗日言论被日本关东军哈尔滨特务机关强令终刊。《国际协报》的办报宗旨是“志在扶持正义，促进和平”。作为东北地区社会影响最大的一家民办报纸，造就了以萧红为代表的一批左翼作家和东北作家群。

3 张复生（1887—1953年），原名张涛。山东省掖县人。清朝末年，因参加革命党，曾下狱两年。1909年在北京任上海《申报》特约记者。民国成立后来东北，在沈阳主办《简报》和《亚洲日报》。后到日本人主办的《盛京时报》和大连《泰东日报》做编辑。1916年应《大东日报》之聘，任该报总编辑。鉴于日俄在东北势力日涨，该报不足有为，决定创办《国际协报》。1918年7月1日正式创办。1919年11月10日，《国际协报》在哈尔滨改单页日报，发行量达一千二三百份。1920年春，他又将该报第二版改为《俄文日报》。1926年，当选为第一次由国人组成的哈尔滨市自治会估捐委员和参事员。在“五卅”等爱国运动中，披露反对日本侵华的报道，使《国际协报》在读者中赢得了声誉，发行量增加了一倍多。他的文笔畅达，立论卓拔，经常撰写时事评论，受到中外人士注目。

对于该报，过去完全无懈可击。[1]不过，最近发觉张复生在生活费上产生了问题，故感到不应失掉这一机会，马上与其进行了交涉，结果于4月2日得到了对方慨然应允。因此，从4月以后，请每月能支出200日元。当然，这只能做到使其停止攻击满铁的程度，要想积极利用这一报纸，这笔款额尚感不足。总之，既然已将该报拉拢到手，所以增加款额一事，也可在大藏理事来哈时决定。敝人准备采取渐进办法。再者，值得考虑的是，我认为只说服张复生一人还是不够的，对吴总编辑、池编辑也需要给予一定的甜头，关于这一问题目前正在研究。

从这则档案中可见，即使《国际协报》这样著名的抗日报刊在面临经营困境时，也未能彻底抵御满铁的金钱收买，承诺“停止攻击满铁”。可见满铁在收买中国报人上具有相当的腐蚀性和渗透力。

对已有政治背景或政治势力作为奥援的报纸，满铁则拿出更高的价码和收买力度使其在反日言论中保持沉默甚至倒戈，在一份满铁高层收买《松江日报》的信函中可以看见这样的判断和指示：

《松江日报》：如贵职所知，该报是张学良的机关报，所需经费由其支付。该社长郭大鸣是郭松龄的亲弟弟。关于从满铁接受补助一事，郭大鸣本人非常踌躇，在报馆内召开会议，已向吉林发报与他哥哥商量。再者，该报总编辑杨墨宣每月从中东管理局领取津贴，我认为我方也必须拿出200日元左右，否则很难使其沉默。同该社的交涉正在进行，尚未做出决定。

《松江日报》是奉军将领郭松龄之弟郭大鸣于1923年创办的商业报纸。虽然该报标榜“超然独立，无党无系，不偏不倚，以稳健远大之言论，中正和平之主张，而启迪国家，振导社会为唯一宗旨”，但实际却与张学良、郭松龄等奉系少壮派有着密切联系，其经费也由奉系资助，是奉系少壮派在北满地区机关报。该报常常代表奉系抨击直系军阀，并在文章中公开出现“我奉”的字样，充分表明了鲜明的政治态度和舆论倾向。对于这样一份资金充裕的报纸，满铁决定提供不低于奉系的资金援助，以换得其在涉日言论中保持“沉默”。

而对于名不见经传且有一定上升空间的无名小报，满铁也力求绝不遗漏，倾力收买。满铁哈尔滨事务所所长的信函中对哈尔滨的一份名为《华东通讯》的小

1　指曾经收买过该报但未能得逞一事。

报这样评价：

哈尔滨有《哈尔滨通讯》《华俄通讯》《华东通讯》等。其中，《华东通讯》最为有力，所以已着手进行，准备将该报拉拢到手，以散布宣传材料。过去《华东通讯》每月从行政长官公署领取500日元津贴，社长瞿绍伊现任警察管理处的科长，每月领取薪俸。因为最近取消了上述500日元津贴，所以正为弥补其收入而煞费苦心。发现这种情况后，马上就开始与其进行交涉，能否允诺尚未答复。本人酌量大藏理事的意见，可能还要进一步积极利用，有必要尽快与其搭上关系，至于增加款额和加强利用该报，我想随时都可以变更。[1]

《华东通讯》是哈尔滨一位地方警察所办的一份小报，尽管名气不大但因为与其他小报相比尚显“最为有力”，故满铁决定“增加款额和加强利用该报”。

三、控制广告投放，侵蚀中国报业

满铁收买中国报人的另外一种方式就是利用广告费、排版费的投放达到控制言论的目的。这种方式因为其形式更隐蔽，因此颇受满铁和被收买报人的欢迎。“九一八”事变前满铁俨然成为东北地区报纸、商业、广告的中间商。它要求旗下及日本企业缴纳一定数额的广告费，转用于在中文报刊上刊登广告的费用，差额部分由满铁提供补助。

1928年，满铁奉天公所长曾向满铁总部申请，“除在奉天中国报纸的既定收买费外，从11月以后，每月可再对各社增加重新排版费20日元”。这一建议很快得到满铁同意，后续的评价表明：

收买后的成绩极为良好，经常以“如果登载不利于日本人的论调，会妨碍从日本人那里招募广告，难以继续订立版面契约”为借口，牵制了各报论调。[2]

满铁在中国报纸上投放广告通常不签长期合同，最多“将同一广告连载一个月”，以便观察效果及时调整对策。由于满铁的特殊身份不便直接招揽广告，这一工作通常由奉天中日文化协会的都甲文雄负责具体实施招募日本企业在中文报刊上投放广告，满铁甚至规定“以劝募广告费的二成作为都甲文雄的报酬”。在满铁档案中明确记载了满铁对于中文报刊所制订的广告费用：

1 解学诗．满铁档案资料汇编：第三卷［M］．北京：社会科学文献出版社，2011：429.

2 满铁档案［A］．甲种，总体，文书，庶务，补助寄附，第1特册之73.

《东三省公报》：整版320日元；1/2版160日元；1/4版80日元。

《东三省民报》：同上。

《醒时报》：整版200日元；1/2版100日元；1/4版50日元。

《新亚日报》：同上。[1]

满铁利用广告扼杀中国报人的抗日言论十分灵活和娴熟，一旦发现收买的报纸不顺从其意志即动用经济手段加以限制。“九一八”事变前，满铁对奉天部分中文报刊的抗日言论颇为不满，遂决定“停止《醒时报》[2]的广告，改由《东亚日报》[3]刊登广告”。对这一决定满铁解释道：

《醒时报》与辽宁省党部成立同时，经吴铁城斡旋，成为国民党中央党部机关报，每月可得300元大洋补助，因而立即刊载了排日报道，每事均攻击日本，且社长还夸口称：实际上想拒绝刊登日本广告。该报既已成为国民党机关报，因使命关系而表现为这种态度，乃必然趋势，因而再以广告费进行操纵已全然无益，且已并无可能。为此，今后停止在该报刊登广告，拟利用此项经费在《东亚日报》上刊登广告，该报完全属于个人经营，未接受任何补助，发行量较《醒时报》多一倍。[4]

奉天满铁负责人还附上了对《东亚日报》的详细调查，并特意指出“《东亚日报》社长目前正积极活动招募广告，故预料易于对该报进行操纵”。

在奉天满铁的一份广告账目中显示，1928年12月满铁奉天公所在中文报刊投放广告的费用为800日元，但日本企业支付给满铁的广告费仅为465日元，广告月亏损达216日元。但满铁出于其侵略目的仍然需要不断在日企中“劝募广告费”，为提高广告栏目的利用率，满铁提出在广告栏中如有“余白或情报课认为必要时，可适当刊载情报课编写的宣传稿”。[5]可见，满铁对于广告费的投入及使用，具有明确的目的性和指向性。满铁根据时政形势的需要、舆论影响、收买难度，不断地调整对策和广告费的投入，间接实现对华文报业的舆论控制目的。总之，

1，4，5　满铁档案［A］. 甲种，总体，文书，补助寄附，第1特册之85，1号 .

2　《醒时报》是一份中文报纸，由张子岐创办于奉天，是伪满后期“满洲国通讯社”控制下的报纸。参见：周佳荣 . 近代日人在华报业活动［M］. 湖南：岳麓书社，2012：222.

3　《东亚日报》是一份由士绅丁袖东1926年3月私人创办于奉天的中文报纸。陈言等任编辑。原有观点认为该报“报刊的政治方向模糊，很少发表社论”。但满铁档案显示，20世纪30年代日本有意在该报投放广告以影响其政治倾向。参见：政协沈阳市委员会文史资料研究委员会 . 沈阳文史资料：第13辑［M］. 沈阳：政协沈阳市委员会文史资料研究委员会办公室，1987：125.

满铁利用广告达到了一箭双雕的目的，一方面，垄断了南满地区日本企业在中文报纸投放广告的业务；另一方面，亦可借此控制中文报刊的舆论导向。

四、满铁操纵东北报业的特点及国人的反抗与抵制

从满铁创办之初到抗战胜利，满铁控制中国报业的活动时长近40年。其活动时间之长、规模之大在日本在华殖民机构中绝无仅有。与日本对华军事侵略不同，满铁对中国新闻舆论的操纵呈现鲜明的特征。

首先，满铁对中国报业的控制极具隐蔽性。满铁作为有特殊利益的“株式会社”，以企业的面目出现在中国，他们打着“调查”的名义，摸清了东北报业的基本状况，借助其庞大的人脉网络与资金实力，搜集中国报业的各种情报。在适当时机以津贴、资助或广告费的名义利用金钱腐蚀和收买中国报人。在操作中，其活动均由满铁高层直接作出指示，实施过程中则竭力避免由满铁直接出面，借以蒙蔽视听。满铁支付给中文报刊的所谓“广告费”，均以“正金”和“鲜银”等商业机构名义支付，将收买行为伪装成银行的商业行为。另外，满铁也不直接出面投入广告费，多借助“文化机构”负责具体实施。例如，在奉天满铁广告业务全部由“满蒙文化协会”代理，联络则招募“汉奸”具体实施。在一则奉天满铁负责人镰田弥助给情报课长的信函中显示，满铁拟招募两名中国人为“中文报纸联络”之用，“其中张景云是日本仔调查奉天使用过的人，而余成烈则是长期做过调查工作的人”。[1]

其次，满铁对中日报业控制具备独占性的特点。与西方报业的垄断经营不同，满铁对报业的控制和垄断不是以获得经济利益为根本目的，而是依据其言论趋向和国家宣传为目的的政策性行为。以满铁经营的东北报纸为例，其所投资、经营的报纸在责任位置划分为：1. 照看其他的报纸。2. 在统一涉日舆论上统一报纸，达到受人们欢迎的程度。3. 要倒闭的报纸，具有强大经济实力的满铁必须要救助。[2]满铁对中日报业的收购与其说是商业行为，不如说是履行日本的“国家责任”。对于旗下报纸，满铁决定了这些报纸的经营方针、人事任命和言论趋向，位居整个殖民主义宣传体系的核心位置。

1　满铁档案［A］. 甲种，总体，文书，补助寄附，第1特册之85，1号.

2　谷胜军.《满洲日日新闻》研究［D］. 长春：东北师范大学，2014：32.

最后，从对报业的控制目的和效果而言，满铁对东北报业的管控具有极强的侵略性。满铁实施收买行为时明确提出，“如果登载不利于日本人的论调，会妨碍从日本人那里招募广告，难以继续订立版面契约。”满铁对东北报业的收买效果十分满意，多次强调“收买后的成绩极为良好”。在日本侵华进程中，满铁的宣传论调与日本殖民者的侵略步伐紧紧相随，鼓动宣传、不遗余力。满铁宣传殖民文化，开展殖民动员，为日本殖民统治与扩张服务，因此成为日本大力扶持的殖民机构。

面对日本咄咄逼人的新闻侵略，中国报人对其殖民属性与侵略特征有着清醒的认识，并试图对日本在东北报业的扩张展开反制。例如，1925 年奉天地方政府针对《盛京时报》在五卅运动中的言论，采取禁止投递的措施，其在启示中写道：

查本城发刊之《盛京时报》，常有淆惑听闻之记事，于社会上之安宁，影响殊匪浅鲜，迭经商准贵总领事严重告诫，饬令细加标点。乃该报社依然如故，迄未悔改，近日以来，益复变本加厉，不察虚实，对于时局之记载及个人之消息，恒以捕风捉影之谈，作充塞篇幅之资，甚或挑拨是非，离间感情。似此扰乱听闻，不但地方秩序，必将为所破坏，即贵我两国之亲善，亦将为所妨害。为维持地方治安并消除亲善之上之障碍起见，已暂令各派报所，不得配送该项报纸，聊资取缔。因恐贵方有所误会，用特专函奉达，即希贵总领事查照为荷。[1]

打着维护“中日关系”的初衷，禁止派报所邮递该报，迫使《盛京时报》陷入困境。《盛京时报》承认“我社由于近几年来屡遭中国官宪压迫，发行份数逐渐减少”。而满铁的另一则材料则显示，1929 年 8 月，国民党辽宁国民外交协会因日本报纸在中东路事件中的报道也曾刊登《停阅日文报刊启事》：

日本在东省刊行各报，俱为侵略工具，乘机造谣，扰乱社会秩序，用意恶毒，殊堪痛恨。近因中俄问题发生，立论尤为狂谬。倘不力图抵制，前途何堪设想！拟恳贵处即日停阅，以维大局，不胜盼祷之至。[2]

这些措施尽管暂时打击了日本报刊的嚣张气焰，却难以从根本上撼动日本在中国东北新闻舆论中的统治地位，最终随着舆论风潮和反日运动的退热而恢复常态。

1 东北档案馆．奉天交涉员署档案［A］．案卷 4105 号．

2 东北档案馆．沈阳县公署档案［A］．案卷 2515 号．

五、结语

满铁是以军事为后援，以雄厚资本实力为手段，扶持日本报业的势力扩张，对中国报业进行收买、分化、侵蚀和瓦解，逐步确立了日本在东北舆论的优势地位。面对日本的金钱收买，中国报人或是出于维持经营的权宜之计或是为利益所惑，鲜有在满铁的银弹攻势下全身而退者。事实证明，中日报业势力的角逐，从未有过公平的竞争环境，日本报人和报纸也绝不如其标榜的那样坚持所谓“独立”和“客观”的态度。在满铁的操纵、控制下，东北舆论万马齐暗，有人评价当时的东北报纸，“除暴露我民族弱点外，几无一家报纸可以负指导社会之责任”[1]。这些报纸面对日本的侵略，丧失民族气节，在言论上“麻木不仁”“默然视之”，难怪有国内报人诘问：“东北报纸在此日人咄咄逼人之下，安然无事，宁不可怪？”[2]在这种报纸言论氛围下，东北民众思想混乱，民心动荡，中国政府赖以维系的统治基础岌岌可危。概括而言，抗战前满铁经过近 20 多年的苦心经营，并最终促成了日本独霸东北的舆论强势地位。“九一八”事变中，东北迅速沦于敌人手中并实行了长达 14 年的殖民统治，中国报业在新闻舆论角逐的失败，成为其中不可忽视的社会因素之一。

（原文发表于《现代传播》2015 年第 11 期）

1 日人文化侵略下之东北新闻事业——王中致四川报业函［J］. 记者周报，1930（1）：62.

2 调查：日人文化侵略下之东北新闻事业（续）——王中致四川报业函［J］. 记者周报，1930（17）：66.

“九一八”事变前后《盛京时报》的殖民宣传

《盛京时报》是日本在华创办的历时最长、发行最广、影响最大的中文报纸，被称为“东三省日人报纸之领袖”[1]。该报为中岛真雄于1906年创办，1944年停办，在华发行达38年之久。《盛京时报》内容涉及甚广，是评论近代中国政局民生、介绍外国情况的综合性报纸。学术界对《盛京时报》虽有论述，但对其与“九一八”事变的关系研究却尚付阙如[2]。值得注意的是，《盛京时报》舆论势力的扩张，在报界“声名鹊起”，产生了广泛的影响，恰是在“九一八”事变前后，“九一八”事变是影响世界历史的重要事件，作为日本在华宣传的重要报纸，《盛京时报》是如何报道和评论这一事件的？在事变中又扮演了怎样的角色？这些问题值得深入研究。这有助于我们进一步了解《盛京时报》的立场和性质，更为我们理解“九一八”事变及其时代提供了新的视角。

一、偏袒日本的倾向性报道

《盛京时报》创办之初就被确定为东亚同文会机关报，这决定了该报在一系列中日问题中无条件采取了偏袒日方的倾向性报道方式。“九一八”事变前夕，东北先后发生了“万宝山事件”和“中村事件”。前者在日本煽动下，引发朝鲜境内大规模的反华事件，而后者则成为日本发动“九一八”事变的借口之一。在两次事件中，《盛京时报》在报道上竭力为日本辩护，对事件性质颠倒黑白。在“万宝山事件”中，该报将事件责任完全归咎于中方，称“此次事件是中国官县和地主的压迫虐待鲜人所致”，是朝鲜“不良分子，混迹扰事”形成的。在指责

1 戈公振 . 中国报学史［M］. 北京：生活 · 读书 · 新知三联书店，1955：79.

2 目前学界对《盛京时报》相关问题研究主要集中在清末，其中有阎正礼《〈盛京时报〉的舆论宣传与辛亥革命》（吉林大学硕士论文）、张敏《〈盛京时报〉与清末宪政》（苏州大学硕士论文）分别探讨了该报在清末宪政和辛亥革命中的言论主张。焦润明的《〈盛京时报〉所见日本对东北的奴化与掠夺》、《〈盛京时报〉与东北社会生活》两篇文章通过研究《盛京时报》的广告和地方报道，考察日本对东北的侵略与东北社会变迁。此外王璐《〈盛京时报〉（1906—1931）有关文学与历史的研究》（东北师大硕士论文）着重分析该报的史料价值和文学价值。众所周知，《盛京时报》是日本文化侵华的急先锋，但是该报如何在日常报道中向国人灌输亲日 / 奴化思想，如何与日本侵华势力相配合，发挥舆论“先锋”作用？其客观效果如何？对此学界仍研究甚少。

中国的同时，该报竭力为日本开脱责任，称“此次暴动风潮中国方面众口一词”为“日本从中滋事及背后煽惑所致”，实际上，朝鲜的“排华行动”与“日人的挑唆”并无关系，“仇日自仇日，仇华自仇华，彼此截然有别”。《盛京时报》还不忘为日本的“大陆政策”进行辩护，称“所谓日本之大陆政策的侵略潮流，并不沿着日本、朝鲜、满蒙推进”。该报以“日朝移民问题”为例，说“朝鲜移居日本的人口，要比日本在朝鲜的人口多”，“可见日本没有侵略朝鲜的野心”，希望“中国官民诸公，对于日本之大陆政策，务有进一步凝睇熟视之必要”。[1]该报甚至要求国民政府对“在满洲之朝鲜人给予特别之合理合法待遇”，居心叵测地煽动民族矛盾。

“万宝山事件”发生的同时，《盛京时报》对“中村事件”也给予了持续关注。1931年8月20日，该报援引日本通讯社消息连续发表“中村大尉虐杀事件，日侧急速解决方针”，“日上院与虐杀事件，各派均重视该事件”，“朝日报主断然处置”三则消息，阐述日本对“中村事件”的态度。在事件真相尚未明了时，《盛京时报》就叫嚣“此次虐杀事件，为中国对日本傲慢态度之结果……切望当局（指日本当局）采取断然之处置”。值得注意的是，在报道“中村事件”的同时，该报大量刊登“华人袭日侨”的所谓“暴行”消息，通过稿件组合和版面编排渲染中国国内“反日运动”高涨，为日本出兵中国“护侨”张目。[2]从1931年8月下旬起，《盛京时报》利用消息、社评，加大了对“中村事件”的报道力度，逐渐形成舆论声势。在报道中，该报大量采用“虐杀”“惨杀”等字眼，而对中村窃取东北情报一事却三缄其口，刻意制造中国军队无故枪杀中村的假象。1931年9月9日，“九一八”事变爆发前，该报任意刊登“日侧对中村案方针，最后交涉提示证据”“日本政府保持强硬论”等消息，报道日本对此事件的态度方针，暗示日本将对中国采取进一步强硬措施。

作为身处奉天的日办华文报纸，《盛京时报》对东北军在“中村事件”中的态度极为重视。9月9—10日，该报先后刊登《张荣[3]商议中村大尉事案》《中村

1　佚名.鲜人排华之动机［N］.盛京时报，1931-07-16.

2　朝日报主断然处置［N］.盛京时报，1931-08-20.

3　“张荣”指张学良、荣臻。

大尉事件与张学良态度》两则消息，分析东北军内部对“中村事件”的态度分歧。9 月 12 日，该报又对东北军参谋长荣臻进行独家专访，详细报道了东北军高层对中村事件的处理意见。“九一八”事变前，《盛京时报》对“中村事件”的持续关注，使得该事件一时成为中日关系中的“热点”问题，并引起了国内外舆论的关注。在事件中，中方本希望通过息事宁人的方式避免引起中日冲突，但舆论的持续热议，使中方“容忍”“稳甚”之策一时难以奏效。

“九一八”事变爆发后，《盛京时报》在 9 月 20 日报道了事件过程，是最早报道该事件的中文报纸之一。事变发生后，该报迅速组织连续“报道”，捏造事实，混淆视听。关于事变经过，该报以“北大营兵炸毁南满路、导致南满各地成战场”为题，称“18 日晚间，北大营一部分官兵炸毁柳条沟附近之南满铁路，因而引起中日两军之大冲突”。在另一则报道中该报又以“炸路之华兵，曾被击退一次”为题报道，称“18 日午后，北大营西方，突然有中国正规军，依将校指挥之下，炸毁南满铁路，并向日本守备巡逻兵一齐开枪攻击……华军遁走于北方”，随后“华军”“又大举逆袭，亦被日军击退尾追，直冲北大营”。在近百字的事件描述中《盛京时报》的文字耐人寻味。首先，“炸路华兵”作为报道的关键词被以大字方式突出。其次，报道强调此事件是“将校指挥”下的北大营“中国正规军”所为。最后，报道称日军是在抵抗中国军队“逆袭”中，才冲入北大营的。无论是文字编排还是内容，都意在说明“九一八”事变为中国军队有计划、有组织的寻衅行为，而日本的军事行动是出于“自卫”。该报还以“市民对于战事以为日军演戏，均直立街头看热闹”为题称“日军入城……对于市民秋毫无犯……秩序井然”，一方面，说明日军的行动是偶然的突发性事件；另一方面，则掩盖日军在事变中屠杀中国军民的事实。

二、倒蒋反张，诱逼中国接受“直接谈判”

“九一八”事变后，日本提出“以东北政府为对手，进行交涉”“第三国无论以何种名义不容置喙”[1]，即所谓中日“直接交涉”的策略，目的是使“九一八”事变“地方化”，排斥国际干涉势力。国民政府则决定利用国联力量，压迫日本从东北撤军。而张学良则在锦州成立省府，继续指挥和援助东北的抗日势力，这

1　日本侧决定奉天案方针［N］. 盛京时报，1931-09-22.

些举措成为日本占领中国东北的巨大障碍。《盛京时报》在这一时期的言论主要以攻击张学良，离间蒋、张为导向，用舆论动摇张学良和国民政府在东北的统治基础。

“九一八”事变后，《盛京时报》即发表文章，把蒋、张二人视为中日冲突的祸首，把日本的侵略，归咎于中国“军阀和党人”的勾结。该报称，“‘九一八’以前，中日悬案……达三百余件之多，交涉停顿，解决无期”，“时军阀与党人勾结，狼狈为奸，眼中并无日本，谓须将日本在东北之势力，彻底驱逐，诉诸武力，亦所不辞”。对日本“中国方面早已采取绝交之态度……迫使日本出于武力解决之一途。”在另一篇社论中该报又称，“满洲事件系中国藐视日本在满洲权益所致……满洲的繁荣是日本的投资”，而“中国军阀从中渔利”。该报信誓旦旦地说：“日本无支配满洲之野心，不负中国人三千万之重大责任”，在混乱状态中“日本军在满洲维持秩序为绝对必要之大事”[1]。该报以东北人民利益代言人自居，指责蒋、张等人发动内乱，铲除异己的行为，是“20年嗜杀好战，蹂躏人道，民不聊生”，“受制于军阀之下二十年，三千万民众，经其横征暴敛，导致有财产变无财产，无产者流亡走险，饮恨泣血”，日本的侵略是对“军阀势力之摧毁”，因而“举国无措”[2]，把日本侵占、奴役东北人民视为解民倒悬的“正义”之举。

颇有戏剧性的是，日本作为国民党不抵抗政策的最大受益者，却在《盛京时报》上连篇累牍地批评蒋介石和张学良“丧城失地”“不负责任”。该报指出蒋介石“拱手无抵抗断送东三省”，是“政府失职”，“让国人蒙羞”，“对国家无责任，无办法，对民族无半点抱歉之意”。事变中，张学良、荣臻等地方将领也以“不抵抗为唯一护符，丝毫不负责任”，对日政策是“无抵抗，无责任，无办法”[3]。事变中，国民党政府要求公职人员不能擅离职守时，《盛京时报》不无嘲讽地说：“国家有事首先负起责的是当局大吏……诸公卸责弃战，独责刀笔小吏”，这样的国家“天下之遥，古今之悠，亦未曾有之”。在《蒋介石下野？》一文中该报就“蒋介石宣言下野”评论：“中国政治家的话就如同天气预报，蒋下野则张位

1 日本对满洲之关系［N］. 盛京时报，1931-12-04.

2 袁孟德. 与新政权当局为政十要（一）［N］. 盛京时报，1931-11-22.

3 劉禅. 因国难敬告政府［N］. 盛京时报，1931-11-21.

（笔者注：指张学良）不保，新政府必将严厉处置张学良”，“蒋下野之时，即张出走之日”，该报甚至断言张学良下野后的生活是“租界有屋，银行储万金”，其“摩登歌舞之生活，则无些许之影响”。

事实上，“九一八”事变后，国内舆论多对国民党的不抵抗政策持批评态度。《盛京时报》作为日本侵华的舆论工具，为何也加入批评蒋、张的行列中？且要求蒋、张下野的态度较关内报刊更为激烈？细致分析可见，两者态度虽近，但目的却迥然有别。关内舆论，批评国民政府目的是要求其对日抵抗。而《盛京时报》批评蒋、张旨在搅乱国内政局，利用舆论压力迫使政府改弦更张，与日本进行所谓的“直接谈判”。应当注意到的是，事变发生后国民政府依赖国联解决中日冲突的方法，使日本承受了巨大的国际压力。而张学良在锦州建立临时“省府”，组织辽西防卫，援助马占山抗日，更被日本视为独占东北的绊脚石。尤其是在国联启动关于“锦州中立”问题谈判后，国际舆论逐渐威胁到日本独占整个东北，于是，日本诱逼中日直接谈判排斥国际干涉的愿望日益迫切。为此《盛京时报》在11—12月的社评中连篇累牍地呼吁国民政府接受日本的“直接交涉”方针。在《外交须自觉》一文中，该报称解决“满洲问题”除“直接谈判，别无良策”，“九一八”事变后，“中国当局惊慌失措，对于日本态度认识不清，以为恃英美为背景，仗国联余威足以对抗日本……日本如何顽固，当亦不屈服，然而今乃如何？四个月来中国外交……完全失败……此次满洲事变，除直接交涉，它无良策，且愈快愈好，解决延宕一日，则中国不免有一日之损失，若旷日持久以为得计，损失所及殆不可测。”该报指责南京政府的对日政策是“懒惰成性，不明了日本之态度决心，此致外交大失败之根本原因”。该报还不时散布政治谣言，称“中国对直接交涉，似有顿悟，中立地带实为变相直接交涉”。[1]事实上，关于“直接交涉”问题是“九一八”事变后国人对日政策争论的焦点，迫于舆论的压力，国民政府始终对日本的直接交涉方针不置可否，这恰好给《盛京时报》批评国民政府提供了口实。

1　傲霜庵.外交需自觉［N］.盛京时报，1931-12-12.

《盛京时报》的舆论倾向是以日本对华政策为依据的，作为华文报纸，该报利用国内舆论对蒋、张的批评，巧妙地将日本的对华政策融入其中，潜移默化地影响国人的政治倾向。在新闻报道中，该报刻意贬损、丑化东北军将领形象，从中离间，以降低其在国人中的政治地位，瓦解东北抗日军民斗志。“九一八”事变后，该报大量报道张学良的生活秘闻，甚至编造“九一八”事变当夜张学良与某影星共舞的假新闻。与此同时，《盛京时报》竭力把张学良塑造成搜刮人民、聚敛钱财的地方军阀，并以“张学良向北宁路提取巨款”为题配发图片文章，指责张学良利用铁路转运大量私产。当张学良电令荣臻组织锦州防卫后，该报称“小张之左右军阀，在遁逃之余……在锦州设立偏安的省政府”，“长此以往，彼此冲突，就不可免，学良采取抵抗主义……锦州兵力只有五万，而在北平用以自卫之军十五万”，暗指张学良拥兵自保，锦州防卫不过为“蒙蔽国人”。[1] 在另一则报道中，该报别有用心地诬称在锦州防卫的东北军战线部署，牺牲的首先是学生，其次是军队，最后是土匪。当马占山江桥抗战振奋民心之时，该报又以“敌忾义捐化成枕席费用”为题，谎称“上海庆祝将军的义捐”被马占山的部下用于“酒池肉林……枕席之费”，利用道听途说的传闻，破坏抗战将领在国人心中的政治形象。

三、契合国人心态的“放言高论”

《盛京时报》之所以能在“九一八”事变前后“崛起”，并非其偏袒日方的报道，而是该报善于引导和利用舆论，其言论主张契合了国人对国民党统治的不满心态。戈公振曾言，《盛京时报》“肆意言中国内政，无所顾忌，故华人多读之”。[2] 该报主张国民党应改良政治，军阀需消战弥兵，加大对政局民生问题的关注，使其在当时国内舆论界占据一席之地。

《盛京时报》对民生问题的报道十分重视，这极大地拉近了该报与普通中国民众间的距离。1931 年 7 月，中国南方“十六省洪水为灾，灾民逾五千万”[3]。《盛京时报》虽远离灾区，却对此次水灾给予了高度关注，7—9 月该报组织发表“论说”如下所示。

---

1 傲霜庵 . 超国家思想与个人主义［N］. 盛京时报，1931-11-25.

2 戈公振 . 中国报学史［M］. 北京：生活 · 读书 · 新知三联书店，1955：79.

3 郭廷以 . 中华民国史事日志：第三册［M］. 北京近代史研究所，1984：348.

文章名称	发表日期	作者	主要内容
水灾之宜预防	7月28日	石硕	“倡导治水，整治河道”
治东南水灾首须治淮	8月7日	无	整治淮河
水灾防疫	8月18日	无	灾中疫情防治
水灾之救济方法	8月22日	无	灾民赈济
赈灾	8月26日	石硕	灾民安置
水灾以试国人	8月29日	无	水灾应对措施
救灾根本计划	8月30日	无	北方治水经验
禁烟与救灾	9月1日	无	鸦片烟毒与水灾的关系
水灾痛言	9月3日	无	水灾原因分析
赈款的委托与使用	9月4日	无	赈款使用和管理
敬告筹赈机关	9月5日	无	赈款使用和管理
望国人注意水灾	9月6日	冷佛	指责国民政府赈灾不利
旧困救灾首在弭兵	9月10日	无	弭兵养民力与救灾
资产阶级应负救灾责任	9月11日	无	资产阶级与救灾关系
救灾与赏罚	9月15日	无	赈灾款的监督与使用
精神赈粮	9月17日	无	灾民的心理救治

这些报道内容涉及水灾原因、灾民救治安置、善款筹集等方面的内容，对水灾问题的持续关注，尤其是组织社会力量为灾区募集善款，这些举措使该报赢得了良好的社会声誉。值得注意的是，《盛京时报》对南方水灾的大量报道，恰在“九一八”事变前，通过《盛京时报》的“议题设置”，“中日”矛盾被有意淡化，从而或多或少地转移了中国人对日本侵华问题的关注。

除民生报道外，《盛京时报》对国内政治的批评也极为尖锐。有研究者指出，由于《盛京时报》在南满属地，故言论较华人报刊激进，当时许多读者愿意看看日本在骂谁，怎样骂，骂的理由是什么，这成为《盛京时报》销路广的原因之一。[1]尤其是“九一八”事变发生后，中国人面对内忧外患的社会现实，开始深刻反省

1　陈言．沈阳报刊史话［C］// 政协沈阳市委员会文史资料研究委员会．沈阳文史资料：第十三辑．1987：127-130.

国难成因，一时形成思潮。在讨论中，《盛京时报》将国难形成的原因主要归咎于国民党政治败坏。该报指出，“中国不幸乃官吏风气太恶”“一切祸源，由此而生”“现在吏治，较清末尤败”。而吏治的败坏在于国民党一党专政，不能容纳异己，开放言论。该报指出，“常年戒严之下，言论丧失自由，官吏藏私狼藉，而社会莫不敢言”，国民政府“税收奇重，亲民之官皆以民为鱼肉，尤须登报颂其政绩”，但当“天灾一至”则又“不负责任，无人敢言”。该报还指责国民政府执政能力低下，“近年来有军而无党，吏治腐败更在想象之外”，国民政府以“以改革为号召，动辄以建设廉洁政府为言，政权之责任在谋国家与人民之谋利，而仅曰廉洁则置木偶与殿座廉洁有合用”。就政治改良的对策，该报提出：一、要言论自由，在舆论的监督下“贪官无利，赂有所畏，而俭达”[1]；二、开放党禁，“唯有容纳反对派”，一切政党“请按竞争，各寻正轨……许其存在对立，互相督责”；三、要“以法治国”，“与一切腐败，作殊死战”“人人有怀刑之惧，则贪官污吏鲜”。唯有如此，国家才能“创立新风气，表现新精神”。[2]

值得注意的是，《盛京时报》将改良国内政治与对日问题联系在一起，该报对国民党中的亲日分子颇为重视，指出目前国家面临“空前的压迫和外交困难”，若不实现派系和解，则“中华民国的寿命也要断送”。派系和解的方式就是让国民党中亲日的胡汉民、汪精卫等人能够分享到政治权力，希望他们成为蒋介石的左右手，对“广东国民政府”应一体“公正”对待，实行“廉洁政治”，解决党外无党、党内有派的现象。[3]由此可见，《盛京时报》抨击国民政府，改良中国政治的背后是另有目的的。

四、“九一八”事变后《盛京时报》对东北报业的垄断

“九一八”事变后，日本利用报刊发行速度快、覆盖面广的特点，宣传侵略政策，麻醉国人。《盛京时报》因其在东北舆论界中的影响，成为日本殖民当局重点扶持、发展的对象，充当日本舆论侵略的急先锋，报业规模迅速扩张。据统计，“九一八”事变前，日本在东北创办各类报纸近 20 家，而同一时期中国人自办

1　修明吏治与谋士之出路［N］. 盛京时报，1931-08-20.

2　论消毒［N］. 盛京时报，1931-08-02.

3　顽石. 国家多难［N］. 盛京时报，1931-07-22.

报纸也有 20 家[1]，就数量而言，中日大体相等。如考虑到日本一部分为日文报纸的因素，那么中国人自办的规模应略占优势。事实上，“九一八”事变前《盛京时报》在东三省扩张，曾遭遇中国报人的有力抵制。1922 年，《盛京时报》在哈尔滨开办《大北新报》，哈埠报界同仁联合发表声明提出，“不租房给该报馆”“禁送贺词”“不看该报”“不充当其员役”以示抗议[2]。当时哈埠爱国报纸《滨江时报》在《进化与报纸之关系》一文中呼吁：“报纸乃启迪人民……增进文化之利器，社会之宝鉴，故报纸与社会文化有相辅而行之势”“今闻外人在哈创设《大北日报》”“规模及其宏大”，爱国报人当“群起竞争，勿落人后”。[3] 在华人报纸的竞争下，1921 年《盛京时报》发行量仅 25 000 份[4] 左右，尚难以垄断东北的舆论阵地。

“九一八”事变后，“全满形势为之一变，旧东北政权支持的各报一夜之间销声匿迹”，而《盛京时报》则挟日本侵占东北之势，迅速扩张，成为行销东北的头号大报。事变发生前，奉天发行的华文报纸《东三省民报》《新民晚报》《东北民众报》《醒民报》是《盛京时报》的主要竞争对手，尤其是《新民晚报》（1928—1931 年）为张学良扶持的沈阳第一份晚报，言论拥护奉系，曾驳斥过《盛京时报》的不实电讯，[5]“九一八”事变后，这些报纸或被关闭或被捣毁，《盛京时报》在奉天得以独大。日军占领吉林后，创刊于 1909 年的吉林省军政机关报《吉长日报》也因销量大减而关停，其市场空间亦被《盛京时报》所挤占。1931 年冬，《盛京时报》原会长佐原笃介与日本关东军司令本庄繁会晤，指出“目前满洲舆论界正处在危险时期”，希望本庄繁能采取对策控制东北舆论。此后，日本成立统管新闻宣传的机构弘报会，鼓吹要用报纸“向四千万民众晓以建国的理想，使其对未来抱希望”。[6] 为达到这一目的，1937 年，在弘报会的领导下，《盛京时报》兼并《大亚公报》《民报》《奉天公报》《奉天日报》《民生晚报》等华文

1 满洲日日新闻社 . 满洲年鉴［M］. 大连：满洲日日新闻社，1943：36.

2 滨江各界联合反对《大北新报》公告（1922 年 9 月 22 日），转引自黑龙江省档案馆 . 黑龙江报刊［M］.1985：247.

3 进化与报纸之关系［N］. 滨江时报，1922-09-02.

4 孙邦 . 伪满文化［M］. 长春：吉林人民出版社，1993：305.

5 孙邦 . 伪满文化［M］. 长春：吉林人民出版社，1993：306.

6 满洲国史编纂刊行会 . 满洲国史・总论［M］. 黑龙江省社会科学院历史研究，1990：93.

报纸，成为东北第一大报纸。[1] 伪满时期，《盛京时报》最高销量达到 18 万份，规模盛极一时。[2] 正如日本学者所言，“《盛京时报》在‘九一八’事变发生时，销售量虽然一时激减，但不久以后又恢复旧观，直至战争结束，执东北各报之牛耳”。[3] 借侵略势力的帮助，《盛京时报》完成了对东北报业的垄断控制。

五、结语

《盛京时报》在创办之初曾信誓旦旦地表示以“报章”促进“国民教育”，实现“为国家富强之标”，标榜自己是为中国谋福祉的独立报纸。事实证明，这些言论不过是麻痹国人的谎言。尤其是，“九一八”事变前后该报的言论立场与作为，充分表明《盛京时报》是为日本侵略势力服务的舆论机构。对此，该报创办者[4] 曾毫不讳言地用“满洲新闻界的明星，其光辉照耀满洲山河”[5] 来吹嘘《盛京时报》的侵华“功绩”。

事实上，对于《盛京时报》的性质中国人也早有认识。1922 年，哈尔滨爱国报人即指出“《盛京时报》乃日本机关报，人人皆知，开始十七八年，敲诈诬造，无所不为”。戈公振也在《中国报学史》中指出，“外报今日在中国之势力英人为最，日人次之”。而日本人报纸中，《盛京时报》的“言论与记载，均与其国之外交方策息息相关，亦步亦趋，丝毫不乱”，“近 20 年来日人所载之华字纸如《盛京时报》……藉外交之后盾，为离间我国人之手段。”[6] 这些论述都充分说明该报绝非一份普通的华文报纸，实际是为日本侵华张目的舆论工具。

在具体的宣传策略上，《盛京时报》利用中国人对现实政治的不满，对社会热点问题放言高论，在无形中向中国人灌输殖民、奴化思想，颇具迷惑性和隐蔽性。“九一八”事变前，该报围绕东南水灾、军阀混战和政治改良问题的批评，无一不是中国人迫切关注的话题，伪装报纸的“亲民”色彩。在“九一八”事变

1，2　满史会 . 满洲开发四十年史［M］. 东北沦陷十四年史辽宁编写组译 . 北京：新华出版社，1988：374.

3　中下正治 . 日本人经营新闻小史［M］// 黄福庆 . 近代日本在华文化及社会事业之研究 . 台北：台北中央研究院近代史研究所，1982：235.

4　《盛京时报》的主要成员均为日本人，创办人有中岛真雄、染谷保藏、菊池贞二等。编辑记者由中日文人组成：一部分是日本人，他们多数来自大同书院（日本为侵华而设立于上海专教汉文的学校），擅长中文；另一部分为华人编辑如穆儒丐、王冷佛、金小天等。1931 年，主编菊池贞二化名傲霜庵发表了大量时评，多由华人李克庭修改润色。

5　对支功劳者传记编纂会 . 对支回忆录［M］.1936：720.

6　戈公振 . 中国报学史［M］. 北京：生活・读书・新知三联书店，1955：110.

后，该报也言必称“国难”“明耻”，大谈“多难兴邦”，“十年生聚十年教训”让中国人容忍接受侵略现实。在言论上，该报较当时的华人报刊更为激进的态度，竭力迎合中国民众对国民党统治的不满心态。事实证明，这种宣传策略的效果远比赤裸裸地为日本侵略辩护更为奏效。对此，戈公振曾指出，“彼报（笔者注：指《盛京时报》）代表其政府，以我国之文字与我国人之口吻，攻击其政府与国民，斯可忍，孰不可忍”，表明中国报人对《盛京时报》言论的警觉与忧虑。

“九一八”事变前后，《盛京时报》的言论和报道表明，在抗战中舆论争夺的必要性。日本在华宣传机构的舆论宣传颇具隐蔽性，其根本目的是搅乱国际视听，颠覆国民党的政治权威，在民众中制造思想混乱，从而为日本扩大侵华战争规模服务。今天重新回顾《盛京时报》与“九一八”事变，有助于我们更加清晰地认识该报的殖民性质，同时对于重新审视国际舆论竞争，探讨媒介与政治关系，亦不乏借鉴。

（原文发表于《民国档案》2009 年 3 期）

伪满“弘报处”与日本对东北的新闻监控

弘报处原名弘法处，成立于1932年3月“伪满”成立之初，历经14年的不断扩充，其名称几易沿革，职能日趋复杂，最终成为日本对东北进行殖民管理的总机关，作为日本占领东北期间设在伪满的新闻宣传监管机构。在东北沦陷的14年中，它严密地监控着东北的新闻传媒，对东北民众进行奴化思想灌输，堪称日本在华舆论战实施的中枢。长期以来，国内学界对于伪满弘报处的研究一直尚付阙如，该机构如何设立？如何行使职能？又是通过何种方式对国人进行舆论控制？这些问题学界尚语焉不详。笔者以弘报处官方刊物《弘宣》为史料，从中管窥弘报处对东北新闻舆论的钳制。

一、伪满时期“弘报处”的机构设置沿革及其特点

伪满成立之初，日本有感于“政治之妙谛在于民心之归一”，急需建立一个对内了解“民心之动向”，对外“明了我国策发展之实况”的殖民宣传机构，弘法处应运而生。该处隶属于资政局，受伪满“国务院”管理，其职责被笼统概括为：“建国并施政精神之宣传”“民力涵养及民心善导”“自治思想之普及”[1]3项。作为伪满负责新闻宣传的过渡性机构，该处仅存在4个月即被废止。此后，伪满对外宣传事务由其外交部宣化司负责，而“政府之新闻发表”则由国务院秘书处内设的新闻班负责[2]。

1933年2月，情报处成立，隶属总务厅管辖。依据规定，情报处负责“宣传之计划与实施事项”“政府部内宣传之联络事项”和“民间宣传团体之监理事项”[3]。情报处内设中央宣抚小委员会，编印《宣抚月报》（后改名为《弘宣》）为机关报，同时编印《满洲国概览》《旬报》等印刷品对外进行宣传。与弘法处相比，情报处的职责已更为具体，在监控民情的同时甚至直接参与讨伐军队的军

1　吉野丰．弘报处之概观［J］．弘宣，1941（62）：3-10.

2　陈维智．我国弘报宣传之新立足［J］．弘宣，1941（60）：43-54.

3　刘盛源．漫谈弘报［J］．弘宣，1941（59）：8.

事行动。[1]1937年7月，情报处更名为弘报处，依据伪满官职规定，该处为“总务厅之一处”，负责事项扩充为“弘报机关之监理”“宣传之计划制定”“宣传之联络统制”“重要对内外宣传之实施”及“情报”5部分，与总务厅下设的企划、法制、统计、人事、地方5处共同构成了伪“满洲”国的“政治中枢机关”[2]。更名后的弘报处，其具体职权涉及“宣传之联络统制”“通信事业”“新闻事业”“映画事业”等“监督与统制事宜”，其职权可谓“无力不致”，俨然成为一个“情报宣传之综合官厅”。[3]

1940年12月，弘报处又将原来治安部负责的“映画新闻出版之检阅”，交通部负责的“新闻通信之检阅事务”，民生部负责的“文艺、美术、音乐、演剧映画、唱片机、图画等文化行政事务”，以及外务局负责的“对外宣传实施事项”统一收归统辖。至此，弘报处最终成为一个集新闻、出版、宣传、策划等职能于一身的综合性殖民机关。

弘报处的机构组成分工明确，该处设1名弘报处处长，下设8名参事官，“以辅佐处长”。参事官的职责重大，“树立弘报计划”“审议弘报之问题”“研究政府所实施之重要政策”皆为其职责[4]。参事官负责下设8班，分别为庶务班负责“文书、经理、人事”；新闻班负责“新闻发表新闻之指导统制、记事之指导及审查、记者事项”；放送班负责“政策之放送及指导监督”；映画班负责“政策之映画及演艺之指导”；宣化班负责“内外宣传之实施，杂志、出版物（不含新闻）地方弘报组织之强化，弘报员训练，弘报业务之统制联络”；检阅班负责“出版物和放送检阅”；监理班负责“弘报机关之人事监理，宣传材料，弘报机关之补助金”；情报班负责“情报之统制，汇集及分配及弘报调查”。每班设班长1人，受参事官辖制。该处还设有“日满弘报联络会议”，该机构“不依官制手续，认为有必要时，可随时招集”[5]，用以协调“满洲国”与日本关东军、满铁、协和会等机构，以在舆论上保持一致。

---

1 张玉芝.日本统治东北时期的弘报机构［M］// 东北地区中日关系史研究会.中日关系史论集.哈尔滨：黑龙江人民出版社，1984：320.

2 黑龙江日报社新闻志编辑室.东北新闻史［M］.哈尔滨：黑龙江人民出版社，2001：253.

3 吉野丰.弘报处之概观［J］.弘宣，1941（62）：3-10.

4 刘盛源.漫谈弘报［J］.弘宣，1941（59）：8.

5 吉野丰.弘报处之概观［J］.弘宣，1941（62）：3-10.

值得注意的是，弘报处为扩大其政治传播的范围，在地方建立了省、市、县、旗各级弘报组织，并定期培养和训练地方“弘报要员”以加强地方民众对伪满政治的认同。对于弘报要员，弘报处规定，每年在地方组织中选出30人，实行为期两个月的训练，其内容包括“弘报之简单理论及宣传、宣抚、情报、检阅等实践工作”。[1]弘报处对地方负责人员的职业要求很高。该处参事官高桥源一指出，县里的弘报员应该是“县干部的中坚人物”，他们应该具备“传道之信念与科学之冷严，一旦有事不畏缩，以周密之计划，创意之功夫，一切之手段方法以贯彻所期之目的”。[2]为此，弘报处专门创办《弘宣》[3]杂志，用于各地弘报要员交流“宣传理论技术”和“实际宣传资料”。

弘报处还十分重视新闻宣传理论和效果的研究。如有重大新闻发布，弘报处会展开“对策”分析，内容包括“发表事项要检讨国内外之影响如何？政治效果及影响如何？国民能否理解？”“应以何等方法发表？发表之重点置于何处……民心之动向或反应如何？”等，最终“决定方策”。[4]此外，弘报处还有针对性地对中国开展舆论战专题研究。弘报处参事官即为专职从事对华新闻宣传的研究人员，他们撰写的如《中国史上政治宣传纸研究》《中国排日宣传在美国》《中国宣传的实况》等文章对中国抗日宣传策略及战法进行分析，并为日本在新闻宣传活动中实施反制提供依据。

综观弘报处的机构设置过程，笔者认为其发展有以下几个特点值得注意。

首先，弘报处隶属于总务厅，在伪满中央行政机构中具有较高的政治地位。总务厅是日本控制伪满中央的核心部门，又被称为“官厅上之官厅”。总务厅各级官吏均为日本人直接充任，其地位在伪满“国务院”之上，实际是“伪满最高权力机关”[5]。弘报处长均采取日人直接充任的方式，先后由八木沼丈夫[6]、川崎

1　弘报要员训练要纲［J］. 弘宣，1940（62）：60.

2　高桥源一. 关于县弘报之活动［J］. 弘宣，1940（57）：4.

3　《弘宣》创办于1932年，初为半月刊，1939年改为月刊，每年出十期，封面印有“秘”字，当属弘报处对内秘密发行的机关刊物，非普通人可以阅读，目前存世极少，笔者在国家图书馆看到有部分馆藏。

4，5　吉野丰. 弘报处之概观［J］. 弘宣，1941（62）：3-10.

6　八木沼丈夫，日本文化人，曾从事新闻工作。1932年从军，在辽宁等地活动，被关东军首脑看中，负责对中国民众的宣传工作。1937年7月卢沟桥事变爆发后，八木沼丈夫应日本天津驻屯军司令部电召来到天津，筹划组建华北宣抚班。参见：天津编译中心. 日本军国主义侵华人物［M］. 北京：中国文史出版社，1994：545.

寅雄[1]、小林启善[2]、宫胁襄二[3]、堀内一雄[4]、神吉正一[5]和武藤富男[6]担任处长。按日本人的说法，“弘报处即对总务厅中之一处，又掌管人民之直接事项，一方于政治中枢之总务厅内，参划政治之枢机，一方面插根于国民之中，直接办理人民事项，乃弘报处之一大特色”[7]。

其次，日本对东北新闻控制和舆论干预，经历了从间接控制到直接控制的演变，呈现日益严密与强化的趋势。日本占领东北之初，在军事高压之外也试图“攻心为上”。弘报处官员宣称，“统治异族的方针，先要取‘以乃言和彼’的方法，实在不能归顺，在诉诸武力也不晚”。[8]所谓“以乃言和彼”的日语直译意思就是“用宣传使对方归顺”。为此，1936年日本组织伪满主要报社成立“满洲弘报协会”，由“政府大部出资”，负责“全满各新闻社投资”，“监督新闻通信事业”。由此形成了由弘报处通过弘报协会监督报业的管理模式。弘报协会的成立，使弘报处对新闻业的监管颇为掣肘，时常抱怨，“间接监督全满新闻社及通信社……不能直接监督各新闻社”，“事务之进行上，颇为不便”。到1940年1月，弘报处召开“全国新闻社长会议”，突然宣布解散弘报协会，实行“新闻新体制”，“以期指导监督之彻底”[9]，至此弘报处实现了对伪满新闻业的直接操控。

最后，弘报处将新闻业的控制和管理为其各项工作的“中核”。该处组织严密，分工明细，堪称一支专业化的舆论战部队。弘报处成立之初，即提出“弘报处要成为舆论之代表者”，其职能定位为，“当国策遂行之际，唤起国民之积极舆论，对于国民加以启蒙教化，使之成为巩固组织”，而所谓“积极舆论”，最

1 川崎寅雄，日本冈山人，历任伪满外交部宣化司司长、总务厅情报处长等。参见：刘寿林．民国职官年表［M］．上海：中华书局，1995：1492.

2 陈维智．我国弘报宣传之新立足［J］．弘宣，1941（60）：43-54.

3 宫胁襄二，曾出任大连《泰东日报》社长，伪满协和会成员。参见：大连百科全书编纂委员会，中国大百科全书出版社编辑部．大连百科全书［M］．北京：中国大百科全书出版社，2001：76.

4 堀内一雄，在中国化名满良日本陆军士官学校毕业，任伪满第一军管区司令官于芷山的参谋长。参见：长春市政协文史资料委员会．长春文史资料：第66辑［M］.2004：47.

5 神吉正一，1897年生，东京都人，东京帝大法科毕业。历任日本外务省（部）书记官、奉天领事。伪满任外支部政务司长、总务厅法制处长、弘报处长、间岛省长等职。参见：高丕琨．伪满人物——长春市志资料选编：第三辑［M］.1988：28.

6 武藤富男，明治37年（1904年）生，东京帝大毕业。在日本做过检事（检察官），在伪满曾任伪满司法部事务卞刑事司第一科长、法制处参事官、弘报处长，是弘报处中任期最长的一位，日投降后回国。参见：高丕琨．伪满人物——长春市志资料选编：第三辑［M］.1988；41.

7 吉野丰．弘报处之概观［J］．弘宣，1941（62）：3-10.

8 高桥源一．关于县弘报之活动［J］．弘宣，1940（57）：4.

9 陈维智．我国弘报宣传之新立足［J］．弘宣，1941（60）：43-54.

有效的方法就是利用报纸来引导舆论。日本奉天次长松田曾说，“真是一件可惊人的事情，大众的脑袋除了报纸上所念的事情外，简直什么也没有，差不多省公署官吏的脑袋都是由报纸养成的，报纸真是很可怕的东西。”可见，报纸在伪满社会中具有巨大的影响力。弘报处处长武藤富男也承认，“报纸的记事一登载，马上就能惹起种种话题，报纸的威力是非常大的。所以我国政治改革，总要从报纸先鞭策不可。”[1]

二、伪满“弘报处”对中国东北新闻业的新闻统制

（一）操纵伪满新闻业为日本“大东亚战争”进行舆论造势

弘报处的一个重要工作就是拉拢和督导伪满新闻界为日本争霸世界的战略服务。为此，弘报处十分重视与报刊保持密切“合作”，认为这是宣传战的前提。关东军报道班负责人长谷川宇一撰文指出，“我们宣传业务者在直接拉拢民众以前，总得先使新闻记者、通信员成了我们的同调，对于我们事业的成功能够共同欢喜”。[2]

在日本实施重大军事行动前，弘报处往往裹挟伪满报刊进行战争动员和鼓噪，进行舆论造势。这一做法在珍珠港事件前表现得尤为明显。据弘报处新闻班自称，在太平洋战争爆发的头一年中，“在皇军捷报频传声中”“弘报界便一日无暇的剧烈活动，呈出空前的紧张”。[3]从1941年11月5日到12月7日珍珠港事件爆发前，该处组织伪满《大同报》《盛京时报》《大北新报》进行了大规模的“事前宣传”活动，各报共同推出如《大东亚战周年要人名士对谈》、《去年今日》、《战争标语》、《日美交涉经过备忘录》、《北边镇护》（照片）、《大东亚战回顾日志》（漫画）等一系列新闻专题报道。通过议程设置，引导中国人“能忆起去年当时的情景，激起对英美的愤恨心”[4]。

在宣传中，弘报处针对各报的宣传重点和传播效果的优劣进行具体的监督指导。他们认为，在珍珠港事件爆发前伪满“各报单独取材、可以视为各报纸特色”。“《大同报》刊载《国民指导者的话》《轴心国座谈会》《战时日本国民生活》

1　武藤富男．新闻新体制的确立——在全满新闻社长会议上的讲话［J］．弘宣，1941（59）：8.

2　长谷川宇一（关东军报道班长）．宣传杂草［J］．弘宣，1940（56）：4.

3，4　弘报处新闻班．大东亚战争一周年的满字新闻［J］．弘宣，1943（67）：23-24.

《战时美国国民生活》等，其中尤以将战时日本国民生活与美国国民生活的实态，详加介绍，使国民大众于心中做一比较，而益增其对日信赖之念，编辑着眼处甚佳”[1]。《大北新报》则以《大东亚战与钢铁满洲座谈会》为题，“揭载记事，关起国民关怀枪后的生产战，意义颇深”。至于《盛京时报》“无特值得注意者，不过战争照片比较《大同》《大北》鲜明清楚，在宣传上的效力很大。《大同》《大北》两报的战争照片全很失败”。而《滨江日报》的特色则是新闻《漫画》，“漫画趣味颇为佳妙，此外宣传尚能始终一贯，不至中途停止，为它报所不及”。而对老牌日本汉文报纸《泰东日报》，弘报处则批评，称其“事前宣传，《泰东》较他报出发甚晚，表现方法亦不彻底，且缺乏连续性”。对于珍珠港事件爆发的“当日报道”，弘报处颇为得意地说，“各报全很成功，各自有独特的色彩，很多是全新的企划，足徵已尽最大之努力，尤以《盛京》的编辑方法为他报之魁，颇堪嘉奖。”[2]

弘报处还对“珍珠港事件”后一年内伪满报纸宣传进行了一番总结：

纵观各报事前宣传的成绩，虽不能认为十分满意，但对于使人重新忆起去年日美交涉当时的情景，指摘此次战争的责任，揭出英美的矛盾，助长对英美的敌忾心，以及使国民认识枪后国民的责任等均有触及。

对于报道中的不足，弘报处指出，“名为事前宣传，记事的内容却连事后的结论全说出来了（大同、滨江为甚）这样有减损宣传效果之虞”，这些报道“时常中断”自然“不能产生连贯的效果”。[3] 从珍珠港事件前后伪满报纸的宣传造势活动来看，弘报处事前已对各报的宣传计划有过统筹安排和具体指导。从选题、立意、版面设计、新闻图片再到最后的传播效果分析，弘报处对伪满报纸的控制可谓“事无巨细”，颇费心机。

（二）综合运用战争宣传技法，把控和奴化国人心理

弘报处还善于利用欺骗宣传，蒙蔽国人，以巩固日本的殖民占领。日本人认为：

我“满洲”国，民族既然如此复杂，若以与大众生活缘远的或毫无关联的门

1，2，3　弘报处新闻班．大东亚战争一周年的满字新闻［J］．弘宣，1943（67）：23-24.

外汉策划是不行的。宣传需把握对方国民的真实生活而宣传，不然很难煽动，如果对于国内宣传不能收到满意的效果，又怎么能对外宣传呢？

为此在新闻宣传上，他们十分注意揣摩东北民众的心理，指出“他们现在想些什么？希望什么？以及易于感动的是什么？这些事都有彻底研究的必要”“宣传要考虑人情，无视人情反乎自然的宣传，无论如何费力，恐怕也无济于事”[1]。为此，弘报处千方百计地刺探民情舆情。

在策划新闻报道上，弘报处重视使用技巧，认为“宣传是以活人为对手、创意的工夫”。[2]日本人在《弘宣》介绍了大量对华使用宣传技巧、方法的文章。例如，日本十分强调媒体要注意宣传的“隐蔽”和“火候”，指出：

没有适当的动机，没有具体的事实，无理的去实行宣传时，就会反使被宣传者发生疑惑，招来不安，就无意义了。所以在《弘宣》的阵线上，应时常注意宣传的机会，捉住机会，及时实行宣传，这是宣传者的秘诀。[3]

弘报处不断告诫伪满报纸在配合日本宣传上不能太过直白和明显，要用潜移默化的方式来影响读者。弘报处处长武藤富男指出，“外人知道这是宣传，其效果失矣，外人一看就知道这是宣传，那不是宣传，总得到行家看，啊，这是宣传吧的程度”才是成功的。他指出，“宣传最应当注意者，就是总得要将宣传的意图，完全不暴露于外”。他指责伪满的很多报纸宣传隐蔽性不强，导致宣传策略和计划的败露：

常常在报纸上看到揭载宣传计划要纲的全文，什么此种方针、此种要领等言词，很明显地发表出来。中国有句话：“君子远庖厨”，就是说做菜的地方不叫客人看，如果像前面说的那样“啊，你们是这样的方针，这样手段去宣传，这样方法去指导”“是，是那么回事啊”。常注意看报纸，这样的例子，可以说很多，尤其在地方的新闻纸上。有很多是新闻记者不厌其烦地、一字不改地登载出来，犹如把自己的作战计划明白地给人看，失败乃属当然。[4]

关于新闻宣传的灵活性，日人强调：

1　宣传与大众（卷首语）［J］. 弘宣，1941（61）：1.

2　高桥源一. 宣传之研究［J］. 弘宣，1940（57）：4.

3　岸本俊治. 情报、宣传、电气通信［J］. 弘宣，1941（62）：11.

4　武藤富男. 新闻新体制的确立——在全满新闻社长会议上的讲话［J］. 弘宣，1941（59）：8.

事实发生的动机不同，而弘报宣传的对策也就随之各异。因地制宜，因人说法，因对象而采取手段，按事实以定方策……要问病下药，伺机馈食，哪有不收宣传效果呢？[1]

精细的日本人还强调用“不费钱的宣传”，提高宣传效率，做到事半功倍。他们说：“宣传是拿纸子弹或写真炮弹的战争，一滴宣传如一滴血一般贵重，不发盲弹，要有百发百中的信念，去制作报纸、传单、宣传画。”在新闻宣传中要“停止陈腐、奢侈、虚荣的宣传，在树立宣传上的新体制，新鲜，效率，不花钱的宣传”。[2]可以说，在《弘宣》杂志中，这类介绍宣传技巧的文章比比皆是，而《弘宣》的主要读者群体就是伪满各大报社的编辑、记者，这些论述无疑对指导伪满报刊的新闻宣传活动具有很强的操作性。

（三）“新体制之下新闻纸”——弘报处对伪满报业的整肃

伪满成立之初，其殖民报业体制是弘报处间接管理报纸的模式。1936年，“满洲”弘报协会成立，对大新京日报社、盛京时报社、大同报社实行控股经营。至1940年，弘报协会下设29家报社，报纸发行量占伪满报纸总量的90%。[3] 但在同年，弘报协会被突然解散，弘报处处长武藤富男在“全满新闻社长会议”上宣布实行以弘报处直接统制报纸的所谓的“新体制”。新体制提出，“满洲新闻政策第一根干就是在汉字新闻的扩大和强化上”“扩大强化汉字新闻乃是满洲的新闻政策最大的眼目”，很显然日本看中了中文报纸在国人中的影响力，试图通过“培育中文报刊，引导中国人的舆论朝向国家期待的方向”。

日本人似乎也意识到枯燥的政治宣传恐难让中国人接受，于是报业新体制又提出要加强报刊的娱乐功能，实现人心归附。武藤富男说，“在统制经济很紧迫的时代中，总得时常给国民大众一些精神的安慰”“对于小学程度的满人，要给他们一些思想，给他们一些娱乐，新闻的内容总得丰富有趣才行。因此，对于汉字新闻的漫画、相片等总得应该充分地充实才行。今日的宣传不仅要介绍国策，渗透国策，弘报处掌握了文化行政，用文化当做一种宣传国策的方法手段。同时文化自主渗透于国民之中，弘报处的文化行政是有一番重大意义的”。但这种论

1，2　高桥源一．宣传之研究［J］．弘宣，1940（57）：4.

3　东北沦陷十四年史总编室，日本殖民地文化研究会．伪满洲国的真相——中日学者共同研究［M］．北京：社会科学文献出版社，2010：185.

调并未在实际操作中得到贯彻，太平洋战争爆发后伪满汉文报纸从内容到形式迅速与日本报业战时体制靠拢。

伪满成立之初，日本侵略势力尚无力对东北新闻业进行全面操控和管理。因此，东北新闻业的商业化、市场化本已经初具规模。如《盛京时报》《泰东日报》等“竞相扩大篇幅”“每日出八张之不已，更扩充为十二页十六页，真似发刊页数不多，既不得称为大报社者”，显示出伪满报业初期报纸篇幅大，版面多的特点。然而到 1940 年，弘报处直接控制新闻业后，出于侵略战争需要。弘报处对伪满报纸提出“压缩主义”和“力求充实”，“以收事半功倍之效”。[1] 在“新闻报国”的口号下，伪满新闻纸的纸张、篇幅、标题、字号都被压缩。《泰东日报》编辑杨华亭指出，在新体制之下新闻纸不但减少页数，“报面之形式，亦与往昔不同，最显而易见者，即标题缩小，铅字亦行缩小也……在往昔，标题每用大字，由四段五段甚至六段，由一行两行甚至四五行”。在“压缩主义”的要求下，报纸张数被限定在 8 页。为不影响因张数减少带来的发稿量减少，伪满报纸只能通过“标题避免用大字，其段数行数均行缩小”的方式维持出版。

纸张和版面的减少使伪满报纸在内容上不得不“严加选择”，“不重要之记事均加以抛弃”。这一时期，报纸版面被严格限定在政治版、经济版、社会地方版和副刊 4 个方面。弘报处对各版面的要求也十分严格，其中政治版要“以宣传国策为基准”；经济版则要对“经济之统制，方策如何？实施如何？尽量披露”。至于“常散见各报”“经济记事中，每日资金穷屈，物资缺乏，其他如粮食不足，分配不均等记事”，因“刊载此事只能对内影响民心之不安，对外更可予间谍汇集之好材料”，这些信息都被有意屏蔽。报纸被告诫，“纵使穷屈缺乏，应皆要应以统制经济为根据，即实行经济之统，而期一般之节约，早日达成高度国防国家之目的。”只有“如此立言，方为得体，无违新闻报国之使命也”。而至于大众喜欢的社会地方版，则以“有伤风化”而被大幅压缩，而副刊更是因“无病呻吟”和“可让专门杂志揭载”被勒令“毋庸披露”，彻底从报纸上消失。至此，1940 年以后的伪满报纸被弘报处完全裹挟进侵略战争的行列中。

1 杨华亭 . 新体制之下新闻纸［J］. 弘宣，1941（61）：34.

（四）借助对报人的监控干预新闻业务

伪满弘报处还负责记者从业资格的审查和管理。依据伪满《记者法》的规定，记者为“帝国人民及格记者考试者有为记者资格”，对于“禁置产者”和“处禁锢以上之刑者”[1]禁止从事记者行业。而弘报处则是伪满记者考试审查的组织者。在伪满编辑记者的工作受到监管，其工作噤若寒蝉，动辄被究。《大同报》编辑总务杨华亭一再告诫记者要明哲保身，伪满宣传的目的是，“非固国内舆论，不足以抵制外国邪说，尤其赤化思想之排斥，对内外之宣传，莫不以新闻纸是赖”。他尤其强调“对于新闻关系法规，切不可不了然于胸中，以资遵守，以免抵触”，“不仅要谨守出版法所规定之事项，对于未规定事项，亦并非均可任意揭载”。他举例说，如1932年的《出版法》，对于“冒犯皇室之尊严，出版法虽未规定，而关于揭载记事或照片地位之不当，印刷纸不精，字句之错落，漫画之讽刺等，编辑员之刑事责任，亦不可旁贷也”。“至于所揭载抵触法律事项，不问其认识与否？发生实害与否？又动机如何？有无目的？以及记事种类表现方法（直接或暗语）？”只要“客观上，如果认为有反社会性，妨害安宁秩序，善良风俗，均在被取缔之列”。他最后无奈地感叹，伪满的编辑记者对于“所以刊载某项记事，不可不三思而后行之”。出于生计等原因，伪满新闻业从业者的道德良知几乎丧失殆尽，报纸内容充斥着指鹿为马、造谣惑众的不实之词，而这些都被伪满的编辑记者视为理所应当。在他们看来，“对于敌国之破坏宣传，对于本国实力充足物资丰富做夸大之记载，或讳败而言胜，或隐弱而称强，乃属于宣传国策范围，自不必绳之以新闻必须确实也。”[2]

（五）自办官办新闻机构，扩大殖民宣传的力度和广度

值得注意的是，除了控制商业报业，弘报处还自办报纸，通过其组织自上而下地进行传播。1941年珍珠港事件后弘报处增设地方班，具体指导伪满地方的宣传工作。此间，弘报处地方班印刷大量的新闻漫画、传单，以“满系文盲者为主要目标”散发。日本特别强调，宣传画的执笔者要从“宣传对策同一民族中选出”，并特意说“这种事情一看虽然像是无关小事，可是不能不说是最重要的地

1　长泽千代造 . 满洲国弘报关系法规集［M］. 满洲新闻协会，1942：20.

2　杨华亭 . 新闻编辑经验谈［J］. 弘宣，1940（57）：58.

方”。尽管在日人看来，这些由中国人所画的新闻漫画，“画成的原画，要以日本来比较，比日俄战争当时所画的更幼稚”，但刊登出来的效果却能“立即博得满人大众的好评”。[1]

太平洋战争爆发后，弘报处不仅插手商业报纸的选题和策划，还直接组织人力、物力印制新闻报纸和小册子，宣传日本在东南亚的“战果”。其中影响较大的有《大东亚战争胜利报》和《国通写真特报》。前者创办于1941年12月21日，最初是弘报处委托“满洲日日新闻社创刊发行，以满系为对象宣传品”。后来日本人认为“日字办满字新闻，效果不好”，于是改为康德新闻社《大同报》接办。该报第一辑即印刷6万张，“大如报纸的一半”，因为样式小，宣传效果不好，“到第二期改为与报纸一般大，但印数减少为三万张”。该报有时还出“写真版”，其样式是“采用漫画解说的方式辅以简单说明”。[2]弘报处对于该报的图画十分重视，每次出刊前都要专门组织“满洲美术家协会”“大同报馆”，对“漫画的构想，说明文的表现，都慎重检讨”。该报主要以“不能由新闻、广播及映画的报道地区住居的满系大众”为宣传对象，由“印刷所直接向各省市县公署发送”至“僻邑之地”。

而《国通写真特报》则是弘报处委托“满洲”国通信社编印发行。“每期发行八万部”，主要面向民生部管辖的“各学校方面”和治安部管辖的“警务机关”发行，弘报处亦“自购一万部向各县公署，发送四十部至七十部”。这些新闻印刷品通过弘报处地方班的工作，被配送到全满“19省，21市，154县，38旗合计233公署”[3]，实现了宣传的全方位覆盖。

三、伪满“弘报处”殖民奴化宣传的效果评估

“九一八”事变后，日本利用军事占领迅速使“弘报机关”得到“扩充与强化”，并通过信息阻断，使东北民众闭目塞听，与世隔绝。但就东北民众对其宣传内容的反应可知，其效果并不理想。据弘报处参事官岸本俊治自称：

我国弘报机关之现状即以为其中核之新闻纸、放送电影而论，是处于极其贫弱的状态。我们试看新闻纸发行部数60万份，放送厅去者约45万，电影院为190个，其中新闻读者层与放送厅观者，概多重复，且此数中之1/2和1/3又为

1，2，3　谷元茂树.回顾大东亚战争开战后的文书宣传［J］.弘宣，1942（64）：18-30.

日系所占，实不能不使人寒心之状况也。[1]

可见，日本对东北的殖民宣传因遭到国人的抵制，并未达到预期设想。

受战争影响，1940 年以后的伪满报纸上已鲜见副刊和娱乐消息，其唯一功能就是对日本发动的侵略战争歌功颂德。微缩的字体，密集的排版，低劣的印刷，粗糙的纸张，加上不中不日、不古不今的行文，导致伪满报纸毫无吸引力可言。由于伪满报纸的消息多来自日本通讯社的译稿，因此其中夹杂着大量的日文词汇，诸如“提携”“圆滑”“日支”“枪后”“出荷”“厚生”等，生僻的词汇常让中国读者读后不知所云。《大同报》记者弓文才指出，伪满报纸文章“冗长一篇，是引不起读者趣味的”。“大部的政治消息多出自日文电报翻译过来”，使编辑记者都“不能透彻明了这一段新闻的具体意思是在哪里，这样的情形长此下去，看报纸真要比研究科学的书籍还要难了”。而报纸中那些“不古不今”“不伦不类的八股文”令人味如嚼蜡，“旧文学的余味，夹杂些不普通的经典”更让读者阅读社论时晕头转向。为此，弓文才呼吁报界，“满字新闻纸的记事、政治、经济，务使其中肯扼要，以满文的文法来写述，否则便成了非古非今的不通文章”，记者读报尚且如此，对于当时东北民众而言，阅读报纸的兴趣和难度可想而知。

与社会报刊相比，弘报处自办报刊的境遇也可谓堪忧。弘报处内部发行的《弘宣》杂志，因为是“特殊刊物”，其“内容有些单纯、干燥、生硬”，导致“读者范围狭窄”，阅读“有硬无软，难以下咽”[2]。弘报处自办的另一份定期刊物《旬刊》虽是面向整个伪满公开发售，但也鲜有读者订阅。为此日本官吏愤懑地说：“《旬刊》出刊以来，购买者却意外的少，没有的时候说没有，有了又不去读。”[3]

日本宣传效果差的另一个重要原因是宣传内容缺乏真实性。因战争需要，伪满报纸上充斥着日军胜利的虚假报道。这些消息多来自日本军部，其内容已被军方严格过滤。在伪满报纸中，永远是“皇军大捷”“敌军望风而逃”一类的内容，日军作战也每每以微小代价取得“辉煌之战果”。这类夸张的报道，连弘报处处长武藤富男也不得不承认，“报纸的统制和检阅很严格，所以实在的东西很

1 岸本俊治．情报、宣传、电气通信［J］．弘宣，1941（62）：11.
2 周忾生．浅近的宣传术［J］．弘宣，1940（57）：40.
3 高桥源一．宣传之研究［J］．弘宣，1940（57）：4.

少登载”[1]。

新闻真实性的缺乏所带来的直接后果就是报纸缺乏公信力，东北民众自发地对报纸及其从业者采取抵制或疏离的态度。时任《大同报》记者弓文才曾抱怨伪满记者地位低下，“既不如西洋记者那样优越，同时也招来许多的蔑视”[2]，“我国的新闻记者许多不是新闻专门人才，然而在这文化落后的国度里，又何独新闻界为然，所学非所用也不止新闻界而已？”很多人对于“新闻记者讨厌，避之不浼，结果形成了一种敬而远之的情景，这种情形就是新闻界的人自己也莫名其妙”。显然，“蔑视”和“避之不浼”并非记者的专业素质不够，实乃记者丧失职业操守，为日伪服务，进而引发东北民众对伪“满洲”新闻业的反感。

尽管弘报处使用各种各样的宣传手段，但在控制伪满舆论上仍力不从心。弘报处官员常抱怨，“最近宣传战虽已竟凄惨万状，可我们还晏然自如地苟且偷安，我等宣传者对此不得不加以反省。”弘报处参事官高桥源一也指责伪满报业，“一面受到国家的保护反而不去充分地利用我们的武器，对于共产党的魔兽在我们看不见的地方一步一步地来侵蚀我们，热河方面已受到相当的侵蚀”“我国的宣传战是否能常战胜利？不胜的原因就是我们缺少必胜的信念”。当一切虚假、伪善的宣传伎俩全部用尽之后，弘报处最终露出了狰狞的一面，用暴力方式来强迫国人屈服。“宣传的武器，渐次被剥夺”“没有子弹，可以拿统制，统制丢失了，可以凭借腕力去活动，腕力再疲乏，还可以拿牙齿去发挥我们的本领”。[3]

四、结语

伪满时期，弘报处基本实现了对东北新闻业的控制，整个报业被牢牢地绑在日本军国主义的战车上，为日本法西斯的侵略政策鼓噪助威。尽管弘报处及其附属报纸用尽宣传伎俩，却并未改变东北人民的民族观念和文化认同。历史证明，任何虚假宣传和欺骗报道只不过是掩耳盗铃的欺人之谈，最终难逃失败的命运。

（原文发表于《国际新闻界》2013 年 7 期）

---

1 武藤富男．新闻新体制的确立——在全满新闻社长会议上的讲话［J］．弘宣，1941（59）：8.

2 弓文才．对于新闻事业的管见［J］．弘宣，1941（58）：22.

3 宣传上必胜的信念（卷首语）［J］．弘宣，1942（55）：1.

试论抗战时期日本对华广播侵略与殖民宣传

1945 年 8 月 15 日，日本用广播发布天皇“玉音放送”，向世界宣布无条件投降。同日，中国同样借助广播向中国人民宣布抗战胜利。自 20 世纪 20 年代至 40 年代，中日间的广播对抗活动前后缠斗 20 余年，到抗战时期达到顶峰，中日两国均借助广播开展侵略与反侵略的宣传战，广播战的影响与规模前所未有，这场斗争最终以中国抗战胜利而宣告结束。长期以来，日本学界对侵华战争期间在华广播活动研究成果较多，有些研究站在日本侵华的立场或以历史回忆的视角，强调日本在殖民地建设了所谓“具有‘满洲’特色的广播空间”[1]，缺少对历史的反省态度和是非认识。而反观国内学界对抗战时期日本侵华广播的研究成果较少[2]，诸如日本侵华广播活动如何进行殖民扩张？其传播策略和方式有哪些？其殖民宣传的实际传播效果等一系列问题，学界研究尚语焉不详。近年来，笔者在研究伪满新闻业的过程中，陆续发现和翻译部分抗战时日本广播文献史料[3]，而相较于日本其他占领地区而言，日本侵略者在中国东北的广播侵略活动时间最长，规模最大，影响也最为深远。故本文试以伪满在东北的广播侵略活动为中心，管窥日本对华广播侵略活动的细节，进一步揭示侵华战争中日本在华广播活动所充当的罪恶角色。

一、近代日本对中国东北广播侵略活动

自日俄战争后，中国东北开始沦为日本殖民地，“九一八”事变后日本成立了“满洲国”，在东北全面实行殖民统治。为了严密地控制东北民众的思想意识，日本强调攻心为上，注重对东北民众进行殖民宣传，其中广播因其传播范围广、

1　有关日本在华广播战研究，日本学界主要成果有贵志俊彦编著《战争、广播、记忆》、川岛真著《广播与战争——东亚广播战》及《伪满的广播政策》、桥本雄一《声音势力——关东洲大连放送局“满洲广播新闻”》（《朱夏》1998 年第 11 号）。

2　国内主要研究成果有：赵玉明，艾红红 . 中国广播电视史教程［M］. 北京：中国广播电视出版社，2010；哈艳秋 . 伪满 14 年广播历史概述［J］. 新闻与传播研究，1989（3）：158-172.

3　这些文献主要有满洲电报电话株式会社编制的《电电》、《放送》杂志、《满洲放送年鉴》，“满洲国”弘报处编印的《满洲统计年报》《弘宣月报》等。文献散见于哈尔滨市图书馆、辽宁省档案馆、吉林大学图书馆等处。

速度快、渗透能力强、成本低等特点，迅速成为日本侵华信息传播最有力的武器之一。从1925年日本在大连设立放送局到1945年日本战败投降，其20年的广播侵略活动大致可划分为3个时期。

（一）中日广播在中国东北分庭抗礼（1925—1933年）

日本在华广播侵略活动从中国东北起步并随其军事扩张活动展开。1905年日俄战争后，日本在满铁附属开始其广播扩张活动。1925年7月，日本即在大连设立放送局，呼号为JQAK，发射功率为500 W，从此开始其在华20余年的广播侵略活动。日本在华广播动向曾引起中国政府的高度警觉。为防止日本广播的扩展，1925年，在奉系军阀主导下，哈尔滨、沈阳两地开始国人自办广播的尝试。1926年10月1日，哈尔滨广播无线电台试验性开播[1]。在其颁布的《电台规则》中规定，“任何机构不得在东北私设无线电机器”[2]，其旨在限制日本在东北的广播活动。1929年，奉系收回中东路铁路管辖的俄国无线电设备，成立沈阳广播电台。两座电台的先后创办，使得东北成为当时国人自办广播较早的地区之一，形成了与南满地区日本广播的对抗态势。“中东路事件”后，随着大量“白俄”艺术家和侨民离境，导致哈尔滨广播听众严重流失，节目质量下降。到“九一八”事变前，哈尔滨和沈阳两地广播仅晚间7—9点播出3个小时的音乐节目，听者寥寥，经营惨淡。与此同时，日本在南满地区“放送”活动却渐成规模，到1928年，已拥有注册听众7 995人。

“九一八”事变后，日军迅速接管了东北全境奉系的无线广播电台，并从日本放送协会抽调技术人员修理因战争破坏的广播设备。1931年10月26日，沈阳恢复了“军事宣传放送”。1932年2月，哈尔滨广播电台被日军占领，更名为哈尔滨放送。至此，国人在东北自办的广播事业被日本军国主义所摧毁，其基础设施被日军占用，转而为日本侵华战争服务。

在伪满成立后，日本提出“在国土广大、民族众多，文化多样的环境中，实行德政和统治，广播是首选的工具”。在日本看来，在中日战争这一“非常时局”

1 有关哈尔滨广播电台的创办时间，据《满洲放送年鉴》记载为1927年10月1日，而据乔云霄主编《中国广播电视史》记载为1926年10月1日。另据《哈尔滨市志广播电视卷》，记载也为1926年10月1日。因为哈尔滨广播电台是中国最早国人自办广播，故这一时间关系到中国广播起源，故仍有深入研究的必要。

2 佚名．哈尔滨广播无线电台规则［J］．电友，1926（11）：13-14.

中，“宣传国策有赖于广播的扩张与听众的增加”，这是“国家宣传”的重要组成。[1] 1933 年 8 月 31 日，由日本政府、满洲国政府、满铁、日本放送协会、朝鲜银行出资成立满洲电信电话株式会社（以下简称满洲电电），其中日本政府出资 1 650 万元，满洲国出资 600 万元，[2] 虽名为合办，实际为日本政府控制。满洲电电成立后即垄断了东北的电话、电报和广播业务，成为拥有 6 500 名员工的大型电信垄断企业。它下辖大连、奉天（今沈阳）、新京（今长春）、哈尔滨 4 大放送管理局，管理局下设技术部和营业部。前者负责无线广播的技术维护工作，后者则负责广播业务的办理与推广。在伪满的广播活动中，日本毫不讳言其战争目的，明确提出要同“接壤国及南京国民政府、苏联开展国际电波战”。[3]

（二）“惊异的跃进”——日本对华广播战活动的推进（1934—1938 年）

1934 年，随着日本殖民统治逐渐稳固，其在东北的广播扩张活动达到顶峰。这一时期，日本提出，“中央文化要想在满洲普及，必须要建立强有力的放送局，加强广播电力的功率，信号才能覆盖满洲全境”。为此日本出资 100 万日元，在新京建设 100 kW 功率的电台，这是战时亚洲发射功率最大的电台，极大地提高了伪满广播信号的传输能力。该电台投入使用后，日本宣称其广播使“满洲国的报道事业发生了划时代变化”[4]“成为强有力的文化指导机关……满洲的广播已经进入先进国家的行列”[5]。大功率电台的使用，为日本以东北为基地、扩大在华殖民宣传、开设“双重广播”提供了技术保障。

20 世纪 30 年代，日本决定在伪满开设两套广播节目。“第一放送”以侵华日军和在华日人为收听对象。“第二放送”则以中国人、朝鲜人和其他外国人为主要听众。此间日本陆续修建了新京—大连、大连—奉天、奉天—新京的无线电“中继站”，持续提高无线电波的传输质量，实现了上述地区无线电信号的互通。1934 年 11 月，实验性双套广播开始试播。日本称，“其广播节目无论从内容和形式都会让国人耳目一新。新开设的栏目有满洲国国歌、格言先哲故事，对学校

1 满洲电信电话株式会社 . 满洲放送年鉴［M］. 满洲电信电话株式会社，1940：15.

2 满洲文化协会 . 满洲日日新闻社满洲年鉴［M］. 满洲文化协会，1933：486.

3 满洲电信电话株式会社 . 满洲放送年鉴［M］. 满洲电信电话株式会社，1940：33.

4 川岛真 . 伪满的广播政策［C］// 近代中国东北文化国际学术研讨会，2004：3.

5 关于百万千瓦广播开始的经过，参见：日本放送协会 . 昭和十年ラジォ年鉴［M］. 日本放送协会，1935：305.

及家庭演讲，子供新闻及报道、日本语讲座、明日大事记、演讲讲座、盛典讲义、时事解说等。”[1]“第二放送”开播后，中国听众数量持续增加。据日本统计，1934 年收听广播的听众已经有 12 384 人。中国注册听众数量从 1930 年的 409 人上升至 1 362 人。

1936 年 11 月，伪满日语和汉语双重广播正式开播，同年，日本、伪满、朝鲜和台湾实现了“交互放送”。全民族抗战爆发前，日本借助广播已将其本土与殖民地连接为一体。在伪满国内，日本将 100 kW 的大功率广播专门用于汉语广播。日本强调“平衡原则”，“以当地的地方特色和民族分布来安排不同语言的节目”。在具体区域上，形成了以大连为核心的日语广播，新京为主的汉语和鲜语广播，以及以哈尔滨外籍听众为主的俄语、英语广播。到 1937 年全民族抗战爆发前，侵略者对东北的广播控制已十分牢固，其信号传播已覆盖整个“满洲国国境”，伪满广播俨然成为日本对中国内陆地区实施广播侵略的后方堡垒。

“七七”事变后，伪满广播旋即按照日本宣传的整体战略对南京国民政府和苏联广播展开电波战，在国际上宣传“满洲”国的“国际正义和正当立场”使命。1937 年 7 月 17 日，日本在大连开设针对华北和华东地区播出的中文短波广播节目。随后与华北伪政权实现了广播节目的“交换放送”。此后每周星期五和星期六两日，“满洲”和华北相互进行广播互播，其内容包括“治安宣抚、名士演讲、教育、治安、产业、经济、商业和文艺”。借助通州、唐山、山海关、奉天中继站的转播，日本借助无线广播将华北与“满洲”两大占领区连接在一起，从而扭转了“七七”事变之后日本在华北宣传真空的局面。此间，伪满广播用户已增至 71 355 人，其中中国收听人数达 16 550 人。日本人用“惊异的跃进”来形容伪满广播势力的急剧扩张。在大连、新京、苏家屯、甘井子等地区，广播的每百户拥有率甚至超过 20%。[2] 伪满广播的中国听众主要是伪满公司的银行职员、商人、官员、军人，他们占据了国人收听总人数的 81%。1937 年，日本甚至为伪满广播制定了“1937—1942 五年规划”。该规划宣称，“要在满洲国境内 15 000 人以上的城镇和 1 000 人以上的村屯实现电波覆盖”，计划到 1941 年实现收听总人数 50 万人的“宏伟”目标。

1　满洲电信电话株式会社 . 满洲放送年鉴［M］. 满洲电信电话株式会社，1940：19.

2　大连 27.3 户，新京 24 户，苏家屯 30.3 户，甘井子 23.9 户。参见：满洲电信电话株式会社 . 满洲放送年鉴［M］. 满洲电信电话株式会社，1940：39.

（三）战时伪满广播与日本侵略宣传的终结（1938—1945 年）

自 1937 年以后，伪满广播积极实施对南京国民党中央广播电台的干扰和压制，提出“针对激进的南京广播，全满各要塞都施以特别措施，对南京广播断然进行抨击”，全力阻止“南京方面”广播向华北和满洲渗透。1937 年 9 月 30 日，南京“中央广播电台”惨遭日军轰炸，对华北和东北的宣传能力严重下降，伪满广播乘势增加了对华东地区的广播时间。在组织上，日本将原新京、大连、奉天、哈尔滨的 4 大放送局升格为“中央放送局”[1]，强化了伪满宣传管理机构弘报处对放送内容的检查[2]。自 1937 年以后，伪满广播中的“教导式宣传”和“宣抚内容”节目日渐增多。此外，“日本关东军、满洲国政府、协和会、满洲电电”还共同组成了“宣传联络会议”，旨在协调各方立场，统一广播的内容和言论。在该组织中，关东军对广播工作具有绝对的控制权，广播中充斥着日军战无不克、以少胜多的虚假宣传，而对于中国民众的抗日活动和日军侵华暴行却只字不提。正如伪满的日本官员所说，“我们不想让听众听到日本不争气的事情，特别是在满支，我们想要他们清楚地听见日本‘跃进’的样子”[3]。1939 年 6 月—1940 年 7 月，伪满进一步加强国际广播，新京中央放送局增设了两部 20 kW 广播发射机，使用汉语、俄语、英语、蒙古语对远东、欧洲、中国南部等地开展广播，每天 4 次，全天播音近 4 个小时。诺门坎冲突后，伪满加强了与德国、意大利的广播宣传合作，签署了同其他轴心国的“广播交换协议”，实现了伪满与德、意两国的广播节目交换播出。

太平洋战争爆发后，伪满广播完全走上了“大东亚圣战决战体制”和“日满一体化”的道路，随着日本南进扩张，攻城略地，广播成为报道日本战况的首要工具，在伪满大肆扩张。广播传输的迅速和便捷，让日本“对广播的价值有更进一层的认识”，负责伪满宣传的日本官员甚至称，“即使满洲电电一万七千人全部出动，声嘶力竭的巡回宣传，也无法如广播一样将新闻传播到远方，这是广播

---

1 上森生 . 放送一年の回顧から［J］. 电电，1941，7（11）.

2 齐辉 . 伪满时期日本对东北的新闻监管与舆论控制——以伪满弘报处为中心讨论［J］. 国际新闻界，2013（7）：73-80.

3 葉書回答二，現下の滿支へ何を放送すべきか［J］. 放送，1940，10（1）.

的强大之处”[1]。此时，广播已超越报纸成为日本对华宣传最有力的工具。[2]但随后，日本的广播活动即随着战局的扭转陷入颓势。自 1942 年后，日本在东北的广播扩张已成强弩之末。随着日本在太平洋战场的失利，日本将伪满当作其战争供应地，无情掠夺其各项资源。由于物资极端匮乏，伪满开始将收音机所用的电池和修理零件设为配给商品，限制供应。1943 年，满洲电电对机构进行调整，新成立的新京放送局负责全满广播的协调和管理。1943 年 11 月，日本将“胜利的记录”“呼叫大东亚”两档栏目从伪满广播中撤销，显示出其在东北的广播战能力正在被削弱。1943年后，广播成为满洲国土防空的重要手段，1945年8月9日，苏联对日宣战，伪满广播开始播出“空袭导报”。1945 年 8 月 15 日，伪满“第一放送”播出“天皇玉音”宣告无条件投降，8 月 19 日，苏军全面接收满洲电电，其职员被遣散。至此日本在东北的广播侵略活动宣告终结。

二、日本在伪满广播扩张活动宣传内容与传播策略

伪满时期的广播节目“每天有国歌、建国体操、格言、日语讲座、音乐、气象、经济市况、戏剧、新闻、歌曲、讲演等”。此外有专门针对学校的“学校放送”和儿童的“子供时间”，其节目类别大体可以归纳为“慰安、教养和报道 3 大项”。[3]广播节目的编成与制作影响国人的民族观念和国家认同感，强化对日本殖民统治的认同感，在“听户于百闻不厌中，收潜移默化之效”[4]。

（一）“寓教于乐”——以“慰安放送”为殖民宣传主要内容

在伪满播出的广播节目中，最吸引中日听众的节目类型当属“慰安放送”。所谓“慰安”实际就是广播文娱节目，其形式主要有音乐、曲艺、戏曲和广播剧等。伪满放送官员由川勇曾指出，“音乐和表演都是广播的娱乐节目，作为国民日常生活的一部分承担着思想战的义务”[5]。为此，满洲电电安排了大量的娱乐节目，借此宣传日本占领中国东北的合法性。据日本统计，1938 年奉天“第一放送”各类节目播出时间的比例分配为，新闻 39%、慰安 36%、教养 25%。在伪满广

1　高塚生 . 放送月評［J］. 电电，1942.

2　武藤富雄 . 放送と宣伝［J］. 电电，1942.

3　张永祥 . 无线电放送与教育问题［J］. 建国教育，1941，7（10）：48.

4　刘三多 . 放送教育概要［M］. 伪满民政部社会科，1939：31.

5　油川勇 . 放送内容の取締方針に就いて［J］. 电电，1940，7（11）.

播中娱乐节目与新闻节目大体平分秋色，占据了播出节目的主流。

在娱乐节目中，歌曲是最为普及的娱乐节目，而其中西洋音乐、中国戏曲和日本音乐构成了伪满音乐节目的主流。20 世纪 30 年代，由于大量白俄音乐家流落东北，故西洋音乐在东北地区有一定的听众基础，依托于哈尔滨交响管弦乐团、新京音乐管弦乐团、新京军乐团、满铁铁道工厂吹奏乐团，伪满广播大量转播音乐演奏的实况。为解决在华日人的思乡情绪，“第一放送”还播出大量的日本歌曲，借助广播推广，奉天等地出现了很多长呗、小呗、歌泽等日本歌曲团体。伪满广播还通过竞演来打造歌星，例如，在奉天播出的“满洲新歌曲”竞演中，李香兰脱颖而出，一举成名，其歌曲“夜来香”等在“满人社会”十分流行，迅速成为伪满乃至整个东亚地区炙手可热的演艺明星。

为了掌握中国人的收听习惯和兴趣，日本人发动数次“满人嗜好调查”活动。例如，在 1938 年 12 月—1939 年 2 月，日本在《满洲放送》杂志上开展问卷调查，共发出问卷 225 份，成功回收 212 份，单独参与娱乐兴趣调查的问卷 282 份，结果显示：

节目	慰安	教养	报道	其他	总计
人数 / 人	161	11	19	21	212
百分比 /%	75.94	5.19	8.97	9.9	100

通过该表可知，娱乐节目是中国人最喜欢的节目类型，其收听比例远超教育和新闻节目。日本人对中国人对娱乐节目的收听趣味进行了深入调查，结果如下所示。

节目	旧剧	话剧	评剧	相声	民乐	其他	总数
人数 / 人	100	70	28	22	14	48	282
百分比 /%	35.46	24.82	9.93	7.8	4.96	17.03	100

调查显示，以京剧为代表的传统戏曲，是中国听众最喜欢的文艺节目类型，其他听众喜欢的文艺节目类型依次为话剧、评剧、相声等。值得注意的是，另有 17.03% 的听众选择其他节目内容，其中包括河北梆子、山东快书等，这表明东北听众丰富而分散的收听兴趣。在实际播出的“慰安”节目中，日本会夹杂一些

"日满协和""王道政治""大东亚共荣圈"以及"国兵法""粮谷出荷"等内容，以提高宣传效果。太平洋战争爆发后，曾有人提出，"在事变和战争的环境下，表演性质的广播尽量减少，演讲和教导性质节目应该增加"，但在实际操作中并未贯彻。事实上，广播娱乐节目几乎成为日本军事侵略攻心战的必备武器。每当日军强制接管一处中国电台后，其广播节目大多是伪满放送局提供的压缩唱片。在日本占领地区的殖民广播，除了一些必须的时政公告，其主要内容是以音乐娱乐为主的慰安类节目，截至 1945 年，以音乐为主的"慰安放送"在伪满的两套放送节目中始终占据着重要位置。

（二）千方百计向中国人倾销收音机，扩大中国听众数量

广播的扩张除了节目，还有赖于收音机的普及。正如满洲放送负责人金泽觉太郎所说，"除了优良的节目外，收听设备、技术的普及化也是放送发展的必备条件"[1]。满洲电电成立之初，日本借势加大了在东北推销收音机的力度，除大连、奉天、哈尔滨，又在吉林、牡丹江、富锦、齐齐哈尔、延吉、承德等地电报局内设立收音机销售专柜，形成覆盖整个满洲国的销售网络。在各地配置 1 ~ 3 名人员，负责办理广播的销售、维修、咨询、订购事务，当时日本在伪满销售的收音机可分为普及型、标准型和电池型 3 种。其中，普及型收音机最低售价 16 元，最高售价 24 元。据记载，1931 年抚顺煤矿中国员工最高月薪为 15.7 元。由此推断，就购买力而言，收音机售价对于普通中日家庭而言均属"奢侈品"。为了提高伪满广播的收听率，日本提出将收音机销售锁定在"中国人和尚未购买收听服务的日本上班族"，使出浑身解数，千方百计地增加收音机的销量。

首先，满洲电电采取直营方式销售收音机，既降低了成本又垄断了销售利润。针对收听费过高的问题，满洲电电竭力降低收音机的收听费（如下所示），以适应中国人的购买力。

地区 / 年份	大连（元）	旅顺（元）	鞍山（元）	吉林（元）
1936 年	13	18	13	20
1938 年	12	12	11	15

1　金澤覺太郎．ラヂオを聽くこと、聽かすこ－滿洲文化政策の基調要件を中心として［J］．宣抚日报放送特刊，1939，4（8）．

其次，满洲电电还借助大型展览会，设置广播展台进行现场演示，吸引国人对收音机的兴趣。满洲电电还针对公共团体、特殊群体和使用交流电收音机的城市听众实行广播收听费减免的政策。在一些地区，日本甚至尝试采取分期付款的方式来刺激中国人对收音机的消费。针对中国人多生活在农村没有直流电收听广播的情况，满洲电电展开“电池收音机普及运动”。在南满抚顺、中满长春和北满双城 3 地，开展电池收音机播放试点，免费为 3 地农村保甲基层组织“供给一台或者数台收音机”使用。此外，在县城的公署、警察、学校等地，满洲电电通过举办展览和“建国体操会”等，用“劝诱”的方式说服国人购买收音机。对于收音机销售员而言，“中国家庭并非轻松的客群，满人重面子，销售时应该要带够分量的名片”[1]。对于已经购买广播服务的用户，满洲电电会定期派发《放送满洲》杂志，仅 1938 年，其日语和中文杂志分别发放 10.2 万份和 3.5 万份。[2]

值得注意的是，尽管下调收听的各项费用，满洲电电仍无法足额收取收听费，时常抱怨，“收音机收听费收取不理想，很多时候都无法收到费用。”1940 年以后，随着听众数量的骤增，伪满尝试“预缴”奖励措施，对于提前预交一年收听费的用户给予优惠奖励，即便如此，收听费缴费额仍仅为电报、电话预缴率的 50% ~ 60%。而日本出于“地方策略”考虑和“贯彻国家政策使命”的需要，并未对欠费听众采取强制收缴措施。[3]

日本在伪满推销收音机的举措直接刺激了中国人的消费潜力。1933 年，伪满注册中国听众 200 人以上的城镇只有 10 个，1938 年以后上升至 158 个。1936 年的伪满广播注册听众总人数仅有 2 万人，而到 1938 年收听总人数已达 12 万人。1938 年的中国听众人数为 37 531 人，比 1937 年增加了 20 981 人。另据《满洲放送年鉴》统计，中国听众的主要职业来源涵盖甚广，其中商人为 21 310 人，官吏和军人为 5 090 人，公司、银行职员为 4 755 人，餐馆、旅馆经营者为 1 449 人，教师为 615 人，医生为 614 人，官署、学校职员为 413 人，工人为 953，农业为 550 人，显示出伪满广播在中国中上层民众中已具有了相当的认知度。

1　澤井正樹澤．このコッで［J］．电电，1940.

2　满洲电信电话株式会社．满洲放送年鉴［M］．满洲电信电话株式会社，1940：33.

3　向利夫．是非やらねばならぬこと［J］．电电，1942.

（三）强制推行“日语”教育与建设所谓的“满洲文化”

广播具备天然的“强制性”，在广播所及地域内的民众一般难以完全逃避它的影响，可以说，广播对于民众的生活及思想有较强的浸润效果。前已述及，日本对于广播在社会教育中的重要性十分清楚，多次指出，伪满洲国文盲遍地，教育低下，要想推行殖民教育，广播侧重听觉的方式使其宣传效果远胜于图书和文字。伪满广播深入学校和社会教育之中，甚至被称为“老师的老师”。1936年11月，新京放送局开设学校广播，利用“广播的特性与学校教育合作”。日本借助广播直接将文部省的教育事项传达至基层教员，同时强制推行日语教育。在伪满的教育节目中，日语教育节目往往被放在广播最重要的时段播出，被赋予了“特殊的意义”，即“日本语必须成为大东亚的共同语言”[1]。自1941年起，除星期六和星期日，伪满各学校在每日下午两点设立30分钟的体操与音乐时间。[2]广播成为指导学校进行殖民教育最为常见的手段。而随着日语的普及，日语广播节目开始逐渐被国人接受，有些学校甚至“以广播作为教材”进行日语教学，对于有浓郁地方日语口音的老师而言，“方言、乡音是不被受欢迎的”。[3]借助广播的教育传播，日语正逐渐成为伪满社会的通用语言。

相对于教育而言，日本殖民者借助广播的宣传规划更为长远，即建立“满洲文化”。正如伪满日本官员所言，“没有政治活动进行的地方无法养成文化，没有文化保证也无法考虑政治”[4]。为了达到长久占领东北的目的，日本宣称东北地域与日本和中国的文化都不相同，“满洲并未与日本迅速地同化也与中国文化有所不同”，刻意强调东北与中国其他地区的文化上的差异性。在广播节目的制作上，日本提出要制作更多具有“满洲色彩”的节目，以建设所谓的“满洲文化”。至于如何建立“满洲文化”，日本提出“站在广播的立场上，不论到哪里首先都要尊重民族的固有文化，以此为基础进而自然地培养出新倾向，并应努力慢慢发展”[5]。伪满广播负责人金泽觉太郎也指出，“广播要反映满洲和谐民族生活的

1 川岛真 . 伪满洲国的广播政策［C］// 近代中国东北文化国际学术研讨会，2004：4-5.

2 高桥增雄 . 战时学校放送の命题［J］. 电电，1943.

3 川岛真 . 伪满洲国的广播政策［C］// 近代中国东北文化国际学术研讨会，2004：4-5.

4 宫川靖 . 放送の正義ということについて［J］. 电电，1940.

5 筧淵：滿洲放送の使命［J］. 电电，1940.

所有事情”，广播的政治影响并不只限于“政论和特别演讲”，一定要将“政治融于生活”“这才是满洲文化政策的行动准则”。[1]在这种思想的指导下，伪满广播中充斥着大量的“格言先哲故事”“古圣先贤”“圣典讲义”等内容，将中国的忠孝礼义等传统文化纳入日本军国主义的宣传规划中，以此来对中国人进行奴化教育，为日本帝国主义的侵略战争效劳，并最终阻断与中国文化的联系，形成对日本殖民占领的文化认同。

三、伪满广播殖民网络形成与传播效果

从 1925 年东北建立第一个广播电台到 1945 年战败投降，日本经过 20 年的苦心经营，在东北前后建立了 25 个广播电台，形成了覆盖整个伪满的广播殖民网络。它以新京为中心，以哈尔滨、奉天、大连 3 大都市为枝干，电波所及之处将分散于东北各地的日本开拓团和关东军联结为一体。借助广播，日本牢固地掌控着东北地区的信息动态，实现了对东北社会与民众的实时监管与控制。伪满成立后，日本利用广播对东北地区的中国国民进行奴化教育和洗脑式宣传，同时干扰反法西斯联盟的广播信号，阻断东北民众接受外界信息，导致中国人闭目塞听，他们几乎对世界反西斯战争的进程与信息浑然不知，这种愚民手段是日本在东北能够维持其 14 年殖民统治的重要因素。

日本通过广播建立一个以日本为中心的殖民体系，在电波的覆盖下，将日本、伪满、汪伪政权、华北伪政权、朝鲜和台湾等地联结为一体。在这些地区，广播赋予了日本国民强势的社会地位，并用广播虚构了一个“他乡即故乡”的“幻境”。一个日本殖民者在满洲国收听广播后曾说，“可以说商店、餐厅任何地方都能听到广播的声音，没有日本的声音，我就会寂寞，当每个人穿着和服，吃着料理，听着日本的新闻和音乐，虽然身处满洲，也不会感到距离故乡有五千里远”。此外，在广播中日本国民听到的是中国儿童用日语表达春节祝福，而在《苏日互不侵犯条约》签署时，松冈洋右在中东铁路上向日本国内进行现场演说，这些广播活动进一步提升了伪满日本占领者的“自豪感”和“归属感”，成为其在异国他乡排解寂寞、制造战争狂热的工具。

1　金澤覺太郎．ラヂオを聽くこと、聽かすこ－滿洲文化政策の基調要件を中心として［J］．宣抚日报（放送特刊），1939，4（8）．

但就其对国人的奴化宣传而言，根据日文资料显示，其实际影响有限。正如日本人自己抱怨的那样，广播永远只是给“大部分的日本人与一部分的满洲人”播放的，而所谓的一部分“满洲人”主要限于“上流阶层”。[1] 日本对满洲的殖民压榨政策，导致东北民众普遍贫穷，尽管日本用尽伎俩扩大广播的销售，但效果甚微。根据日方统计，在伪满收听广播的中国人最多仅占其全体国人数的5%，拥有收音机的中国家庭更不到伪满家庭的1%。

此外，由于中日文化的差异，日本所办的汉语广播节目难以吸引中国民众收听。日本殖民广播的基本理念定位为“用日语感悟日本人的装置”。这导致其汉语节目与国人的需求形成了巨大的文化鸿沟。以同样受中日听众欢迎的歌曲节目为例，1935 年的一份日本听众趣味调查显示，日本人最喜欢的广播栏目是“浪花节”（日本音乐节目），最不喜欢的栏目则是“满洲演艺”（中国戏曲节目），[2] 而 1939 年的一份中国听众收听趣味调查则显示，中国传统戏剧始终是东北民众最喜欢的广播节目，中日国民之间收听兴趣的巨大差异和其为侵略者服务的基本定位，导致伪满广播始终难以得到中国听众的认可。加之广播节目多由日本人制作完成，故其中文节目常常难以令中国听众满意。有人曾回忆哈尔滨放送局的中文广播说，“满语节目也全由日本人来搞……广播节目怪声怪气，奇腔异调，播发出的声音似乎隔着一道鸿沟，不太容易进入中国人的耳朵，收不到他们预想的效果”[3]。而日本侵略者也时常抱怨，“满洲节目并不让人亲切”。为了改变这一状况，日本广播协会理事中乡孝之助曾呼吁，“日本若是有适当汉语广播的人才就好了”[4]。而 1942 年满洲电电负责人武藤富雄更是一再强调，“今后思想战要透过满人系统来运作……运用满人来执行，换句话说必须确保获得能为我所用的满人来成为思想战的斗士”[5]。但在实际操作中，除了增加了一些汉语播音员，“对满运作不足的情况没有大幅改善”[6]。从这个意义而言，日本的广播始终游离于大多数东北民众的生活之外，难以从根本上撼动他们的民族观念与国家认同感。

1　城野茂 . 苦勞はこれからだ［J］. 电电，1940.

2　满洲でもラヂオ调查［J］. 放送，1935，5（12）.

3　尔泰 . 回忆哈尔滨放送局［M］// 孙邦 . 伪满文化 . 长春：吉林文史出版社，1993：217.

4　第五回東亚放送协议会会议记录［C］// 日本放送协会，1942.

5　武藤富雄 . 放送と宣伝［J］. 电电，1942.

6　川岛真 . 伪满洲国的广播政策［C］// 近代中国东北文化国际学术研讨会会议论文集，2004：4-5.

四、结语

日本对华广播侵略与扩张活动是以军事强权为后盾，以推行殖民意识形态为根本目的的文化侵略活动。日本试图借助娱乐节目吸引国人对广播的关注，同时利用降低收听费和免费使用等方式增加广播收音机的销售量，推行日语教育，提高了其殖民主义传播的效率。日本用尽各种手段和伎俩，妄图用广播影响国人的民族意识和国家观念，接受其殖民占领的事实，认同占领者的政治与文化统治。但在实际操作中，因其殖民侵略非正义性和东北民众因历史和文化形成的民族意识的抵制，日本殖民广播的传播效果不佳，最终随着其军事的崩溃难逃失败的命运。

（原文发表于《新闻与传播研究》2015 年 9 期）

“中华新闻学院”与日本在华的殖民新闻教育

华北事变后，日本殖民者迅速在北方多地建立起规模庞大的殖民传播体系，试图建立一支认同日本侵略政策、执行其殖民宣传任务的“笔部队”（新闻从业者）。新闻汉奸张铁笙在讲演中公开鼓吹，“新闻界人才的储备和训练，真是一个亟迫的问题”[1]，身兼伪华北政务委员会政务厅情报局局长、《华北新报》社长等多职的管翼贤认为，“育成大东亚建设上之先锋记者系当前之急务”[2]，常年在华活动的伪中华通讯社社长日本人佐佐木健儿的说辞则是“社会需要新闻人才甚切”[3]。为进一步扩大殖民宣传效能，对中国新闻工作者进行殖民思想渗透，兴办新闻专科学校成为题中之义。1940 年 7 月经日军“北支派遣队”报道部策划，日伪“华北政务委员会情报局”承办，以培养汉奸报人为目标的“中华新闻学院”成立。

法国哲学家米歇尔·福柯对“规训与惩罚”进行系谱学考察后指出，现代学校是一个典型的规训机构，“所创造的分工精细的部门围绕着人形成了一个观察、记录和训练的机构”，“暗含着一种类似于观察行为的显微镜的控制机制”。[4]规训权力及其规训与惩罚技术已经渗透到了学校工作的各个层面。“中华新闻学院”作为日本侵略者在华兴办的规模最大、时间最长的新闻教育机构，它所从事的新闻教育不仅对中国青年新闻学子进行身体的操纵、塑造和规训，更潜藏着推动殖民者权力性质演变的野心。本文以福柯规训权力理论为视角，考察“中华新闻学院”新闻教育的目的、内容及效能，进而揭示日本侵华时期新闻教育的殖民性本质。

一、规训权力：中华新闻学院新闻教育的殖民性本质

福柯认为，规训（discipline）是近代产生的一种特殊的权力技术，既是权力

1　张铁笙 . 序言［M］// 华北新闻记者讲习会讲义录，1944.

2　管翼贤 . 新闻学集成第七辑［M］. 中华新闻学院，1943：213.

3　佐佐木健儿 . 中华新闻学院概况［M］. 中华新闻学院，1942：1.

4　米歇尔·福柯 . 规训与惩罚：监狱的诞生［M］. 刘北成，杨远婴，译 . 上海：三联书店，1999：197.

干预、训练和监视肉体的技术，又是制造知识的手段，规范化是这种技术的核心特征。[1] 规训权力的产生很复杂，作为一种相对主义描述，本质上具有多样性、片断性和不确定性。一方面，规训权力是一个永远处于紧张状态的、变动的关系网络，具有无主体或多主体性。另一方面，规训权力还具有物理学或技术学背景，在变动的权力关系（操纵、控制）之外整合权力意识建立的权力机构（学校、医院、工厂及军队），最容易直接达成规训的目的，实现“权力—知识”形式的规训权力生成路径，即以知识传授为媒介对个体进行规训。日本侵略者为达成殖民新闻的传播目的，选择了最直接的方式——建立类殖民教育机构。

（一）“类殖民”机构——“中华新闻学院”的建立

中华新闻学院由日本华北军“报道班”及其傀儡机构“华北政务委员会情报局”联合创办，华北军“报道班”名义上为日本侵华时期的军事宣传机构，其后又组建“华北军报道部”，“负责华北各报通讯及有关新闻报道事项之设立、监督、纸张配给、人事应用等任务”“凡华北各中文报纸及一切宣传机关设立，皆由报道部主持其事。各种宣传行事，以及宣传计划之拟定，皆由报道部主持”。而“华北政务委员会情报局”则为日伪政权在华北“最高负责宣传之机构”“敌伪一切总要施策及宣传事务，皆由情报局办理”[2]。该机构下设四科两室，分别负责新闻的发表、检查及统计，华北各种宣传计划的制定以及伪政权公报的编译与发布。学院的办学规划、日常经费和人事编制，均由上述机关直接负责，是日本培养和训练殖民宣传队伍的基地。

中华新闻学院组织大纲提出要“以养成新闻报道人才为宗旨”。成为“人才”的标准是什么？“人才”为谁而工作？日伪则没有提及。如果落实到日本对于殖民地新闻界的需要以及宣传所面临的任务，即可认为日伪政权对中华新闻学院所持期待就是培养汉奸报人。沦陷时期，日本对平津地区新闻业的统制极为重视，认为“东亚民族所负使命的艰巨，为有史以来所未有，新闻界担当指导民众之任，各层阶级的人物，没有不盼望新闻界能引导他们走向光明大路，所以新闻人才的

1 米歇尔·福柯．规训与惩罚：监狱的诞生［M］．刘北成，杨远婴，译．上海：生活·读书·新知三联书店，2003：153-160.

2 张云笙．华北沦陷时期日人宣传活动之研究［D］．北京：燕京大学，1936：13.

需要更较任何专业人才，尤为殷切”。[1]平津地区汇集了民国时期大量的优秀报刊，故而日本力求将其建设成为对华新闻宣传的示范区，对抗战后方开展大规模的宣传战。日本打着“建设东亚新秩序”的旗号，“居高临下”地在各地伪政权宣传“和平、反共、建国”等殖民思想，拉拢占领区报业，建立“新闻共荣圈”，并以此为基地，对中国抗战宣传进行反击。汉奸报人赵幕儒提出，“尚有很多人士，对和平运动真意及内容未尽了解，所以我们需发动正确而强大的宣传攻势，来纠正这批人士的思想，推进和平运动”[2]。日本华北军“报道班”人士在课堂上“勉励”学员，“今后国家社会都要藉助新闻诸位新闻再建努力”，应成为“新秩序的最前线者”[3]。言外之意，学员毕业后均可被伪政权宣传机构委以重任，效力于殖民宣传事业。学院的培养目标是将学员训练为服务于“东亚新秩序建立”的“专门人才”，而根本目的则是通过操纵新闻工作者加强对沦陷区人民的舆论钳制与思想控制，巩固其在华北的殖民统治。

（二）日伪的法西斯主义新闻统制思想

中华新闻学院的主要领导者由长期在中国从事情报搜集工作的日本报人及其追随者组成。该院首任院长由日本同盟通讯社（该机构后改称中华新闻社）华北负责人佐佐木健儿担任，此人精通汉语，民国初年以记者身份混迹于中国东北及华北地区，与在华负责情报工作的坂西利八郎、土肥原贤二有着极为密切的联系，曾参与和策划创办“满洲国通讯社”等活动。佐佐木健儿以同盟社记者身份在中国报界开展情报搜集，是日本在华北地区报业统制与殖民宣传的负责人和执行者。担任院长后，他明确提出中华新闻学院要以“新闻再建为标的”，所谓“新闻再建”即为日本培养能够为“东亚新秩序”开展宣传所需要的“新闻事业的人才”，使“今后华北新闻界更加充实起来，能以一种新的、坚强的阵营去肩负起新的时代使命”。[4] 学院的“一切编制、组织、大纲、预算、计划”均由其“亲自厘定”，甚至该学院校址亦是其“与北平当局接洽”亲自选定的。

为了更好地在情感上同化青年学生，学院后期由汉奸报人、北平《实报》

1，3　佐佐木健儿．中华新闻学院概况［M］．中华新闻学院，1942：44.

2　赵幕儒．建设新闻共荣圈［J］．大亚洲主义与东亚联盟，1942，1（4）：23-26.

4　佐佐木健儿．中华新闻学院概况［M］．中华新闻学院，1942：45.

社长管翼贤任院长。管氏是佐佐木健儿的忠实继任者及思想追随者，与佐佐木健儿私交甚厚。“九一八”事变期间，管氏因在《实报》上发表支持抗日言论而颇负声望。全民族抗战爆发后，管氏辗转于武汉、香港等地办报，因对国民党政权失望而投敌，并在佐佐木健儿的举荐下担任日伪中华新闻社及《武德报》社长。1941 年，管氏接任院长后积极为日本“大东亚圣战”和“治安强化运动”鼓噪奔走，不遗余力地为日伪殖民新闻机构训练汉奸报人。为更好地替主子效忠，管氏将该院课程合编为 8 册《新闻学集成》，总结所谓的“教学经验”，内里鼓吹战争、颠倒黑白和提倡黄色新闻，为畸形殖民新闻思想张目。关于新闻的本质，管氏鼓吹唯心主义新闻观，混淆新闻真实学理定义，认为“在新闻上所显示的世界是真实，不在新闻上所显示的实在毋宁是虚伪”，新闻是“由伪作真”“由无生有”，避谈客观性和具体性。关于新闻与宣传，管氏认为新闻是“同化征服的锐利武器，变为主观的客观化，或宣传的现实化的手段”。[1] 这种将新闻看作支配大众工具的观点，与新闻报道要服从殖民统治与“大东亚圣战”的法西斯主义新闻观暗通款曲。管氏高度认同法西斯新闻统制思想，认为“新闻是国家对国民之一新政治教育……国家民族为适应世界潮流与目前需要非政治集权经济统制不能对内统一，对外自保，尤非全国人民对国家领袖绝对信仰与服从，不能应付非常事态，以上种种，均新闻对国家应担之重责，而有待于统制以期实现者，况国际风云紧张之今日，其所形成国防要素之宣传战，更有赖于新闻统制以为胜利之保证也”。[2] 单波认为，管翼贤认同并照搬法西斯新闻理论，“其新闻理论的面目如此‘狰狞’，以致令人从心底里生出对理论的邪恶和邪恶理论的恐怖。”[3] 这样的新闻学理论及据此炮制的《新闻学集成》，是青年新闻学子的教科书，更是中华新闻学院从事殖民新闻教育的指导思想。

二、实施规训：从身体到思想的“日本化”

福柯用以描述 18 世纪启蒙运动的“古典时代”，个体身体作为“权力的对象和目标”的价值被重视起来，身体作为被操纵、被塑造、被训练的对象，使其

1 管翼贤 . 新闻学集成：第一辑［M］. 中华新闻学院，1943：2-4.

2 管翼贤 . 新闻学集成：第一辑［M］. 中华新闻学院，1943：14-15.

3 单波 . 论管翼贤的新闻观［J］. 新闻与传播研究，2001，8（2）：84-91.

服从、回应、变得灵巧而强壮，在两个领域发挥作用：一是“解剖学—形而上学领域”（可以被解析的身体），即详尽的身体的功用；二是“技术—政治领域”（可以被操纵的身体），即身体的驯顺及可操控。身体在被“征服、使用、改造和改善”之前，必须是顺从和驯服的。[1]福柯的权力规训理论，可以简化为等式：“规训 = 驯顺 + 实用性”，即身体变得驯顺而更有实用性的理论与实践的结合。[2]殖民新闻教育潜藏着权力操控与殖民宣传的野心，中心理念就是要达成“驯顺性”。[3]对教育对象的规训有 3 种典型方法：（1）层级监视（hierarchical observation），聚焦个体（小规模群体）使其变得顺从；（2）规范化裁决（normalizing judgment），对身体进行操练甚至惩罚，使其经济、高效和训练有素；（3）监督与检查（examination），将时间、地点和行动轨迹划分为若干小单元，对身体进行持续的强制。[4]这些手段在中华新闻学院的教育活动中都有体现。

（一）层级监视：中华新闻学院的培养机制

与经典马克思主义把政治视为经济的单纯反映不同，福柯规训权力理论对其加以改进，认为规训的强制在身体中建立了能力增强与支配加剧之间的聚敛关系。可以说，这种能力增强的策略在中华新闻学院的招生阶段就已经埋下伏笔，学院规定，一年学制，20余门专业课，就读不收取学费，每月向学员发放35元（联银券）津贴，毕业后优先安置到伪新闻机构工作等。对华北地区失学青年来说，既有可观的物质利益，又能短期速成专业技能，诱惑力不言而喻。据学员王景羲回忆：“那时日本人已控制了华北，家境差了，家里连窝窝头都吃不起，而中华新闻学院每个月提供一袋面，我在家排行老二，却是长子，打破头我都要去念，把面粉扛回家。”[5]由马斯洛需求层次理论推知，尊严、民族意识这些高级层次需求在某些条件催化下是敌不过生理层次需求的，青年学生在三观尚未定型时受到日伪

1 米歇尔·福柯．规训与惩罚：监狱的诞生［M］．刘北成，杨远婴，译，上海：生活·读书·新知三联书店，1999：154-156.

2 安妮·施沃恩，史蒂芬·夏皮罗．导读福柯《规训与惩罚》［M］．庞弘，译．重庆：重庆大学出版社，2018：94.

3 法国哲学家拉美特利（La Mettrie）在《人是机器》中提出“驯顺性”（docility）核心观点，认为人是可解剖的肉体与可操纵的肉体结合物，是一种有机体也是政治玩偶，是权力所能摆布的微缩模型，可以被驾驭、使用、改造和完善。

4 米歇尔·福柯．规训与惩罚：监狱的诞生［M］．刘北成，杨远婴，译，上海：生活·读书·新知三联书店，1999：193-210.

5 杨曦冬．怎能遗忘邓丽君［M］．北京：中国文联出版社，2005：47.

诱惑，从被害者变为加害者，固化某些优势心理，此后彻底沦为汉奸报人的不在少数。

福柯认为，学校作为规训机构围绕教学把所有人的时间填得满满当当，在分层的持续的监督机制影响下变成了一个学习机器。学员徐潜就有这样的体会，他认为中华新闻学院就是一台“机器”：学院内的教授像“工人”一样操作着这台“机器”，不断地生产并向外输送着一种名为“学员”的“货品。”[1]此种比喻无疑揭示了中华新闻学院的学员输出机制：招收失学青年，进行殖民新闻教育，造就殖民宣传人员，服务于殖民战争。学院在第二期学员临毕业之际，不加掩饰地指出了学员未来的发展方向，即“是要同学心心念念，坚定主张，要以我们四五十个北方男儿的心血为出发点，完成‘新闻再建’的使命。更夸大一点的说：要以我们的力量，作新的启蒙运动，造成铁一般的社会秩序，铁一般的集团纪律”。[2]

中华新闻学院内设新闻、管理和宣传 3 个系，课程设置侧重新闻实务教育与报业实践，第一学期以采、写、编为训练重点，第二学期加入报业管理、通讯社理论与广播战等科目。在修业期满之前，学员还须到中华通讯社及日伪各大报社进行两个月的实习。学院特别设立的宣传系，开设“宣传学”“谍报学”“大众心理学”“讲演术”等课程，教授各种“劝服”技巧。另外，日伪运用规训理论中的排斥、区分和同化手段，对学员的思想进行诱导与监控，以确保其能够为日本侵华效忠和服务。面对中共在平津地区针锋相对的抗日宣传，学院将新闻教育视为“反共”利器，告诫学员“偏浅的抗战言论和荒谬的共产邪说，为患已深，挽救廓清，端在引导，新闻记者是社会木铎，居于指导舆论、纠正歪曲思想的重要地位”。[3]学院将世界反法西斯同盟法、美、苏等国一并列为“东亚的敌人”，将殖民占领他国的日本美化成“东亚的解放者”，试图为其发动侵略战争和进行殖民统治披上了复兴东亚的美丽外衣。

（二）规范化裁决：中华新闻学院的教学“标准化”

无论是主观原因还是客观原因，进入教育机构就意味着接受规训权力的控制。

1　中华新闻学院．中华新闻学院年刊（三十年度）［M］．中华新闻学院，1942：附录 40.

2　中华新闻学院．中华新闻学院年刊（三十年度）［M］．中华新闻学院，1942：作品拾遗 1.

3　李建新．中国新闻教育史论［M］．北京：新华出版社，2003：163.

在福柯规训权力理论中，个体接受规训是在同时受到观察和评估的规范化裁决中实现的，所谓的“规范化”即是带有惩罚措施的一套维护规训权力、权威的规章制度，包括对时间的限制、空间的分割和身体姿态的控制。规范化裁决在现代教育中，可以被理解为标准化教学。

中华新闻学院为帮助学员养成“良好”的习惯，制定了一套严苛的规章制度来规训学员的行为与思想。这些规章制度的内容涉及“学员请假”“日语平时练习”“漱洗室使用”“宿舍管理”等十几个方面，数百条规章，其内容可谓事无巨细，甚为严苛。例如，其《日语平时练习规则》中规定，每天早晨8时即由训导主任率全体学员抄写日语单词百个，日语50句，晚7时前交训导主任审核。学员每晚要强制收听日语广播，收听需做“书面记录”，由训导主任核阅。在请假制度上，除婚丧、事故，学员“因事请假者，每10小时，扣学期总成绩一分”“因病请假者，每20小时，扣学期总成绩一分”“每学期请假，达全部课程2/3以上者，得受休学之处分”。[1]将学员请假时长与期末总成绩挂钩，防止学生逃课，以便及时掌握学员的行踪。

规范化裁决是惩罚与奖励并行的规训，旨在造成一种福柯所称的“持续不断的压力”，并强加一种“规范化的欲望”。学院实行内部封闭的管理模式，学员作息安排呈现出“课时安排紧密，学习强度较大”的特点。以一学年中的春季学期为例，全体学员需要“上午7时起床，8时早餐，9时至10时上课，10时至11时上课，11时至12时上课，12时至下午1时上课，下午1时至2时午餐，2时至3时运动，3时至4时上课，4时至5时上课，5时至6时上课，6时至7时运动，7时至8时晚餐，8时至10时自习，10时30分就寝”。[2]当然，在课堂对学员座次进行空间区隔，以及教学中用日本礼仪潜移默化地影响学生，也是殖民新闻教育的重要内容。在这种高强度课业压力下，学员几乎没有独立思考的时间与空间，忙于应付各种课程及考试，冲淡了其对个人命运乃至民族前途的关注和思考。“规范化的欲望”来自各种形式的奖励。学院每月会定期举行日语会话竞赛会、日语讲演竞赛会、日文论文翻译竞赛会、日文写作竞赛会，通过各种形式

1　佐佐木健儿 . 中华新闻学院概况［M］中华新闻学院，1942：17.

2　佐佐木健儿 . 中华新闻学院概况［M］. 中华新闻学院，1942：31.

的日语竞赛会以及现金奖励，调动学员学习的积极性。同时，对那些拒绝日语学习或抵制日文竞赛会的学员，其成绩则按不及格论处，剥夺其参加考试，甚至毕业的权利。

（三）检查：语言和文化的强行“矫正”

教育家弗莱雷在《被压迫者教育学》中提出：“要使受侵犯者以侵犯者的眼光而不是以自己的眼光来看待现实，这是非常重要的；因为他们模仿侵犯者越多，侵犯者的统治地位就越稳固。”[1] 中华新闻学院为保证学员对日伪殖民统治的“忠诚”，在日常教学中向其灌输以“日本”为中心的理念与思想，从言谈举止、生活习惯到专业训练，处心积虑地诱导学员“日本化”，割断其对中华文化的依赖和情感。

“检查是规训的仪式化活动，它所确立的是一种关于主体的‘真理’，以及这样一种知识，它将通过个体被分级的结果而给予其一种主体认同，同时也将把个体对象化为可以被进一步操演和训练之物。”[2] 检查是一种权力关系和认识关系，是一种综合化、复杂化的管理方式。检查贯穿中华新闻学院教学活动的始终，其中以“日本化”为核心的日语教学及检查措施最为明显。学院将日语学习置于全部教学内容的首要位置。强制要求学员不仅要“懂日文、说日语”，还“应养成优异之日语会话、翻译、写作及讲演能力”。[3] 学员入学后要学习日语和日文两门课程，前者侧重口语，后者侧重写作，每周课时长达10学时，居所有课程学时之首。特别是日语口语，学员不仅需掌握专业日语，还需熟练使用日常俗语甚至讲演用语。

在负责思想控制的训导主任监督和带领下，学院为学员制订了一套严格的日语学习日程：“（1）在训导主任的监督下，全体学员每日早8时背诵日语；（2）全体学员每晚必须听日语广播，并作成书面记录交予训导主任审阅；（3）规定全体学员养成随时随处讲日语的习惯，并将自己认为最为常用的用语

1 保罗·弗莱雷．被压迫者教育学［M］．顾建新，赵友华，何曙荣，译，上海：华东师范大学出版社，2014：124.

2 安妮·施沃恩，史蒂芬·夏皮罗．导读福柯《规训与惩罚》［M］．庞弘，译，重庆：重庆大学出版社，2018：122.

3 管翼贤．新闻学集成：第七辑［M］．中华新闻学院，1943：235.

记录成册，于周末交予训导主任审阅。”[1] 此外，学院还强迫学生翻译日文书报，用日文撰写新闻通讯，学员每日至少抄写日文单字 100 个，日语 50 句，并于每日晚 7 点 30 前交予训导主任审阅。通过强制的语言训练，很多学员达到了殖民者“能用日本语谈话”的要求。学院还开设了大量与日本文化有关的课程，例如，“日本文化史”，内容涉及“日本略史”“社会组织”“民族性”“风俗习惯”“教育制度”“新闻业现状”等，大肆宣扬日本近代文化、制度乃至新闻业的优势，试图引起学员对日本文化与制度的崇拜，构建新的文化认同。

在教学活动之外，学院积极向学员介绍日本殖民扩张的新动向，日本军方、情报部门、日本大使馆、日伪报刊等部门的高层骨干经常到学院举办各种报告演讲，推介日本殖民政策。学院还组织学员参观大东亚战争写真展览会、大东亚博览会，以炫耀日本殖民占领的功绩和政绩；参加“天长节”（日本昭和天皇的生日）、香港沦陷日、汪伪政府成立日等庆祝活动，借助各种政治仪式与节日，强化学员对日效忠的观念。佐佐木健儿多次要求学员毕业后“最好到日本去一次，对日本有彻底之了解，才知道如何建设东亚新秩序”[2]。学员通过一年的教育规训，从语言到文化，从政治倾向到生活习惯，多少都带有一些“日本”的印记，是日伪策反学员为日本殖民宣传机构工作所做的预热与铺垫。

三、拒斥规训：中华新闻学院新闻教育折戟

日伪殖民新闻教育带有天然的对学员主体性的压制与剥夺，企图使学员逐渐成为丧失所谓的主体性的“人”。学校是学习机器，学员是其生产的货品，学院以知识传授为借口展开对学员进行权力规训，基本达成了培养汉奸报人的目标。从 1940 年中华新闻学院成立至 1945 年抗战结束，该学院共招收 5 期学员，约 200 人。据“院志”显示，第一期毕业 34 人，第二期毕业 44 人，绝大多数被直接输送到日伪同盟通讯社、中华新闻社和广播协会，北平的《新民报》《武德报》《实报》、天津的《庸报》《新天津报》等日伪新闻机构，从事殖民宣传工作，成为日伪在华北殖民宣传的骨干分子。

日伪在中华新闻学院所推行的殖民新闻教育看似造就了一批日伪新闻从业

1　佐佐木健儿 . 中华新闻学院概况［M］. 中华新闻学院，1942：22.

2　佐佐木健儿 . 中华新闻学院概况［M］. 中华新闻学院，1942：46.

者，但实质却难以撼动植根于学员内心深处的文化基因与民族意识。首先，殖民教育的本质属性使得中华新闻学院的“指导思想”与传统新闻教育在实践过程中所彰显出的独立民主自由等进步价值追求背道而驰，青年毕业生附逆殖民者迫害同胞，在工作期间势必遭到沦陷区人民的唾弃与抵制，使他们内心产生动摇转变。其次，根植于血脉的文化基因，人在不脱离文化土壤的前提下是很难通过短期教育改变的。中华新闻学院所处的华北地区有着深厚的民族文化传统，民族意识强烈，日本全面侵华后这些青年人大多亲历了国破家亡的惨剧，对日本在华的殖民掠夺有着直观与切身的感受，对日伪的殖民教育难以真心接受，加之受中共在华北活跃频繁的抗日活动影响，学员们内心的反抗意识犹存，并不会甘心为其效力。再者，中华新闻学院作为类殖民机构，规训教育是以知识 / 权力作为中介要素展开的，本身具有强烈的管理主义特性，所使用的惩罚与规训手段在很大程度上使学院管理的“元价值”受到了束缚，驯顺的预期与结果之间存在严重偏差。这一点，在中华新闻学院办学的后期尤为明显，该校更成为中共地下党员潜伏并开展革命工作的“根据地”。据曾在该学院学习和工作的中共地下党员董华回忆，早在 1944 年日本败亡之前，中华新闻学院内部就已形成了若干抗日活动小组，仅董华一人在不到两年的时间里即鼓励并发展了多名具有进步思想的新闻学院学员，以及就读于北平各高校的大学生到抗日根据地学习和工作。[1] 董华以中华新闻学院为掩护，创立了假期学生补习班，借此广泛联系日伪平津高校的青年学生，向他们介绍中共抗日根据地的情况，并鼓励和帮助爱国学生赴根据地求学和工作。从事这项工作的除了董华，还有第一期学员邹立山，第二期学员雷国才，第四期学员王若君、马成龙，姚仲文、杨昌年，第五期学员王彤森（王起）、李达林、张殿甲等人。这些学子，有的秘密从事抗日宣传活动，有的帮助平津高校学生转移至抗日根据地，还有的借助在日伪新闻机构工作的身份秘密从事抗日情报搜集工作。抗日战争胜利后，这些学员将战争年代的革命精神完整地延续了下来，在各自的领域推动着我国新闻事业的发展。

1　董华 . 在中华新闻学院战斗的地下党［M］// 中共北京市西城区委老干部局 . 往事珍影：北京西城老同志回忆 . 北京：中共党史出版社，2006：15-16.

四、结语

日本在华北沦陷期间根据侵略战争的特殊需要，建立了以中华新闻学院为代表的殖民新闻教育机构。中华新闻学院所开展的殖民新闻教育，剥离了新闻教育中推动社会进步的积极因素，强行将法西斯主义视野下的新闻思想注入学术体系之中，企图将学员培养为丧失家国情怀与民族意识的“汉奸报人”。这种殖民新闻教育客观上加速了中国学员对日本文化的接受进程，阻碍了其对民族传统文化的吸收与传承，部分学员更成为日本帝国主义在沦陷区新闻界内推行殖民文化的“传声筒”。但从另一角度观之，中华新闻学院的殖民新闻教育是中国新闻事业成长期的一剂疫苗，它并没有磨灭意志坚定的共产党员的反抗意识，党的新闻工作者在隐蔽战线的抗争也从未停止。

二　抗战时期中国的报界动员

抗战时期中国新闻界对日本新闻业的考察与认知

近代日本是亚洲新闻事业最为发达的国家，作为一衣带水的邻邦，中国始终抱着学习的心态看待日本新闻事业的崛起。清末民初，中日新闻界的业内交往与学术活动十分频繁，至20世纪20年代后方显沉寂。[1]而此时正值日本现代新闻事业逐步沦为日本军国主义宣传工具的关键时期。在抗日救亡运动中，中国新闻界对日本新闻事业变化高度关注。一方面，他们以新闻专业的视角，对近代日本新闻事业的种种进步给予赞赏与推介；另一方面，又站在民族立场上，用理性与科学的分析，揭露批判日本新闻业日益严重的军国主义倾向。抗战前，中国新闻界对日本新闻事业进行了冷峻观察和准确预判，从中彰显了中国现代新闻学研究的理性特征。“九一八”事变后，随着中国抗日救亡运动的开展，日本新闻业重新成为中国新闻界考察与研究的“热点”。在以往的民国新闻史研究中，学者尚极少探讨近代中国新闻学在外国新闻事业研究方面所取得的成果。笔者以史料为基础，以中国新闻界对日本新闻事业的考察为中心，探讨抗战时期救亡运动对中国新闻学研究的影响，并从中窥见这一时期中国对日本新闻业的认识。

一、抗战前中国对日本新闻事业的关注与考察

“九一八”事变后，中国各界对日本新闻业的研究给予了高度关注，究其原因主要有两点。第一，民国初期中国新闻业快速发展，急需吸收外国新闻业的先进经验，而日本新闻业在明治维新后的崛起，恰好为中国树立了成功的典范。相对于遥远的欧美新闻业而言，中日一衣带水，文化相近，自然成为中国人学习考察的首选。《报人世界》在1936年发表文章指出，“日本报业近年来突飞猛进，已成为纯粹之资本化企业，其成绩皆足以供我国从事新闻事业者之参考”[2]。同

1 清末民初，中日新闻界交流频繁，硕果颇丰。1902年，上海商务印书馆出版日本松本君平的《新闻学》中译本，成为中国第一部新闻学专著。1913年，中国报人包天笑赴日考察新闻业，并撰有《考察日本新闻纪略》，成为近代国人系统研究和介绍日本新闻业的第一部专著。此后，一批中国新闻学人如邵飘萍、任白涛、戈公振等学者亦曾赴日学习或考察新闻事业，显示出日本在民国新闻研究中的突出地位。

2 汤健文．日本报业的竞争［J］．报人世界，1936（4）：4-5.

时亦有报人指出，虽然日本新闻事业对中国影响极大，但“能了解日文的人毕竟是少数”，日本新闻业状况在国人看来“多少有些神秘性”，“站在超民族的立场”来研究“日本的学术”，已成为“目前急需的任务”。[1]第二，“九一八”事变后，中日关系前途叵测，民族存亡的紧迫性也促使中国人将研究日本新闻业视为“学术救国”的方式。王岐尧指出，20世纪30年代，“日本报界刊布种种中伤我国之离奋新闻，不论其动机若何，对于两国邦交，对于世界视听均有不利之影响”，因此“我们除了要站在报业道德的立场上对日本报界深表惋惜，更应对日本报界做一番认识与研究的功夫”[2]，这不仅关系到“日本报业的前途”，对“我国也有很重要”的意义。此时，中国各大期刊和学术论集时常刊登探讨日本新闻业的文章。仅笔者搜集的相关资料即有26篇[3]之多，具体情况如下所示。

序号	题目	作者	刊名	时间、刊号
1	日本对华的新闻政策	文宙	《东方杂志》	1927年第24卷第21号
2	日本新闻事业之现势	若宾	《北新》	1929年第3卷第13期
3	日本新闻事业在教育上的价值	孟寿椿	《现代学生》	1930年第1卷第2期
4	日本之新闻事业	鲍振青	《新闻学论文集》	1930年1月
5	日本新闻事业之分野	黄天鹏	《新闻学名论集》	1930年
6	日本大正六年至昭和元年新闻杂志统计表	未署名	《教育杂志》	1931年第23卷第7期
7	日本的学生新闻	谢六逸	《青年界》	1931年第1卷第2期
8	日本新闻事业视察谈	黄天鹏	《新闻学演讲集》	1931年
9	日本新闻事业概观	张友渔	《新闻学研究》	1932
10	日本的新闻事业	无名	《大上海教育》	1933年第2卷第4-5期
11	日本新闻事业	顾迺湘	《新闻学期刊》	1934年
12	日本的新闻事业	徐南雁	《日本评论》	1935年第1期

1　顾乃湘．日本新闻事业［J］．新闻学期刊，1935（1）：45-49.

2　王岐尧．日本报业之发展及其趋势：短时间内飞跃猛进的姿态财阀与军部控制下之前途［J］．中外月刊，1936，1（8）：102.

3　受研究篇幅所限，笔者仅对民国时期刊载于部分期刊和新闻研究论集中有关日本新闻事业的文章进行了搜集和整理。如若考察同时期，报刊和著作有关此类题目的文章，其实际研究文章的数量，当远在此数之上。

续表

序号	题目	作者	刊名	时间、刊号
13	日本新闻纸的横剖面	朋武	《人言周刊》	1935 年第 2 卷第 35 期
14	日本报业的竞争	未署名	《报人世界》	1936 年第 4 期
15	日本报业之发展及其趋势	王岐尧	《中外月刊》	1936 年第 1 卷第 8 期
16	日本之新闻检查制度	未署名	《报人世界》	1936 年第 5 期
17	日本新闻产业的介绍	李立	《内外杂志》	1936 年第 1 期
18	从最近的政变谈到日本的新闻检查	未署名	《新生命》	1936 年第 1–17 期
19	最近日本新闻事业的鸟瞰	陆思杰	《东方杂志》	1936 年第 33 卷第 18 号
20	日本的新闻事业	老楚	《绸缪月刊》	1936 年第 3 卷第 3 期
21	日本新闻统制之飞跃	未署名	《留东学报》	1936 年第 2 卷第 6 期
22	日本新闻事业的调查	驻长崎领事馆	《外交部公报》	1936 年第 9 卷第 3 期
23	日本的新闻事业与社会	罗保吾	《实报》	1936 年年第 23 期
24	日本新闻事业的雄姿	江肇基	《实报》	1936 年年第 23 期
25	日本的新闻统制与检查	未署名	《半月文摘》	1939 年第 3 卷第 6 期
26	在政党财阀支配下的日本新闻业	李仲生	《中山月刊》	1940 年第 3 卷第 3 期

分析此表，我们发现这一时期中国对日本新闻业的研究并不仅限于新闻专业领域。诸如《东方杂志》这类的综合性刊物也会刊登有关日本新闻业的文章。从研究视角上看，中国人在研究日本新闻事业的同时，更力图解释新闻事业与日本政治、教育、法律等方面复杂的关系。尤其值得注意的是，从文章的时间来看，1936 年中国期刊刊登日本新闻业的文章最多，有 12 篇。而其他年份仅 1 ~ 3 篇，这表明中国对日本新闻业研究很大程度上受到中日关系的现实因素影响。1936 年，日本全面侵华的野心昭然若揭，国人有感于国难日深的沉痛现实，在学术研究中力求经世致用，以期对抗战救国有所参考，因此有大量文章发表。从文章作

者的组成来看，既有如黄天鹏、任白涛这些新闻学名宿，也有名不见经传的普通作者，可见抗战前中国人对日本新闻业的研究具有普遍的参与性，绝非个别学者的学术专利。

二、学习近代日本新闻业发展的成功经验

尽管日本是侵略中国的强敌，但这并未影响国人对日本近代新闻业发展崛起的认同。明治维新后，日本一跃成为亚洲强国，至“九一八”事变前后，日本新闻业经过近 70 年的不断发展，取得了举世瞩目的成绩。中国新闻界对此有目共睹，并由衷赞叹其进步神速。学者陆思杰用“一日千里”[1]来概括日本新闻业的“跃进”式发展。王岐尧则认为，“日本是一个新兴国家，日本的报业更纯粹是一种新兴的事业。当《泰晤士报》已成为报纸权威的时候，日本根本还没有像样的报纸。仅‘六七十年间的事’却已有‘突飞猛进’的发展”。[2]李立进一步从日本新闻史的角度解释：“吾人试读日本之新闻史，即明白现代日本之新闻，乃随其资本主义发展阶段而逐渐发达。”明治维新前，日本新闻业尚停留在“木刻产品时代”，其内容“多为翻译外报”“极为幼稚”。明治维新后，“日本现代新闻始渐次发生，旋即逐渐完成，到日本宪政运动时期已成为政党运用之工具”[3]。他不由惊叹，20 世纪 30 年代，日本新闻业之发达足能“与欧美资本主义相抗衡”，呈现“并驾齐驱之伟观”。[4]抗战前，中国人普遍认为近代日本新闻业的发展具体表现为其报业的“资本化”和“商业化”。这种趋势促进了日本报刊销量增长，设备更新，社会影响力不断增强。学者许性初在日本考察期间曾特别留意日本报纸销量的惊人增长。他指出，“日本近 60 年新闻纸发行数量的增加真是可惊……明治八年日本新闻纸不过 53 种，到明治三十四年已增至 1 181 种，而到昭和八年更多至 11 880 种”“几乎每个家庭都是新闻纸的长期订户”“大多数的人民每天都有和报纸接触的机会”。[5]还有学者引用日本官方权威资料《报业年鉴》指出，1934 年日本报纸杂志总量已逾 11 000 种，发行总量 700 多万份，而此时

1　陆思杰．最近日本事业的鸟瞰［J］．东方杂志，1936，33（18）：39-43.

2　王岐尧．日本报业之发展及其趋势：短时间内飞跃猛进的姿态财阀与军部控制下之前途［J］．中外月刊，1936，1（8）：102-106.

3，4　李立．日本新闻产业的介绍［J］．内外什志，1936（1）：20-24.

5　许性初．日本的新闻事业［J］．大上海教育，1935，2（4/5）：252.

日本全国人口仅7 000万人，因而“每日每十个人可以阅报一份”。大量引用日文资料，使得这一时期对日本新闻学的研究具有很高的科学性与准确性。值得注意的是，除了民间研究外，中国官方对日本新闻业的动态也十分关注。1936年，中国驻日本长崎领事馆推出对日本新闻业的考察报告。该报告指出，日本仅《朝日新闻》《每日新闻》两份报纸的销量就达200万份以上，而中国销量最好的《申报》和《新闻报》与之相比，竟差“十数倍之甚”[1]，以此说明中日报界之间的巨大差距。而民间学者陆思杰则独辟蹊径，专门以《大阪每日新闻》为研究重点。在比较了该报“营业额和支出额”后，他断言20世纪30年代的《每日新闻》仅用半年就能获得100多万元的纯利，日本新闻社已全然成为“一种大商品企业”[2]，新闻纸就是资本主义生产中“营利之商品”。以上这些论断从表象入手，准确地概括了日本新闻业发展的基本特征。

在许多研究文章中，中国新闻界对日本新闻业的先进技术羡慕不已，不厌其烦地介绍日本新闻业投递设备之迅捷，报纸印刷技艺之精湛。在东京朝日新闻社时，许性初感叹该社有“电光转轮印刷机18台，活字铸造机13台”，甚至“拥有飞机23架”。他们的“新闻照相都是电送”“日销报纸150万份左右”。无论从“规模组织”还是“技术设备”，日本的新闻社绝“不输于欧美”。在同中国新闻业设备进行对比后，他进一步补充道，“日本新闻纸的印刷折叠都是用机器自动的，包装后也是机器运输”，这些机器即使在上海这个中国新闻业最发达的地方也“没有看见过”。江肇基则认为，近代日本报社“业务上不断努力”“相互间不息地作猛烈竞争”推动了技术创新。近年来，日本新闻业因为“机械的力量而获得了惊人的速度”，除了“日常报纸的朝刊和夕刊”外，遇突发事件临时加印“号外”也不再是“一件难事”[3]。顾迺湘则分析说，用技术设备优势抢占新闻先机是日本新闻社的最大优势。日本新闻业总喜欢“迅速”二字。他们的“采访在设备上比中国完备多了”，“日本大报馆有私有的电话网和电报网，有短波无线电及电送写真机。甚至动用了飞机和信鸽传递新闻和投送报纸”。技术的优

1　驻日领事馆．日本新闻事业的调查［J］．外交部公报，1936，9（3）：268-271.

2　陆思杰．最近日本事业的鸟瞰［J］．东方杂志，1936，33（18）：39-43.

3　许性初．日本的新闻事业［J］．大上海教育，1935，2（4/5）：252.

势与差距，是中日新闻界形成差距的一个重要原因。

20世纪30年代，日本新闻业在其国民和社会中的影响力不断增强。中国人普遍意识到，日本报业的“成功”，“是日本整个经济政治社会的繁荣之一环”，是与社会不断互动影响的结果。王岐尧指出，“社会经济不发达，报业为上层文化事业之一，亦绝难凭空达到繁荣。同时我们亦需认清报业本身也是促进社会经济发达的一个力量，这种相互助长，相互进推”，最终实现了两者共赢。[1]罗保吾则提出，日本新闻业对其社会的影响力是“全面的”“紧密的”。他解释，为了扩大自身知名度，日本的报业使出浑身解数，吸引社会各阶层、群体阅读报纸。为了让文盲能通读报纸，日本“在新闻纸上所有繁难的汉字旁都加上片假名的符号”。此外，甚至“又发行点字新闻”，方便盲人阅读报纸。这些措施极大地拓宽了日本报业的受众群体。

很多学者在日本考察期间都注意到新闻业对日本教育和社会公益的赞助与推动。有学者指出，日本新闻业的崛起，“最显著的事实则为教育的发达”，“日本新闻事业的发达实大有裨补于教育的发达，尤其是对于社会教育固不待言”。日本出版物之多，位列世界第三，其原因是“各种教科书内容多来自报纸”。[2]这一观察准确地把握日本新闻业与教育的内在联系。还有学者注意到，日本媒体积极参与公共事务，善于发动社会运动，借以提高人气与销量。罗保吾指出，日本新闻纸经常开展“学术调查”“教育奖励”“运动体育奖励”“救灾抚恤”等社会公益事业，借以塑造良好的社会形象。例如，大阪《每日新闻》在每年4月都要举办“盛大的日本博览会”，以“显示皇国的光荣”。他感慨：“日本新闻业不仅是一天用几十张新闻纸，一个月用十几种刊物来深入社会，更用各种方式的社团活动力求与现实社会做全面的、紧密的联系，更有力地开拓读者，增厚了宣传魅力，也自然在社会的里层中营造着教化的功用。”[3]对此观点，许性初也极为赞同，“日本报纸除了传递信息外，还有学术和智识的作用”，报社举办各种社会事业，“每天都有很多人去报馆参观”。他还用自己的经历告诫中国人，

1 王岐尧．日本报业之发展及其趋势：短时间内飞跃猛进的姿态财阀与军部控制下之前途［J］．中外月刊，1936，1（8）：102-106.

2 孟寿椿．日本新闻事业在教育上的价值［J］．现代学生，1930，1（2）：1-4.

3 罗保吾．日本的新闻事业与社会［J］．实报，1936（23）：8-12.

在日期间，他参观一家日本报纸主办的“帝国国防大展览”，面对各式先进的武器，他马上意识到其背后“显露着灌输国防鼓吹对外战争”的宣传野心。

三、警惕日本新闻业的法西斯主义倾向

20世纪30年代，日本新闻业处于历史转型的关键时期。原来受政党、财阀控制的日本媒体正逐步被新建立的日本军人法西斯政权所控制，慢慢沦为日本侵略扩张的舆论工具。对此转变，中国新闻界从历史、现实两个方面剖析日本新闻业沦落的原因，揭露其宣传侵略扩张的罪恶行径，并努力规劝日本同行，重新回到正确的发展之路。

尽管近代日本媒体实现了资本化和商业化的转型，其规模和水平可与西方强国比肩。但中国新闻人普遍清醒地认为，日本新闻业在成长之初，就与各种政治势力和财阀盘根错节，缺乏西方新闻业的独立传统与自由精神。李立指出，“明治初年日本现代新闻始渐次发生……到日本宪政运动时期已成为政党运用之工具”[1]。他进一步分析并说在立宪运动中，日本步入政党报刊时代，先后出现了“板垣退助领导的自由党，大限重信的改进党和福地源一郎领导的帝政党”，“三大政党均各拥有若干大小新闻为其宣传机关，互相从事政战，遂形成空前之政论时代”。对于政论报刊的性质，引用政论家铃木茂三郎的话说：“新闻社之社论为根据政府、资本家及地主等之意见而表示特殊之理论，在不违反和伤及资本主义之精神外……可使人民立于晴朗之高处而加思考。”因此，日本的政党报刊是“日本新闻之意识形态”的根本，即使如东京和大阪的报纸，标榜所谓的“独立”和“自由”，其背后仍不免“或多或少受到日本政党影响，各染有民政或政友之色彩”。[2] 针对日本报刊与政治盘根错节的关系，笔者直言不讳：“日本之诸大新闻沦为政争之工具，遂丧失社会上之同情，呈逐渐衰落之象。”除了受到政党影响，中国新闻人还认为日本报刊受到财阀的控制同样十分严密。李立以东京的《中外商业新报》为例指出，该报实为“三井物产”的资本，当日本发生沉船事故，因为涉及三井财阀利益，该报很多消息“皆不敢刊登”。[3] 可见，在日本媒体商业化的背后，中国研究者能客观看待日本新闻业存在的种种问题，并未盲目推崇。

“九一八”事变后，中国报人敏锐地认识到日本新闻业正越来越多地受到日

1，2，3　李立．日本新闻产业的介绍［J］．内外什志，1936（1）：20-24.

本法西斯势力的控制和干预，并试图揭露日本新闻业在侵华战争中扮演的罪恶角色。有学者指出，“自‘五一五’和‘二二六’兵变之后，新闻之军部色彩亦日趋浓厚，此为政治形态之必然的反映，而为吾人认识日本新闻中之未可忽视者”[1]。还有人指出，自广田弘毅内阁上台后，“新闻统制就严密了起来”“对于舆论的弹压特别厉害”。为了能从源头控制、掌握新闻发布，日本政府专门成立了“同盟通讯社”，垄断新闻信息的发布。在高压控制下，日本新闻业毫无真实可言，对“中国和满洲的报道……尽其造谣之能事”，而对于西班牙内战的报道，日本媒体的报道立场也“始终是站在对反政府军有利的方面说话”。日本情报委员还经常借提供“新闻材料”之由，“督促”日本媒体为宣传“国策”服务。研究者敏锐地指出，此种做法不过是从“取缔主义”到“宣传主义”的过渡，日本政府这种对舆论的引导与控制，“留心读日本新闻的人大都能感到的”。[2]

通过研究，中国人普遍感到20世纪30年代的日本新闻业正在军人的强权政治控制下渐渐失去公正，已然成为蒙蔽日本国民、鼓吹侵略战争的工具。有报人指出，“细查日本各报的内容与本质日报内容……我们不能十分赞同”“现在日本各大报如大阪、东京、朝日和大阪每日、东京日日等均被军部或政府所支配。所揭登的时评，记事多系军部和政府的意旨，目的是使军部和政府的政策得以较易施行，国际政治消息多不足靠”。该报人进一步举例说：“‘九一八’事变、‘一·二八’事变，及最近的华北事变，日本都以极巧妙的宣传方法，使日本国内的人民都信任军部的军事行动。而外国消息来源控制除了日本的电通和同盟两个通讯社，对于外电如路透、美联、哈瓦斯的电文采用极少。”正是在媒体蒙蔽之下，各种报道与记载“均富有极浓厚的色彩”“不能传达国内外的真相于人民之前”。国内新闻学者不无忧虑地指出，“近年来日本国民思想愈形过激，其反动的军部万能主义的观念已深入一般国民的脑海，使一般知识阶级深感忧虑”[3]，纷纷谴责日本同行不负责任的报道和宣传。

值得注意的是，在日本全面侵华之前，中国人对日本反华报刊和侵华言论极为关注。有学者将日本法西斯报刊的言论特征概括为，“公然仇视苏维埃联邦，

1，2　佚名．日本新闻统制的飞跃［J］．留学东报，1936，2（2）：45-46.

3　驻日领事馆．日本新闻事业的调查［J］．外交部公报，1936，9（3）：268-271.

而捏造各种事实，排外，与国内的赤色恐怖斗争，及提倡大亚细亚主义与忠君爱国精神的涵养”[1]。在此认识之上，陆思杰向国人介绍了日本5大新闻社之一的国民新闻社，认为这是一个言论充满“军国主义色彩”的报纸。该刊的“国内外军事消息特别灵通登载的也特别多”。每周二还有“军事副刊”发行，其中大量记载“中国的军事状况和分析的长篇文章”。国民新闻社的“灵魂”是素有日本军国主义理论创始人之称的德富苏峰。此人一向鼓吹对华战争。陆思杰介绍说，苏氏是日本“激进侵略主义者”，在日本新闻界中“此人从年龄和资历论”当属“第一”，因此其侵华言论颇具代表性和蛊惑性。[2]李仲生则认为，除了国民新闻社因为有德富氏和军部的关系，所以一向带有一种军国主义的色彩，东京新闻界中的《日本》和《大和》也是占有“特殊地位”的法西斯主义报刊。它们受到法西斯主义团体的补助，刊登“带着法西斯倾向的极反动的新闻，日本的极端爱国主义者及法西斯蒂诸要素集结于此”。[3]

“九一八”事变后，中国人愈加关注日本在华新闻业及其新闻政策。他们普遍认为，日本利用在华新闻业收买无良报人，进行混淆视听的宣传，压制中国报业的发展。化名文宙的作者在《东方杂志》上发表题为《日本对华的新闻政策》，告诫国人警惕日本对华的“新闻战”。他指出，早在华盛顿会议以前，日本就在中国扶持亲日报刊，开展“大规模的新闻宣传政策”工作，逐步实现对媒体的操纵。在将日本对华新闻侵略方式进行归类分析后，该文指出的“直接资助”就是对亲日报馆按时给予一定“数量的补助”，“对亲善日本政府之著作家、发行家予以供给”。“间接资助”则是允许亲日报馆、报人，享有“在日本人的商业组织中兜售报纸和广告”的特权。作者提醒国人：“众所周知日本很多商业机构都是半官方性质的，日本邮船会社、大阪商船会社、南满铁路公司，都是有政府的资助”，因此这些报馆实质是被日本政府控制和影响。作为回报，这些报纸“要在必要的时候，以文字资助日本”。作者认为，“日本对华新闻政策一方面是对其谀我者以资助；另一方面，就是对直言不阿者以压迫”，是配合日本侵华的“笔部队”，

1　李仲生 . 在政党财阀支配下的日本新闻事业［J］. 中山月刊，1940，3（2）：18.

2，3　陆思杰 . 最近日本事业的鸟瞰［J］. 东方杂志，1936，33（18）：39-43.

很多“独立不阿的报纸都被日本封闭或干涉”。[1]而日本政府对在华新闻业的遥控是通过其“在华领馆与领事”实现的，“有问题发生时随时随地由负责人召集当地为日本所资助的新闻记者面授要点”。作者最终的结论则是，“日本的对华新闻政策，也像她的国际密探制度一样已是深密到无微不入的程度了”。[2]

四、预测日本报业的发展趋势，寄希望其重归正轨

20世纪30年代，中国人不仅对日本新闻业的现状进行全面考察与分析，还在已经掌握的资料和事实基础上，对日本新闻业的发展趋势做出了大胆与准确的预测。中国人普遍认为，尽管日本近代新闻业取得了巨大进步，但由于缺乏西方新闻自由的精神传统，且深受日本军国主义势力的控制，其前景十分暗淡，甚至会出现倒退。陆思杰指出，日本新闻业看似繁荣的表象下，实质是一种“畸形式”的发展，虽然“从量的方面的确是发达进步”，但“在质的方面却不敢恭维”。[3]一方面，“统治阶级所主持出版的新闻畸形发展”；另一方面，“社会大众劳动群新闻反应日趋消沉”。过度的商品化使日本“各新闻社竞争往往不择手段”。而滥用煽情主义和过度的“趣味性”，其结果是使“真实的消息反受其累”，新闻的“魅力不免为之减低”[4]。王岐尧更直言道，“日本的报纸是在资本家的铜臭味和战争的火药中成长的”，虽然日本财阀控制着日本的新闻业，“但财阀也要在军部面前低头”。“而财阀和军部在对外意见上并不根本冲突，在几次对外战争中日本财阀得到了不少实惠。对于日本军阀推行的大陆政策他们采取的是一致的步调。”因此，日本的新闻业是“希望在将来，再制造一次战争的空气”“希望再靠战争来取得他们更进一步的繁荣”。[5]

站在民族立场上，中国人仍寄希望于日本的新闻业重回正轨，为中日和平营造氛围，为制止侵略战争贡献力量。王岐尧指出，“日本报纸素以独立见称”，但是“现在这种精神不见了”“所谓独立，并不是不做少数政党工具便是独立，还应该不做任何少数人的代言人，永远站在大多数人民的前面为他们的利益说话。代表国内清醒的、有远见的分子出来指导舆论，用舆论的力量来完成日本民族对

1，2　文宙 . 东方与西方日本对华的新闻政策［J］. 东方杂志，1927，24（21）：43-44.

3，4　陆思杰 . 最近日本事业的鸟瞰［J］. 东方杂志，1936，33（18）：39-43.

5　王岐尧 . 日本报业之发展及其趋势：短时间内飞跃猛进的姿态财阀与军部控制下之前途［J］. 中外月刊，1936，1（8）：102-106.

世界和平所负的使命”。他进一步规劝日本报业，如果能坚持客观、公正的报道态度，是可以将日本引入正轨的。“我们东临的报业同仁要能够注意，侵略的战争绝非繁荣的永久基础，一意孤行的结果终遭颠覆”“世界言论界不应制造怨恨也不应增长侵略的凶焰，不应将多数人民的利益做战争的冒险”，日本新闻界已经有“良好的设备”与“忠实努力的从业者”，“如果能不屈于日本军阀之淫威在正常的轨道上努力发展前途无可限量。如果专愿狭隘的国家主义和过去的好战心理，为侵略者宣传，野心家张目，则非但非全人类之福，亦非日本人民之福，我们将不禁为之不寒而栗”。[1] 提醒日本新闻业助纣为虐，只能自食其果。还有研究者在研究日本新闻业的同时，坚决表达了中国新闻界抵抗日本侵略，捍卫民族独立的决心。作者素之则指出，“日本汉文报是日本侵略扰乱中国之最恶辣的一种手段……我们应当一致拒绝阅读，封锁这种最恶毒的东西”。而中国新闻界应成为“民众的喉舌和舆论知道，应当一致进攻……揭穿它的作用”[2]。王岐尧代表中国新闻界发出了“为了生存，被侵略的民族会不惜一切牺牲以与侵略者周旋”的呼声，展示了中国人不畏强权、坚持抗战的意志。

五、结语

国难时期，中国新闻界对日本新闻业的研究取得了不俗成绩。就内容而言，这些文章以客观真实的视角，全面地考察日本新闻业的各个层面，有助于中国人对日本新闻业本质有透彻的了解。就研究成果而言，中国人并未因为日本侵略中国，就全盘否定日本近代新闻业的进步与发展，同时又能站在民族主义的立场准确把握日本新闻业逐步被法西斯势力操控的历史特征，进而得出了公正与准确的结论。审视前人的论断与成果，笔者发现，很多内容与历史实际走向有着惊人的一致，这显示了民国时期中国对日本新闻学研究的理性与成熟，亦对今人重新审视日本当代新闻业提供了历史启示。

（原文发表于《新闻春秋》2013 年 1 期）

1 王岐尧．日本报业之发展及其趋势：短时间内飞跃猛进的姿态财阀与军部控制下之前途［J］．中外月刊，1936，1（8）：102-106.

2 素之．日本主办的中文报［J］．新生周刊，1934，1（47）：9.

范长江与战时中国新闻记者的救亡努力

抗战时期《大公报》曾撰文表示，“在民族大战中，现在我们奋全力、拼生死，争的是民族国家的自由……我们第一应为尽力国家自由而感奋；第二为自己的尽力不够而惭愧”。“七七”事变后，中国抗日战争全面爆发，民族危亡之际，中国报人群体迅速聚集在抗日民族统一战线之下，以笔为枪，奔赴前线，用巨大的职业牺牲，投身于民族解放战争的洪流中，为保障战事信息传播，弘扬民族精神，向世界展示中国不屈的民族形象作出了不朽的贡献。范长江在中国新闻业史上无疑是最杰出的记者之一。他对中国新闻业的卓越贡献，彪炳史册。抗战时期是范长江记者生涯最重要的时期，作为知名记者和社会活动家，他投入了巨大的爱国热忱，为争取民族独立而抗争。本文试对抗战时期范长江的新闻救国思想做一系统探讨，以期进一步充实和丰富对范长江新闻思想的研究，进而管窥战时中国记者的救亡努力与职业精神。

一、抗战时期中国的“报人救国”与民族精神的彰显

抗战军兴激发了中国报人群体的爱国热诚，在“国家至上，民族至上”的精神感召下，他们自觉成为“言论界一兵卒”，以各种宣传形式为抗战奔走呼号，甚至为此献出了生命。他们当中既有抗战初期即牺牲于华北前线的《大公报》记者方大曾，也有在上海“孤岛”不畏敌人恐吓而被敌伪暗杀的朱惺公。在极为艰险的条件下，中国共产党报人深入敌后，出版了一批抗日报刊，全面报道了敌后抗日根据地军民艰苦卓绝的斗争状况，坚定了广大群众的胜利信心。此外，以《大公报》为代表的爱国报人群体则拒绝与日寇合作，或果断停刊，或向西南地区实行转移。抗战初期，仅重庆一地即云集了《新民报》《中央日报》《新华日报》《益世报》《世界日报》等十余种重要报纸，不仅改变了中国报业的格局，也为西南地区新闻业的发展提供了前所未有的契机。在极为艰苦的环境下，张季鸾、胡政之等人先后发表了《不投降论》《看重庆念中原》等社论名篇，以饱含爱国情感的朴素语言，激励中国人坚持抗战。

抗战时期，爱国报人牺牲殉国的事迹，借助报章的广泛报道传播，引发了社会各界的追思与缅怀。正如郁达夫在“九一”记者节上所说，“我们在这一节日，首先自然得为我们的那些殉国的勇士们致哀，其次更不得不为我们的那些卫道的文化烈士们致敬。不论在平时或在战时，那些为社会正义而牺牲的热情记者们才是我们的榜样”。夏衍则说，“压在心头的只是难堪的悼念而已。悼念那些在上海和敌伪短兵剧战而殉难了的先烈，悼念那些在前线尽瘁于职责而伤亡了的同业，悼念那些在游击区在自己人的毒手下失踪和死亡了的友人”。抗战时期，中国报人承担了“弘扬国策，揭发敌谋；振人心，作士气的任务”，付出了巨大的牺牲，其事迹可歌可泣。1939 年记者节，适逢上海《大美晚报》编辑朱惺公被敌伪杀害。《大公报》《中央日报》均以大量篇幅，详细报道报人遇害殉国的经过。《大公报》社论认为，“上海的朱惺公和暹罗华人报人”，他们“无国权保护而替国家奋斗，其艰苦忠贞是异常可佩的”。相关资料显示，抗战期间，仅山东《大众日报》就有 500 余名报人先后牺牲。抗战后，仅上海一地即表彰“忠贞报人”13 人，公祭牺牲报人 15 人。而蔡铭泽则统计抗战期间国民党报人及其家属为国捐躯者百人以上。巨大的职业牺牲，使得国民报人的职业形象和职业地位获得了极大的提升，成为中国知识分子群体抗日救亡运动中重要的社会力量。

自近代以来，报人相轻的积习及市场竞争的压迫，使得中国报界始终缺少团结与合作。对此状态，民国报人曾撰文给予大量批评。有报人指出，“记者过于散漫之情景，每为社会士人所诟病”，记者不但“未知合力表现团结之毅力，且忘其本身为一个体，站同一立场上，却各不相谋”。还有报人指出，“时至今日一切努力，均赖集团活动，和衷的互助，各地虽有组织但彼此之间联系很少，呼应不灵，互助不易”，呼吁建立“同业组织”，加强报人联络。抗战爆发后，中国报人各自为政的职业，状态开始被打破，他们不断加强了内部的团结，以一致对外的姿态展开救国宣传。1938 年，范长江成立了“中国青年新闻记者学会”，带领青年记者奔赴抗日战事最激烈的津浦路前线采访，撰写了包括台儿庄战役在内的大量反映战局形势和前线战况的新闻通讯。1941 年，中国新闻学会成立，此后逐年举行记者庆祝活动，几乎囊括了国统区的主流报纸与报人入会。

在民族危机之下，中国报人打破了地域与党派的畛域，以职业为纽带结成了广泛的抗日民族统一战线，与敌人周旋。1938年，国民党中央社萧同兹、《大公报》曹谷冰、《新民报》陈铭德等人发起成立重庆报界联谊会，相互帮助，共同商讨解决敌人封锁、轰炸而导致的物资短缺问题。此间，国民党《中央日报》因存纸用尽向《新华日报》求助，得到该报负责人熊瑾玎积极回应。而《新华日报》也曾向《中央日报》借用大型铜模，互相扶持度过危局。抗战期间，中国报人群体合作抗日最为典型的实例当属《重庆各报联合版》的创办与发行。1939年5月3—4日，日寇飞机持续不断地对重庆进行无差别轰炸，造成巨大的生命和财产损失。重庆报业也因此次轰炸“损失者十之八九”，不少报社已无法维持正常出版。为此，以《新华日报》《大公报》《时事新报》《中央日报》为代表的10家在渝报纸负责人组成联合委员会，于1939年5月6日发行《重庆各报联合版》。在发刊词中，报人表示“敌人对我们的各种残酷手段，我们的回答是加紧我们的组织，我们要拿组织的力量去粉碎敌人的一切阴谋诡计”。《重庆各报联合版》前后共出版99号，成为中国报人群体团结一致参加抗战的一段佳话。抗日战争期间，面对日寇的疯狂侵略和残酷杀戮，中国报人群体并未被敌侵略者的屠刀所吓倒，而是以威武不屈的民族精神为后盾，坚持抗争，使中国的新闻业获得了新的进步，赢得了国内外民众和舆论的尊重。

二、抗战时期范长江的新闻救国思想及其实践

范长江是中国新闻业史上的杰出记者之一。他对中国新闻业的卓越贡献，彪炳史册。抗战时期是范长江记者生涯最重要的时期，作为知名记者和社会活动家，他投入巨大的爱国热忱，为争取民族独立而抗争。在这一时期，范长江发表了众多文章，详细地探讨了新闻和救国的关系，并对抗战中新闻记者的职能和作用提出了要求，这些主张对指导抗战时期新闻宣传工作具有重要意义。作为中国青年新闻记者协会（以下简称“青记”）的重要创建者之一，范长江对该团体的创建、发展和壮大作出了重大贡献，在“青记”的工作又进一步促使范长江学术思想甚至政治思想的转变。长期以来，学界对范长江抗日战争时期的新闻思想与实践活动的研究较为薄弱，本论文试就抗战时期范长江的新闻救国思想做一系统探讨，以丰富对范长江新闻思想的研究。

（一）将新闻业视为抗日战争的文化战场

抗战之初，新闻业的发展方向如何，广大新闻工作者展开了热烈讨论。对此，范长江始终坚定地认为，在民族生死存亡的关键时期，新闻工作必将发挥重要的作用。他说："一个电报，一篇通讯，一篇社论，都即刻影响着读者对战争的态度，影响前方军心和后方的民气。"[1]在抗战救国运动中，范长江最早认识到抗战文化建设对于战争胜利的重要意义。他在战区采访时发现，抗战军民"绝对不可少文化食粮"，如若缺乏，将是非常危险的事情。在范长江看来，抗战一方面是物质的基础；另一方面则是精神信念，而新闻媒体就是抗战精神建设的重要来源。报纸、杂志、小册子及书籍等是战争中不可缺少的文化指导力量。[2]出于这样的观点，每当范长江在前线采访时，他会千方百计地为前线战士带去报刊，满足他们了解战局和时事的需要。

抗战时期，日本帝国主义的新闻机构成为日寇侵华的帮凶，是军事部队之外的侵略力量，被称为"笔部队"。为此，范长江主张建立一支抗战新闻工作队伍与日寇在新闻领域展开宣传战。在范长江看来，抗战时期中国新闻业的进步之一就是有"无数的新闻战士不计艰难，不惜牺牲，前仆后继"，不断地在战火中成长，与敌斗争下去并且越战越强，在战火中"中国新兴的新闻业所需要之强大的笔部队已经有了初步的基础"。[3]

（二）"建立新闻记者的正确作风"——对战时记者新闻职业道德的锻造

在民族存亡之秋，中国的新闻工作者应该以什么样的姿态面对敌人和民众。范长江认为首先要坚定抗战必胜的信念，在大是大非面前保持坚定的民族立场，与各种投降主义、妥协主义做斗争。范长江指出，抗战三年半以来，中国新闻事业发生了巨大变化，形成了"进步"与"退步"两股潮流。两种潮流判断的根本标准就是看其是否站在有利于"抗战中国的需要来决定的"。他例举沦陷区一批沦为汉奸的报纸和报人后，指出"在任何鼓吹投降和妥协的报纸，哪怕有'生花之笔'或者善于把握机征而投机取巧的言论，都必然会失去群众的信仰"，"为中

1　范长江．建立新闻记者的正确作风［M］// 沈谱．范长江新闻文集：下卷．重庆：中国新闻出版社，1989：794.

2　范长江．战区文化供应问题［M］// 沈谱．范长江新闻文集：下卷．重庆：中国新闻出版社，1989：784.

3　范长江．退步与进步［M］// 沈谱．范长江新闻文集：下卷．重庆：中国新闻出版社，1989：899.

国历史进展潮流所不容”[1]。

除了报人的民族气节，范长江认为抗战时期对新闻记者的人格和修养提出了更高的要求。他一再指出，抗战新闻记者的地位不高，很大程度在于记者自我修养上的缺陷。当前新闻工作中出现的不良现象归根结底是“不良作风”对记者的“人格”的腐蚀作用，这进而会使外界人士对新闻界产生不良的观感。为此，他提出应该建立新闻记者的正气，“使社会人士提起记者都觉得真诚可爱，万分敬仰”。为达到这一目的，他提出战时新闻记者必须“绝对忠实以客观之态度，绝对不挟丝毫之个人感情于新闻工作中”“是非善恶”，都基于事实进行报道。他反复强调抗战中新闻工作的效力远比平时大，这客观要求新闻记者的“人格之健全更大”。在报道中，新闻记者应避免为外力所诱惑，“把抗战不力的人说成民族英雄，把虚伪腐化分子誉为爱国志士。反之，把英勇抗战的事实人物，或加歪曲，或加污蔑，这样一来使国民是非颠倒，毁誉失真，丧失正确而有力之国民舆论，则难以支持战争”[2]。在采访中，范长江指出，不能因为个人利益得失，随便使用新闻大权，“不可因为不对我好点，或者在物质方面不能给我多少便利，就把关于你的一切都往坏里说”。在工作中只接受“于自己正当的工作收入”，而“对于非工作报酬的津贴与政治军事有关之津贴”则坚决拒收，因为“这最易摧残一个有希望的新闻记者的前途”。

抗战时期，范长江针对新闻记者队伍中显现的“流氓主义”和“庸俗主义”等，一再强调新闻事业职业道德建设，呼吁提升新闻记者的人格素养。在一次座谈会上，他指出，所有新闻工作的出发点和归宿是人民利益至高无上。新闻工作者的人格应当是在精神上“独立不霸”，“应当念念于职业的神圣，一管笔除了为国家民族公共利益外，不容曲用”。“报人在社会上应该是独立存在”而不是附属品，在新闻工作中应该时刻“把最平凡的人格问题作成了根本的第一的信条”，“有了健全高尚的人格才能配做新闻记者”而“有了健全高尚的人格才能谈到技术的问题，才能成为社会所敬重的人物”。这些有关新闻记者职业道德建设的论述对民国时期新闻记者的队伍建设起到了重要作用。

1 范长江．退步与进步［M］// 沈谱．范长江新闻文集：下卷．重庆：中国新闻出版社，1989：899.

2 范长江．建立新闻记者的正确作风［M］// 沈谱．范长江新闻文集：下卷．重庆：中国新闻出版社，1989：795.

（三）“战时新闻工作的真意”——把握战时新闻宣传主动性与创造力

抗战时期，中国新闻工作者不断摸索战争报道的真谛，力图总结出对中国战地报道行之有效的方法，为此范长江也进行了有针对性的研究，并提出了改革建议。他指出，国难时期新闻工作绝不仅仅是提供各种问题和战报，还应该勇敢地研究新资料和新现象，从中寻求正确的答案，并勇敢地发布。报纸应该“使我们每一次战争都不是白打的，让读者接受血的教训，为争取下次胜利的桥梁”。

在战地报道方式上，范长江主要注意到改进战地通讯的内容和形式。抗战时期，他发现很少有人关注中国报纸的战报，甚至无人问津，主要是因为战地通讯的报道形式呆板。范长江说，虽然各地的战事电讯很多，但大多有“太杂乱”和“太抽象”的问题，这不能调动读者的阅读兴趣，大量的地名和抽象的数字，也令读者不厌其烦，更让读者对战局一头雾水，毫无头绪。为此，范长江基于自己的战地报道经验指出，应该将战事电讯分为紧急战讯、说明性电讯和描写性电讯 3 种，根据各自不同的风格和特点加以阐释。就战地通讯的内容而言，范长江也指出，目前的战地通讯内容过于单一，要么是战地记者的个人生活经历，要么是少数高级军官的描写，而读者最关心的是战局的详细描述和战场人物命运，但这些报道显然还不能满足读者的需要。因此，他希望记者进一步提高新闻技能，提高报道的快捷和生动，不断改进新闻记者尤其是年轻记者的报道工作。[1]

基于抗战的长期性和艰巨性，使中国新闻宣传工作能够满足抗战的需要，范长江以青记为中心提出未来中国新闻工作的规划与建议。这些内容主要分为 4 个方面，首先是做好战区的文化建设，加强抗战宣传工作。范长江提出若干在前线开展文化宣传工作的建议。其中包括在前线组织“文化部队”，专门为战区进行“文化供应”。这支部队可以由失业和失学的文化青年组成，总部可设在各战区，随着主力部队的流动而转移，部队主要负责定期派发和出售近期出版的报刊和书籍，同时也沟通信息，其经费可从军费和报刊贩卖中取得。其次，做好组织失业记者救助和培训工作，提高新闻工作水平和记者能力，为抗战宣传培养人才。范长江指出包括抗战军兴需要一支更高水平的记者队伍，他说：“抗战以后，军

1　范长江．怎样发战事电讯与写战地通讯［M］// 沈谱．范长江新闻文集：下卷．重庆：中国新闻出版社，1989：801.

事政治经济文化各方面，皆起高速度的变化，这时我们新闻工作者需要充分的知识，敏锐的视察力，明确的判断力，来反映问题，来指出问题的内容和它的动向。”[1] 但现在新闻记者“普遍缺乏训练”，因此，需要有青记这样的组织来帮助广大青年记者提高技能。在范长江担任学会领导人期间，做了大量培养记者干部的工作，为抗战输送了一批新闻人才。他说，成立青记可以发挥记者们的合力，实现在战场采访上资源共享。该学会的目的就是利用“团结的、集体的力量，以解决我们自身和当前新闻事业一部分的困难”。[2] 关于青年记者的培养，范长江认为，第一是出版新闻事业的专业刊物、第二是通过座谈讨论的方式，进行直接教育；第三是通过学习前一辈新闻记者的经验和同辈间相互教育，达到相互批评、相互观摩的作用[3]。在武汉，尽管面临着各种困难，但青记依然利用一切机会培养新闻干部，扩大组织影响力。对此工作范长江曾颇为自豪地认为，学会发展之初只有20多人，到1938年年底，全国会员已达六百余人，增加了近30倍，[4] 其分支学会遍布各大战区和中心城市，可见，范长江在青年记者中具有的号召力和影响力。

针对战时中国在新闻抗战工作的不足方面，范长江主张应“开展敌人后方的新闻工作”。他说，我们现在最主要的崭新工作是“在敌人的后方工作，在沦陷区的工作”。就新闻工作而言，就是在敌人后方开展新闻工作。范长江认为，这是一种新闻宣传的游击战术，目的是“告诉沦陷区的军民”正确的方向和国际消息，“唤起广大人民群众对抗战的热情，坚定他们最后胜利的信念”，并实际“指出最后胜利的方法”。他把“新闻工作看作文化工作”的一种，是“配合着军事，已达成赶走敌人这一总的政治目的”。[5] 他认为中国共产党建立的晋察冀边区的《抗敌报》，《新华日报》根据地版堪称敌后新闻游击战的典范，可以仿效和推广。范长江对抗日根据地的新闻工作给予极大的希望，称“在敌人后方开展新闻

1　范长江．青年记者学会组织的必要和前途［M］// 沈谱．范长江新闻文集：下卷．重庆：中国新闻出版社，1989：791.

2　范长江．青年记者学会组织的必要和前途［M］// 沈谱．范长江新闻文集：下卷．重庆：中国新闻出版社，1989：790.

3　范长江．青年记者学会组织的必要和前途［M］// 沈谱．范长江新闻文集：下卷．重庆：中国新闻出版社：1989：790.

4　范长江．新阶段新闻工作和从业员之团结运动［M］// 沈谱．范长江新闻文集：下卷．重庆：中国新闻出版社，1989：840.

5　范长江．开展敌人后方的新闻工作［M］// 沈谱．范长江新闻文集：下卷．重庆：中国新闻出版社，1989：818.

工作是世界新闻史上的奇迹”“在敌人后方的报纸和新闻记者，他们所接触的是广泛深刻，有血有肉活，生生的抗战事实”“他们将孕育成为再建中国整个新闻事业和发展为整个民族革命文化的基础”。[1]

三、范长江与抗战时期中国报人的新闻职业声誉的确立

抗日战争中，国民党新闻业及其报人群体先后内迁西南地区，形成了以重庆为中心的党营新闻宣传网络。据统计，截至 1944 年，国民党省、特别市一级党报发展到 41 种，县级党报 397 种，数量已经超过了战前规模。中国共产党的新闻事业在抗日战争中也获得了长足的发展。延安新华广播电台的创建，中共中央机关报《解放日报》的创刊，《新华日报》《群众》周刊在国统区成为共产党的喉舌，忠实而坚决地宣传了中国共产党的抗战方针、路线和纲领。特别是延安《解放日报》的改版，为未来中国共产党新闻事业的新发展指明了方向。而以《大公报》为代表的民营报刊大多坚持民族气节，将中国近代以来文人论政的影响推向了一个新的高度。

国难当头，新闻事业与新闻工作者何去何从，一直是困扰中国新闻界同仁的主要问题。抗战军兴之际，范长江和中国新闻界已经达成了共识，即新闻应义不容辞地承担起救亡的重任。正如范长江所指出的，“报纸是政治的工具”，在抗战之前没有形成普遍的共识，但在“生死存亡的抗日民族解放战争开始之后，我们每一个中国人都关怀着我们自己和国家的前途”。因而此时的报纸不可能置身于战争之外，“一个报纸如不能以责任的态度，把战争有关的各种政治问题，切实的报道和指示，必将因逃避现实，而逐渐为读者所抛弃”。纵观范长江抗战时期的新闻思想体系，他对民族存亡问题的敏锐观察和认识，启迪、教育了广大新闻工作者。他强烈的爱国主义情感更激发了人们的民族情感。他对社会现实客观、全面的反映，对重大事件的真实披露，体现出他是一个正直高尚的民族主义者，并促使广大新闻从业者进一步深入地思索民族、祖国和人民的命运。他对抗战时期的做新闻记者道德观的精辟论述，从一个侧面反映了他良好的政治修养和业务素质，不仅在当时指导了人们的新闻实践，而且在今天仍有积极的指导意义。

抗战救亡运动中，中国报人不断摸索中国新闻事业在抗战时期条件下的转

1 范长江．开展敌人后方的新闻工作［M］// 沈谱．范长江新闻文集：下卷．重庆：中国新闻出版社，1989：818.

型，开始了“战时新闻学”的理论研究，有力地推动了中国新闻学术发展与传播。1941—1942年，《新华日报》开辟记者节专版，登载《新闻工作者的自我检讨》《抗战以来殉职报人》《敌后游击区报纸的一斑》《冀中的新闻工作是怎样支持的》《论我们的报纸》《报纸和新文风》《把我们的报纸办的更好些》等文章，系统地向国统区民众介绍根据地新闻业的发展情况，阐明中国共产党的新闻理论。1943年，陆定一则在《解放日报》发表《我们对于新闻学的基本态度》，全面、系统地分析无产阶级新闻学诸多基本问题，成为中国共产党新闻理论的重要文献。而在20世纪40年代的国统区，《大公报》、《中国建设》、国民党《中央日报》也撰写了新闻理论研究的专论。这些思想与理论相互争鸣互动，从而丰富了中国新闻学研究的内容，提升了中国现代新闻学的理论研究水平。

抗战时期，由于中国报人的不断努力，中国新闻业的职业形象与社会地位不断提升，赢得举世赞誉。晚清民初，中国报人多被世人认为是“文人末流”，缺少职业的自律与操守。而抗战救亡，恰为中国报人群体改良职业积弊陋习提供了契机。抗战时期，中国报人群体大力弘扬职业道德，通过“表彰忠烈，严惩奸逆”，在弘扬爱国报人忠勇敬业精神的同时，揭露卖国报人的可耻行径，彰显了“国家民族正气”。中国报人的爱国行为，为国人树立起“爱国”“负责”的报界新形象。1944年，为表彰报人在抗战中的贡献，国民政府将每年9月1日正式定立为“国定记者节”。而1941年5月15日，《大公报》更是因为其在世界反西斯战争中的巨大贡献，荣获美国密苏里大学新闻学院授予的“1940年度外国报纸”荣誉奖章，这是现代中国报界第一次获得国际新闻奖。

在民族危亡之际，中国报人用铮铮铁骨弘扬民族正气，用职业精神陶铸爱国情操。他们专业化的职业报道，赢得了中国民众和国际舆论的尊重，成为一支不可忽视的新兴社会力量。抗日战争中，中国报人群体积淀而成的爱国传统和新闻操守已成为中国现代新闻职业精神的重要组成内容，值得永远继承与弘扬。

（原文发表于《新闻研究导刊》2015年6期）

抗战时期中国报业的纸荒困局与报界因应

造纸术是中国古代四大发明之一，是中国对世界文化与人类文明作出的杰出贡献。作为文化传播的载体，纸张“使得过去传播思想的昂贵材料，被一种经济的材料取代”，“促成了人类思想成果的流传”。[1]纸张与报业的关系最为密切，工业革命后，机器造纸的蓬勃发展与纸张价格的下降，催生了世界廉价报刊时代的到来。伴随社会书写方式和印刷革新的进步，“现代文化所用之纸，第一要能双面能印，第二要能上铅石印机，第三要能写钢笔”[2]。遗憾的是，近代中国传统造纸技术故步自封，手工纸张不仅难以满足中国人的书写需求，更无法适应中国报业的印刷需求，形成了对西方纸张的高度依赖。“抗战前各大都市中间，比较新的家庭，即拭杯筷的纸，上厕所的手纸，无一不采用洋货”[3]，而中国新闻业“所需用的纸张”，更是“99% 是采用品质坚韧可以双面印刷的洋纸”[4]，纸张成为制约中国新闻业乃至中国文化发展的瓶颈。

纸张是报业的命脉，抗战时期随着日本占领和掠夺的加深，中国纸张进口来源枯竭，出现纸张奇缺，纸价飞涨，无纸印报的危难局面。“纸荒”成为抗战时期中国报界面临的最为棘手的问题之一。抗战时期，中国新闻界“卫国奋斗，责任之重大，实不亚于前线冲锋陷阵之战士”[5]。报业更是承担着宣传抗战方略，动员民众救亡，向中外传播抗战信息的使命，但纸荒的频发使得抗战时期报业时常陷入“弹尽粮绝”的危境之中，这不仅关乎报业自身经营的稳定，更成为对日舆论战和宣传战能否有效开展的关键因素。战时中国为何纸荒频发？其对中国新闻业究竟产生了何种影响？中国新闻界如何在战火倥偬中妥善应对纸荒困厄，承载起抗战宣传的使命？对于这些重要问题已有研究成果尚付阙如。笔者尝试以史料

1　哈罗德·伊尼斯．帝国与传播［M］．何道宽，译．北京：中国人民大学出版社，2003：135.

2　杜时化．怎样解决纸荒［N］．力报，1939-09-11.

3，4　谭天萍．怎样解决严重的纸荒［N］．力报，1937-07-27.

5　佚名．纸弹歼敌：纪念九一记者节［N］．青海民国日报，1941-09-01.

为基础，从中国报业的纸荒困局的表征入手，揭示抗战时期中国新闻业在国难乱局中如何挣扎求生，在物质极端匮乏的状态中履行抗战宣传责任的历史面象。

一、抗战时期中国报业纸荒困局的发生及其表征

尽管自近代以来中国报业即受到纸荒问题的长期困扰，但抗战时期中国报业的纸荒问题却尤为尖锐和严峻。“九一八”事变后，中国新闻业受国难时局的影响，报界纸荒在各地时有出现，且愈演愈烈。在上海，抗战之前报业纸张供应较为稳定，但受淞沪战局影响开始出现“纸料缺乏”“纸价奇昂”的局面，“纸荒之危险”“影响印刷业及新闻业殊巨”，报业所需“若干纸张已经绝迹，且暂时无法迅速增加纸张存储”。[1]纸价走高，西方纸业趁火打劫，不再“与各（在沪）大报社签订半年和全年”的长期纸张合同，导致报业纸张价格高涨，波动剧烈。1937—1939年，上海纸张从“每令不及六元”，涨至三百多元。上海书报两业尽管“勉力维持”，却仍感不易，出现“无法继续出版之危机”。报人为此哀叹，纸价“一涨就涨了百余元”，此后更是“无日不涨，有夜皆增……这样的涨法，记者无以名之，只好名之曰‘混涨’”。[2]在华北地区，华北事变导致“外纸断绝”。据报道，“平津现闹纸荒、报纸缺乏允甚、每令由三元涨至五元七角余、犹无货、坎拿大北欧各纸厂货物来者渐少、求过于供、各公司顷运之纸，均交合同家用、倘绥战扩大外纸断绝、将影响华北新闻业”。[3]在天津，新闻用纸价格从3.2元/令，涨至6.4元/令。天津《益世报》称，“津市消耗纸数最多者，莫过于新闻纸，除稍有根基之各报，尚可支持外，其初创未久之小报，广告价目即不能增加，而纸类又复腾涨不已，无日不处危境”，[4]津门报界哀鸿遍野。

全民族抗战爆发之初，全国大报馆多提前储备纸张，“库存甚多”，加之战事初期“洋纸输入尚易”，故报业用纸“尚不感缺乏”。但到1938年武汉会战之后，随着战火的深入，“纸张运输”受到“重大影响”。[5]1938年末，日军在东南沿海登陆，“海口封锁，舶来纸张，全告断绝”，大后方“纸张供应日渐趋紧”，

1 佚名．华侨在沪设厂造纸［N］．申报，1939-10-13.
2 陶亢德．关于文化用纸问题［N］．申报，1943-03-27.
3 佚名．平津纸荒［N］．申报，1936-12-12.
4 佚名．纸价飞涨：产业落后中国，暂将大闹纸荒［N］．益世报，1931-02-25.
5 佚名．如何救济纸荒［J］．益华报，1938，2（10）.

“洋纸价格激涨”，报业重新面临“甚为缺货”的危局。在武汉，“每逢时局有一次变动，汉市的物价，马上便会高涨起来”。尤其是纸张作为“外来的货物”，已经“涨得大不像样”。报业用纸从原价不过三四元每令，“涨到十七八元”。[1]在南京，自1937年以后报刊“纸张来源、近益缺乏”，迫使大量报刊外迁或停刊。[2]即使中国富产纸张地区，纸荒肆虐同样严重。在湖南，战前“湖南的报纸以及各机关用纸，大多是舶来品”。以至于“那时每每抵制仇货运动发动一次，湖南方面就要闹一次纸荒”。[3]战前纸荒已突破区域局限，呈现向全国蔓延的趋势。

1939年后，日军加紧了对我国抗战后方的物资封锁和战略包围，导致报业纸荒日趋严峻。在战时首都重庆，报业所需“报纸、油墨等印刷材料”，都呈现“极度缺乏”的状态。“白报纸无论卷筒平板皆无购处”。“扫荡、大公、时事、新蜀、新民、国民、大江”等在渝大报所用纸张大都为“半年以前设法运来的……旧存的纸”，“恐怕不久都将用罄”。面对无纸窘境，“新华、中央、西南、济川、商务等家，一个月前已改用土纸了”[4]。受纸荒影响，抗战之初，大后方报业有的已“不能承接大批量的印刷”，有的“无法开工”，以至销量锐减。因“纸价油墨过昂”，更导致抗战时期大后方报业利润缩减，经营惨淡。在报业之外，缺纸问题亦波及图书出版业，民国著名的“生活、大东、天马、新知”等出版社，在迁渝半年多的时间里，几乎“没有一本新书问世，所卖的还是那武汉退来的老货”。[5]而当时重庆市面销量最好的《中国空军》《文摘》《全民抗战》《国讯》等期刊，由于“用不起白报纸”，只能“改用土纸”印刷，印量“多者不过一两万份，少则三四千份”，与战前动销量形同天壤。

在西北地区，纸荒的肆虐更达到了“令人心焦”的地步。战前，西北地区仅陕西“勉强出一点土纸”，“其他各省无论土纸洋纸，悉数要靠输入”[6]。抗战时期西北报馆迅速陷入“拿钱买不到纸”的绝境中。在陕西，报馆直到“排校完

1 增强汉市经济轴心。谋恢复国际贸易。四行提放委会对商人贷巨款。省府平定物价商会禁绝敌货［N］. 申报（汉口版），1938-03-24.

2 佚名 . 首都各报迁地出版［N］. 申报，1937-12-08.

3 佚名 . 扶持和改进湖南造纸业［N］. 长沙日报，1945-12-22.

4 知我 . 战时行都的新闻业［N］. 申报（香港版），1939-02-15（3）.

5 知我 . 战时行都的新闻业［N］. 申报（香港版），1939-02-15（3）.

6 通哉 . 救济西北纸荒［J］. 西北论衡，1937，9（11）.

毕上了版，才去东拼西凑找纸张”[1]，残喘发行。在陕甘宁边区，记者海伦·斯诺曾写道“哪怕一张最普通的纸”，在这里“都是最奢侈的东西”。[2]边区机关报《新中华报》曾因“纸料缺乏”[3]，“出版分量减少一半”[4]。其他各类读物也因纸荒被“限制印刷份数”，甚至出现用桦树皮记笔记、出墙报、开处方的奇景。鉴于边区纸荒的严重，毛泽东在边区会议上，将缺乏纸张与没衣穿、没油吃等并列为边区最为紧迫和急需解决的生存问题之一。[5]

1941 年，太平洋战争爆发，中国“国际交通线更受阻隔，舶来纸输入愈为困难”，大后方报业被迫采用纸质粗糙的土纸替代洋纸印刷，如此“亦不能自行供应”，“印刷纸呈现恐慌”始终“甚为严重”。有报人回忆称：“那时重庆各种物资是万分缺乏，纸张当然不能例外，也是供不应求。”在重庆，新闻纸张价格“一再昂涨”至“十数倍”，尽管纸厂“昼夜开工不停生产”，却仍然供不应求。有报人为用纸前景忧虑，“各家报馆，存纸用完，势必也得改用土纸，恐怕纸价的飞涨犹其余事，发生纸荒必不能免”。[6]更有报人直接斥责纸荒威胁报业经营安全，“纸价大涨，各报生存，除少数历史久远经济组织健全者外，均入于风雨飘摇之状态”。从“九一八”事变到全民族抗战胜利前，中国报业纸荒问题从华北、华中等地区发生，随着战事推进至华东、西南和西北地区，几乎遍及中国全境。新闻纸荒始终是困扰战时中国报业发展，限制战时宣传效能发挥的致命问题。

二、抗战时期中国大后方新闻业纸荒困局之成因

抗战时期，中国报业纸荒持续时间之长，范围之广，影响之大，前所未有。抗战时期，中国纸荒的成因极为复杂，既有自身纸张产能不足的痼疾，也有外敌入侵对纸张进口的封锁和纸厂的破坏。内外因素的共同作用，不仅加剧了抗战时期纸荒的破坏力，更增加了报界应对纸荒的难度。

首先，战前中国纸张严重依赖进口，无法自给自足是造成中国报业纸荒肆虐

1 通哉 . 救济西北纸荒［J］. 西北论衡，1937，9（11）.

2 尼姆·威尔斯 . 续西行漫记［M］. 陶宜，徐复，译 . 北京：解放军文艺出版社，2002：85.

3 陕甘宁边区财政经济史编写组，陕西省档案馆 . 抗日战争时期陕甘宁边区财政经济史料摘编：第 3 编工业交通［M］. 西安：陕西人民出版社，1981：5.

4 佚名 . 启事［N］. 新中华报，1938-06-30.

5 毛泽东 . 毛泽东选集：第三卷［M］. 北京：人民出版社，1991：892.

6 知我 . 战时行都的新闻业［N］. 申报（香港版），1939-02-15（3）.

的根本原因。如《申报》所言，中国自近代造纸工业诞生之初就发育迟缓，“尚在萌芽时代”，导致国内“印刷用纸，大部来自外国”，仅 1937 年，中国纸类进口价额即达 6 530 万元。而太平洋战争之后，随着“外来纸张遂告绝迹，纸价亦日益飞涨。因此文化用纸，包括新闻纸、公文信件用纸、油印蜡纸、复写纸等，价格之飞腾，实属惊人”。[1] 日军侵华过程中对中国工业造纸厂进行了大肆的掠夺和破坏，使得本已脆弱的中国纸业雪上加霜。在战区，中国造纸工厂有的被战火摧毁，有的被掠夺侵占，有的设备被拆走，几乎遭受灭顶之灾。在纸业中心上海，战前，其纸张产能占据全国的 31%，但因淞沪会战，上海各大纸厂“大半毁废，正在计划中者亦无法进行矣”。[2] 著名的龙章造纸厂战前原本设备齐全，生产较好；抗日战争爆发后，该厂即迁往武汉、宜昌等地，沿途船只失散沉没，损失机器 50 吨，至重庆后其设备已损失惨重，一度难以复建。据统计，抗战前国内有各大纸厂 32 家，抗日战争爆发后，被日军占领或破坏的即达 18 家，占中国全部造纸厂的 56.25%，因日本侵略中国损失纸张产能约 46 387 吨，约占中国造纸全年产能的 71%。[3]

除工业造纸能力不足外，中国传统手工造纸产业亦受国难影响，发展不振。传统造纸多为“农村副业”，造纸技术“口口”相传，导致中国各大造纸产区技术“因循相习”“历千余年而无进步”，以至纸质退化“一代弱似一代”，无法满足近代中国人的书写和报业印刷需要。“九一八”事变后，日本占领东北、华北、华中等地区，使得中国土纸市场“销场尽失”。战时土纸市场的萎缩加速了传统造纸的衰败，在湖南，“因华北及东南滨海区域之失陷”，导致“湘纸之省外销场……多被摧毁，省内销场亦蒙不利之打击”，土纸生产一落千丈。[4] 战时“浏、醴、平、攸等县”，大量纸工失业，生活无以自存，造纸亦无从谈起。安徽、湖南、浙江等传统造纸产业区的衰落[5]，使得中国依靠自力更生解决纸荒问题的能力大为削弱。

1　佚名 . 最严重的文化用纸问题［N］. 申报，1943-03-26.
2　叶致中 . 纸荒与倡用土纸［J］. 商业月报，1940，20（5）.
3　王桧林，郭大钧，鲁振祥 . 中国通史 21：第十二卷近代后编（1919—1949）上册［M］. 上海：上海人民出版社，1999：558.
4　谭天萍 . 怎样解决严重的纸荒［N］. 力报，1937-07-27.
5　杜时化 . 宜速救济湖南纸业［N］. 长沙日报，1946-04-13.

其次，就新闻业自身而言，战时中国报业大规模内迁，沿途不断遭受日军袭扰，人员、物资损失极为惨重，储备纸张大多散落无存。到达大后方后，各报多无储备纸张，造成短期纸荒的出现。《大公报》迁渝途中，在宜昌遭受日军轰炸，“勉强运上船的物资和纸张”均荡然无存。《新华日报》迁出武汉后，在湖北嘉鱼遭到日机轰炸，遇难20余人，运纸船只沉没，该报印报所需卷筒纸20卷被焚毁。报址成功迁至大后方后条件也极为简陋，无法实现纸张的及时运输与存储，导致印报困难。战时《中央日报》《新华日报》《扫荡报》等报纸来渝后，多“自备印刷”，但“整所的房屋难找”，只能将“印刷工厂和编辑分散在两三处”。《中央日报》编辑部曾“挤在一家杂货店里”工作，编辑部尚且如此简陋，纸张存储的库房更是无从设置。西南地区气候潮湿多雨，印报纸张又极怕受潮，加之日机长期轰炸，更加剧了报业纸张供应和存储的困难。1939年，日军持续对重庆实行无差别轰炸，《新华日报》和其他各大报馆的馆社库房大都损失殆尽，一旦“各家报馆，存纸用完……发生纸荒，必不能免”。[1]

最后，抗战进入相持阶段后，战时中国新闻及文化事业的复兴，拉动了文化用纸需求，供需矛盾的尖锐，使得报业纸张供应愈加捉襟见肘。抗日战争全面爆发后，内地新闻业陆续迁至西南、西北等后方地区，尤其是重庆在“确立为陪都之后”，成为“除去沦陷区以外……全国唯一的大都市”，“一时间各大新闻机构争相来渝……继续出版”的同时，“重新负起他们抗战宣传的责任”。战前，重庆即为西南地区报业中心，拥有《新蜀报》《济川公报》《国民公报》等数10份报纸。其中《新蜀报》《国民公报》“皆有二三十年的历史，日刊三大张。销量很不错，在地方新闻业中是比较健全的新闻纸”。全民族抗战爆发后，上海《时事报》《新民报》，南京《南京晚报》《中央日报》，天津《大公报》，武汉《新华日报》《大江报》《扫荡报》等知名大报先后迁至重庆，使得这座人口不足百万的城市，“有大报11家，中型报2家，晚报3家”，报业竞争惨烈。全民族抗战爆发初期，重庆大报的销量为12 000 ~ 13 000份，普通报纸为5 000 ~ 6 000份，即使质量较差的小报亦有2 000 ~ 3 000份的销量。在外来大

1 潘梓年，吴克坚，熊瑾玎，等．新华日报的回忆［M］．重庆：重庆人民出版社，1979：58.

报中“《大公报》《中央日报》《扫荡报》《新华》……上下其销量差别不过一二千份”。[1]报业发行的恢复和壮大，无形中带动了新闻用纸的巨大需求，但大后方纸张供应的不足却使得供需鸿沟日渐增大，最终使纸荒爆发势不能免。

三、抗战时期中国报界的纸荒应对

（一）报界参与动员纸厂筹办，扩大纸张的生产

中国报界历来认为“报馆根本，在于纸张”，鉴于近代中国新闻纸生产能力的不足，抗战时期中国新闻业积极参与兴办纸厂，借助舆论的力量，引导中国各界关注纸业，从生产源头解决纸荒问题。抗战初期，“中国新式制纸业之各厂中，以制造新闻纸著名者，首推汉口谌家矶之财政部造纸厂”。该厂“所造成之报纸，曾销行于长江流域，治新闻业者多知之”。全民族抗战爆发后，该厂“原料木材缺乏”“资本不充，营业不振……新闻纸制造之难可知也”。[2] 1933年，国民政府实业部曾联合上海报界巨头《申报》《新闻报》《时事新报》等共同认股，选定浙江温州筹建新闻纸厂，这是中国筹建纸厂“中规模最大者”。按照计划，纸厂建成后全国报馆用纸“该厂可供给其半数”。1934年，《申报》经理史量才受“聘为筹备委员”，他协调《申报》《新闻报》以及中华、商务等出版机构募资达170万元，成为民国“新闻业10年间第一件值得大书特书的事情”。[3]但该纸厂生不逢时，筹建之初即有人质疑产品“不能与洋纸竞争”，加之“抗战军兴”，最终“无形停顿”未能建成。

全民族抗战爆发后，中国纸张短缺问题引发社会各界关注，纷纷呼吁“组织新式造纸厂，搜罗制纸人才而用之”。战时，沿海地区及内陆的部分纸厂人员设备转移至西南地区陆续重建，具体情况参见表1。

表1　抗战时期西南地区纸厂情况表

厂名	地点	兴建方式	纸类与产能
西南造纸厂	贵州贵阳	永丰造纸厂改名复建	以草纸、废纸生产新闻纸，1吨／日

1　知我．战时行都的新闻业［N］．申报（香港版），1939-02-15（3）．

2　人治．中国新闻纸制造问题之研究［N］．湖南通俗日报，1934-11-29.

3　邵力子．十年来的中国新闻事业［M］// 中国文化建设协会．十年来的中国．上海：商务印书馆，1937：406-407.

续表

厂名	地点	兴建方式	纸类与产能
嘉乐造纸厂	四川嘉定（今四川乐山）	原厂扩建	用废纸、稻草生产新闻纸，2.5 吨 / 日
中央造纸厂	重庆	上海龙章造纸厂复建	道林、白报纸、书面纸，3 吨 / 日
中元造纸厂	四川宜宾	杭州中元纸厂复建	牛皮纸、招贴纸，0.5～1 吨 / 日
正中造纸厂	四川宜宾	兴蜀纸厂扩建	本色报纸，1 吨 / 日
建国造纸公司	四川成都	新建	道林纸、报纸、特种纸，3 吨 / 日
铜梁造纸厂	重庆铜梁	原厂改扩建	卷烟纸、各种薄纸，0.5 吨 / 日
中国造纸厂	四川嘉定（今四川乐山）	原温溪纸厂迁建	白报纸、牛皮纸，5 吨 / 日
万县造纸厂	重庆万州	武汉白沙洲纸厂内迁	打字纸、印刷纸、书面纸，0.5 吨 / 日
云丰造纸厂	云南昆明	上海造纸厂迁建	白报纸、有光纸、打字纸，1 吨 / 日
华元造纸厂	重庆万州	新建	印刷纸、白报纸，0.5 吨 / 日

该表显示，战前西南地区新闻纸生产能力极为薄弱，即使稍具规模的四川嘉乐纸厂，其产量也只占全国总产量的 0.22%。抗战时期，大量内地纸厂内迁复建，带来了资金、技术和人员，使得抗战时期西南地区新闻纸生产能力缓步提升。据统计，1938—1940 年，中国工业纸厂年产纸 560 吨。1941 年，年均产纸达 3 900 余吨，大致相当于战前最高产能的 70%。[1]

抗战时期，新闻纸荒及报业迫切的用纸需求，催生出了一些明星造纸企业。其中，尤以四川嘉乐造纸厂为代表。该厂素以“专造报纸”见长，报界称之为“嘉乐纸”。这种纸张实为再生纸制造，纸质脆、硬，本非优质印刷用纸，但在纸张

1　上海社会科学院经济研究所，轻工业发展战略研究中心．中国近代造纸工业史［M］. 上海：上海社会科学院出版社，1989：152.

极端匮乏的环境下，仍被国人珍视为“上好纸张”，广泛使用于报刊印刷。战时《中央日报》《新华日报》等报纸都曾使用“嘉乐纸”印制。旺盛的市场需求，使得嘉乐造纸厂的规模与效益连年递增。1938 年，该厂资本仅 14 万元，到 1939 年，纸厂经营资本已达 27 万元，增长近 50%。1941 年，该厂总资本已达 150 万元，为筹建之初的 10 余倍。资本实力的扩充，拉动造纸设备与技术的更新，抗战时期，“嘉乐纸”的名字在后方已是尽人皆知，作为重要的战略物资由国民政府统销和配给各机关团体，因销路遍及后方各大都市，如重庆、成都、昆明、西安，都设有办事处，[1] 有力保障了抗战时期中国对纸张的需求。

（二）报界尝试使国产土纸替代进口洋纸印报

所谓土纸，就是采用传统工艺手工或半手工制造的国产纸张。全民族抗战爆发后，输入中国内地的进口纸张几乎完全断绝，洋纸供应的枯竭使得中国新闻业被迫重新思考立足自身条件，使用本土纸张印报，此举带动了土纸产量的增加与技术的革新。正如中国报人所言，“抗战以来，洋纸来源断绝，外方压力既除，加以需求日增，内地销量亦日大”，形成对土纸巨大的市场需求，“昔日衰落之产区，今则产量益进，同时原先不产纸之区，今亦有纸之出产”。[2] 事实上，早在中国近代报业诞生之初，便有使用国产土纸印刷的传统。例如，《申报》创办之初，即“用中国久晒纸，单面印之”，这种纸张以稻草和竹子漂白而成，“凡我中国手工造纸业家无不能造”。该纸“尺寸略为改变”，后曾被“对开印机”使用，因其“成本自轻可与报纸价格相等，不致悬殊”，[3] 保证了《申报》在上海报业市场竞争中的成本优势。但土纸印报“色黑质粗”，缺乏韧性，受潮易碎，加之产量制约，使其难以满足中国报业日趋扩大的印量需要。民国初年，随着大型印刷机械的广泛使用，中国报刊印刷已难觅土纸身影。

全民族抗战爆发后，随着中国纸荒的日益加剧，彻底改变了土纸生产和使用的颓势，中国报业土纸印制一时成为一种潮流。如时人所言，“自抗战以还，洋纸来源断绝，土纸一时风起云涌，似呈发达之象”。另一位报人也说，“因舶来

1　佚名 . 生产建设嘉兴纸厂巡礼［N］. 申报，1946-09-09.

2　佚名 . 纸在湖南［N］. 力报，1943-06-28.

3　佚名 . 国货专刊 · 非常时期之报纸问题［N］. 申报，1937-08-04.

纸类来源之阻断，国内一般文化界皆渐次采用土纸，国内纸业为之突飞猛进”。在重庆，原来用洋纸的报刊大多改用土纸印制。在成都，当地报纸“全用夹江与嘉定两地所制的土纸”印制。据报人回忆，抗战时期，重庆《大公报》几乎完全使用夹江生产的“土纸平版印刷机印刷”，发行量超过 10 万份，且“版面还是相当精致”。因土纸品质改良和价格优势，大后方报业的印制成本大为缩减。重庆《大公报》因用土纸印报，成本降低，成为“相当赚钱”的报纸，[1]一扫抗战初期的颓势。

1940 年后，成渝地区土纸生产达到极盛，带动了周边夹江、梁平、铜梁、广安等地土纸生产强劲增长。据统计，1943 年川渝地区土纸产量 21 000 吨，比 1938 年增加了 5 000 吨，增幅达 31.25%，“纸商获利颇丰”。为鼓励土纸生产，各地还尝试将分散的造纸槽户组成生产合作社，“纸业技术指导团”“拟具计划”，在贷款、技术和运销上“予以普遍之指导”，[2]通过资源的集中配置，实现了土纸产量和质量的提升，提升了土纸生产效率与工艺的标准化程度。在土纸生产大省湖南，为“情逼势迫”，当地的“报纸以及各机关用纸，就相率改用武冈出产的改良官堆，邵阳、益阳各县出产的土报纸”，土纸从业者超过 30 万人，不仅成为“湖南境内印书印报、公文用纸”，甚至“贵州、重庆、桂林等地用纸，亦多仰给湖南”。在浙江，战前报业用纸原本“均非国产”，战时由于“运输阻滞、纸价飞涨”，各报不得不“一律采用国产土纸”。为鼓励民众阅读“土纸”读物，当地政府尝试用“淡色土纸试印《老百姓》旬刊数期，结果颇称满意”。于是发起“土纸运动”，当地的《东南日报》《正报》悉数采用土纸印刷。即使素不产纸的西北，土纸同样呈现供需两旺的状态。在陕甘宁边区 1941—1945 年，延安中央印刷厂土纸使用量从 425 令 / 年，增至 5 000 令 / 年，土纸使用率从原来的 17.5% 上升到 98.4%。边区刊行的《新中华报》《解放日报》《边区群众报》《共产党人》《中国文化》等 20 种左右报刊全部实现了土纸印刷，保证了边区报刊出版印刷的需要。[3]

1 孔昭恺 . 旧《大公报》坐科记［M］// 全国政协文史资料委员会 . 中华文史资料文库：第十六卷 . 北京：中国文史出版社，1996：315.

2 黄林编 . 建设厅奖励手工造纸组技术指导团分区指导［M］// 黄林 . 近代湖南出版史料 . 长沙：湖南教育出版社，2012：1030.

3 康小怀，赵耀宏 . 抗日战争时期陕甘宁边区的造纸业［J］. 中共党史研究，2017（7）：108-115.

抗战时期，全国各地已经基本普及使用土纸印报。抗战后期，重庆、江西、福建、安徽等地土纸生产基本恢复到战前水平，成为战时印刷品的主要用纸来源。抗战时期，土纸印报不仅“产量突增”，“品质之改良，亦具极大成效”。为使土纸能够适应报业印刷的需要，国人不断实验、改良生产工艺，提升了土纸品质。全民族抗战爆发初期，“西南诸省报纸刊物……因报纸缺乏”，多“以灰色报纸代”，这种土纸“纸质粗硬、不宜皱折，且其颜色灰暗、油墨印亦甚难阅读”。后经国人实验，研制出以竹叶为原料，颜色淡蓝的印刷用纸。这种纸张“质地较毛边纸为厚，富有绵软吸墨性”，价格比进口印刷纸低廉1/3，完全可以替代“舶来报纸之用”，无论在“卷筒机还是平板机”均可印刷，“各报采用之，咸感满意”。

抗战时期报业对国产土纸的提倡与使用，既是无纸可用的压力所迫，更是一种救亡的爱国自觉。正如有的报纸所说：“全国各大报馆，亦宜尽先购用本国纸料，毋以质料之较劣，定价之较昂而弃之，以为外国纸张推广销路。然后可使后起之新闻纸制造业，有改良进步之余地。”[1]有报人反省报业使用洋纸的历程，指出，“我们的报纸上，从若干年前起，就在鼓吹提倡国货，劝大家采用国货。其实报纸的本身，就是一个用洋货的叛徒。这安得不惭愧吗？”[2]呼吁报业应当以国产纸张为先，报业印刷“最好采用国产纸，为国家节省一分资金外溢，即是为国家多留一分元气，亦即是为国家多增加一分抗战的力量”，率身垂范倡导土纸的生产和使用，将使用土纸视为报业的救国方式。

抗战时期随着土纸生产工艺和纸质的改良，加之价格低廉，土纸完全替代机器纸厂成为中国报业印刷的主角。抗战时期四川夹江生产的夹江土纸即是著名的新闻用纸，由于该纸售价低廉，其纸色与质量皆能满足印报需求，当时川渝出版的《中央日报》《新民报》《新华日报》《大公报》等数10种报纸都曾使用过夹江土纸印刷。[3]土纸的改良和使用有效地遏制了报业纸荒危机的蔓延，提高了中国报业的自立能力，于抗战新闻业的繁荣功不可没。

1　人治．中国新闻纸制造问题之研究［N］．湖南通俗日报，1934-11-29.

2　石农．关于印报纸问题［N］．大公报（湖南），1938-10-04.

3　张花氏．夹江纸：一段不拿枪的抗战史［J］．文史天地，2016（4）：50-53.

（三）报界互助中的纸张拆借与联合版刊行

纸荒是抗战时期报业的共同威胁，为求生存，各报往往能够超越派别与利益之争，同舟共济，共渡时艰，纸张拆借时有发生。《新华日报》经理人熊瑾玎曾回忆，抗战初期，《中央日报》“存纸用尽，无法出报”，急向各报求援。但当时在渝各报大多库存无多，“自身难保”。无奈之下，《中央日报》经理张明炜只得向《新华日报》借纸。尽管两报是“立场不同，矛盾很大的机关”，但是“为了统一战线”和“团结抗日”，《新华日报》不计利害，解囊相助，“一张不少地立刻借纸 40 令，解了《中央日报》的燃眉之急”。[1]为此，《中央日报》亦将当时国内仅有的一套标题大字铜模，“两两相抵”，回借《新华日报》使用。此后，《新华日报》的版面上也有了“各种漂亮的标题字摆上去”，“不但文章内容好，版面形式也是焕然美观，吸引读者的兴趣”，实现了双赢。

在互借之外，如遇纸荒的极端状态，中国报界亦能深度合作发行“联合版”，共同进退。1939 年 5 月 3 日和 4 日，日军轰炸重庆，致使“西南、中央、新华”等数家日报纸张供应断绝。当时重庆各报日消耗纸张约“八九百令”，报业支出“纸为最巨”。由于纸张匮乏，筹措乏术，各报“往往奔走数月，仅能苟延残喘数日”。为解决纸荒，重庆各报被迫发行“联合版”，前后历时 3 个月零 7 天，“十家大报同舟共济，以百折不挠之精神，开报史一新记录”。[2]联合版的成功，为报界应对纸荒提供了成功范例。此后有人建议，既然“纸张来源如此竭蹶”，与其“眼看着大家停刊”，不如让“立场差不多，经济情形大致相同的报纸联合起来”[3]，倡议将联合版作为报业的发行常态，此举措和建议为日后报界应对纸荒危机广泛采用。

（四）报业重视纸张的囤积与节用

抗战时期，纸荒的频发使得中国报业在日常经营中更为注重对纸张的囤积与储备，并想方设法地尽量减少纸张消耗。《新华日报》经理人熊瑾玎将“纸张之购备”，视为报业经营最重要的工作之一。他说：“一个报馆，如果没有足够的

1　熊瑾玎 . 突破纸张封锁，使反动派为之失色［M］// 新华日报的回忆 . 成都：四川人民出版社，1979：71.

2　黄天鹏 . 重庆各报发行联合版之经过［J］. 新闻学季刊，1940，1（2）.

3　沈锜 . 战时报纸改进刍议［J］. 新闻学季刊，1940，1（2）.

纸张以供印刷，以广发行，那么虽有正确的好文章，很多的好消息也是空的。所以采购纸张，是每个报馆的一种中心工作。”该报极为重视纸张储备，曾派专人奔赴重庆及四川周边地区考察、联络，通过参股资助、合作建厂的方式先后兴办正大、正升等纸号，存储了大量纸张，保障了该报抗战时期的稳定发行。无独有偶，重庆《大公报》也同样注重纸张储备，抗战时期，该报日发行量曾达10万份，为保障纸张供应，该报常年储备足够维持半年使用的纸张。为此，经理曹谷冰“经常向中国、交通、金城、上海各银行接洽短期借款”，“购储纸张”，当时重庆金融借款3个月的利息通常为21%～24%，而同期纸张价格涨幅超过50%。纸价的骤变，使重庆各报联合会被迫“每年调整报价数次”。“大公报馆一面用早期购存的纸张油墨印报，一面按新的报价收费，如此循环往复，几年之间，财富大有积累。”[1]据报道，抗战时期，大后方报业“油墨等印刷材料极度缺乏，白报纸无论卷筒平板皆无购处”，当时“扫荡、大公、时事、新蜀、新民、国民、大江”等报纸都是“用着旧存的纸”[2]抗击纸荒。可见，在抗战纸荒困厄中，报界储存纸张以备纸荒之用，是抗战时期报业经营的常态与必要之举。

纸荒肆虐中，新闻界在努力开源的同时还倡导厉行节约用纸。战前，中国新闻业因纸量供应充裕，报馆编辑“往往不管其重要如何……编排的格式并没有什么变化”，给读者以版式“呆板”之感。抗战时期纸张缺乏，中国内地报纸大多采取“减少报纸篇幅，采精编主义，撷取新闻要点，去伪存菁，避免新闻之重复，缩小广告面”，“题目的大小完全依新闻的重要性而变化”，同时由于版面缩小，更加注重报纸内容的“精编选择，不轻易浪费篇幅”，报纸风格“从浮华到朴质”[3]，与战前相比为之一变。

四、结语

抗战时期，中国新闻业承担着宣传救亡与动员民众多重使命。受国难影响，抗战时期中国报业发生了严重的新闻用纸短缺问题，置自身于“无米为炊”的危局之中。正如中国报人所言，抗战时期“我国纸张供应之困难，盖为不可讳之事

1 王芸生，曹谷冰．新记公司大公报的经营［M］// 全国政协文史和学习委员会．回忆大公报．中国文史出版社，2016：8.

2 知我．战时行都的新闻业［N］．申报（香港版），1939-02-15.

3 英度．抗战与中国报业［N］．甘肃民国日报，1948-07-10.

实，亦为战时必有现象”。[1]国难初期，中国新闻业“辗转迁播”，报业运营所需的“机器、设备及图书、资料，多半仍在沦陷区，以至各报设备都极简陋”，纸荒是抗战时期中国新闻业的物质匮乏与困厄的体现，是中国报业艰苦境遇的一个缩影。“对于非常时期之报纸问题”，中国新闻界迎难而上，“或主屯购储备，以防断绝，或主缩短篇幅，节省纸张”。抗战时期中国报业的纸荒困厄，不仅危及自身生存，更关乎中国对日新闻战的实施。面对纸荒危局，中国报业自力更生，逆境求生，通过赞助纸厂，采用土纸替代洋纸，发行联合版、精编版面等方式加以应对，成功地疏解了纸荒对战时中国报业的破坏，在绝境中寻找出路，有效地抵御了纸荒给抗战时期中国报业经营带来的冲击与影响。

抗战时期，中国新闻业对纸荒困厄的成功应对说明在敌强我弱的极端状态中，中国近代报业的存在和成长具有极强的韧性和顽强的生命力，可以自力更生地应对内忧外患的挑战，不断增强新闻救亡的底气与责任。中国报界抗击纸荒的同时，“在极端艰苦的条件下，把抗战宣传战的基础建立了起来”，“一面激发同胞敌忾之心，一面对敌伪作口诛笔伐的工作”，抗战时期报业出版“八年来并没有一日中断”，这是中国报人救国的实践，更成为“民族不可征服性的表现”[2]，为抗战时期中国报业的复兴与中国抗战文化发展创造了条件。

［原文发表于《西南民族大学学报》（人文社会科学版）2019 年 1 期］

1 叶致中 . 纸荒与倡用土纸［J］. 商业月报，1940，20（5）.

2 曹增祥 . 抗战期中大后方报纸的特色［N］. 华北日报，1946-09-01.

“九一”记者节与近代中国记者职业形象的建构

“九一”记者节是民国时期中国报人群体的职业节日。它于1933年由杭州记者公会呼吁创设，1944年被国民政府正式确立为法定节日，至1949年前，其节日纪念活动前后延续近15届。在新闻界与官方的双重推动之下，“九一”记者节成为民国时期国人广泛参与，颇具认同度的职业纪念日。作为中国新闻界“极富有纪念的日子”，记者节的创设及活动，对于民国新闻界整合社会资源，凝聚报业力量，净化报坛风气，繁荣报学研究都发挥了极为重要的作用。以往学界对于该节日的研究，多从其创办的政治动因入手，认为该节日是报人反抗“国民党反动政府压迫舆论”，“争取民主自由”[1]的政治活动，其论述多从记者节创设原因去考察，视角较为单一，尚缺乏对记者节整体性的研究，中国新闻界如何度过这个“自己的节日”？他们借助节日的“言论”与“仪式”构建了怎样的职业“记忆”？记者节对中国现代新闻业的发展产生过何种影响？对这些问题，学界尚语焉不详。笔者拟用史料，全面考察20世纪30—40年代“九一”记者节的活动轨迹，力求以小见大，分析其在中国新闻业专业建设中所发挥的作用，以期抛砖引玉，进一步丰富学界对民国新闻业的认识。

一、从“我们”的节日到“国定记者节”——“九一”记者节的主题及活动

（一）“九一”记者节的草创与职业诉求的多样

1931—1936年是记者节孕育和草创时期。1931年“九一八”事变后，国民政府以“攘外必先安内”为由，颁布《出版法》等法律、法令，强化新闻检查制度，实行新闻“党化”与“统制”，引发了民国新闻界的普遍不满。1933年1月，镇江《江声日报》经理刘煜生被国民党江苏省主席顾祝同以“宣传共产党”为名

1 对“九一”记者节的研究目前主要有史述之的《关于“九一”记者节的历史》（《新闻大学》，1986年第4期），《“九一”记者节的始末》（《新闻记者》，1984年Z1期），刘晓滇等《江声日报事件与记者节》（《炎黄春秋》，2005年第1期）等论文，这些论文多以政治斗争视角分析其来历及作用。

枪杀，进一步激起了全国新闻界的强烈抗议。事发后，镇江、无锡、常州、上海、南京等地的新闻记者公会纷纷召开大会，要求国民党当局严惩凶手，“以保人权”。迫于强大的舆论压力，1933 年 8 月，国民党江苏党部呈请国民政府，通令全国各级政府及军队，对于“新闻事业人员切实保护”。行政院“于当年的九月一日，令饬内部，同行各省市政府遵照”。“此令颁布后引起全国新闻界莫大兴奋，杭州记者公会即向全国同业提议以是日为记者节。”[1] 1934 年，青岛、长沙、厦门、重庆、北平等地的记者公会组织开始记者节庆祝活动，“嗣后历年均有举行”，“九一”记者节由此创设。

初创时期的记者节，因没有得到国民党的官方承认，故其纪念活动大多由报社组织自发举行，规模较小。1934 年的首届纪念活动，几乎未引起国人的关注。据《申报》记载：“那时的记者节并不十分热烈，全国新闻事业繁荣的几个城市，上海、南京、汉口、广州、香港都没有什么表示”，而厦门、长沙、青岛等地节日活动仅是休刊、放假或聚餐。[2] 当时，北方城市中北平、太原两地报界团体举行的活动规模较大，他们致电“中央”，要求“实行去年九月一日命令，保障记者安全，维持言论自由”。此后，争取记者权益，捍卫言论自由遂成为“九一”记者节中最主要的言说内容。

除争取言论自由外，记者节创立初期，民国报人对记者节寄托了许多期许。1936 年，《新闻杂志》出版庆祝记者节专号，汇集了当时《民国日报（江西）》《苏报》《东南日报》《浙江商报》有关“九一”记者节的社论文章，从中分析可见，这一时期，“九一”记者节的言论内容大体围绕“报人道德”“健全舆论”“报人合作”等方面展开。有报人指出，设立记者节有助于中国新闻界“严密的组织，肃清记者败类，整饬新闻阵线”，这是“推进整个新闻事业的起点”。另有报人提出，“记者节是我们同业本身的一个纪念日，我们应该认清纪念的意义，不是狂欢一日的来临，我们要切实负起新闻记者的责任，务使与全社会发生极大、极良的影响”[3]，希望借助节日的宣传和活动实现整肃报业，最终达到改良社会的

1 佚名 . 记者节的由来［N］. 大公报，1946-09-01. 陈为镛在《中国记者节史话》一文认为记者节“它的首次明确提出是在 1934 年，而得到全国新闻界大多数同仁的真正承认则是在 1935 年”（《新闻知识》，2000 年第 11 期）。笔者认为此说有误。

2 佚名 . 记者节的诞生［N］. 申报自由谈，1946-09-01.

3 佚名 . 从记者节说起［J］. 新闻杂志，1936，1（12）.

目的。初创时期的“九一”记者节没有鲜明的活动主题，但记者节设立的必要性却已成为整个行业的共识。

（二）“九一”记者节的确立与“抗日救亡”主题的彰显

1937—1944 年，随着全民族抗战的爆发，“九一”记者节真正引发民众的广泛关注，产生了巨大的社会反响，最终被国民政府确定为“国定记者节”。抗战军兴，中国报人在抗日救亡的号召之下，以“国家至上，民族至上”的救亡理念为皈依，自觉成为“言论界一兵卒”，将“言论自由”让位于民族自由之下。1939 年，记者节《大公报》表示，“今天是‘九一’记者节，在民族大战中，我们的报人逢这个节日，实有一场的感奋与惭愧。报人所一向视若生命的是言论自由，但在今日，这个问题简直可以说是不存在的。因为现在我们奋全力，拼生死，争的是民族国家的自由……所以今天记者节我们第一应为尽力国家自由而感奋；第二为自己的尽力不够而惭愧”。[1] 全民族抗战爆发后，记者如何救国？新闻界如何参与抗战？中国报人在抗战中的责任与使命等讨论，迅速成为记者节最为鲜明的活动主题。与此同时，国民政府开始有意扶持甚至直接参与记者节的策划与庆祝活动，官方的介入提高了记者节的“规格”，使节日呈现出浓厚的政治色彩。

这一时期，为救亡需要，报界与政界保持密切的合作关系，一方面，如《大公报》所说：“抗战军兴，全国忠良报人的艰苦奋斗，完全站在国家民族的立场，宣扬国策，启导战志，报人的脉搏呼吸，更无不与政府的政策同其节拍。”[2] 另一方面，国民政府亦对记者节纪念集会更为重视，各地庆祝活动多有国民政府官员列席参加，并形成为一种惯例。抗战时期，各地记者节庆祝活动中，尤以战时首都重庆的纪念集会规模最大。从 1941 年起，诸如国民党中央党务委员陈果夫，宣传部部长王世杰、副部长董显光，社会部部长谷正纲等均曾参加过在重庆举行的记者节庆祝大会（《大公报》，1941a）。1942 年，适逢中国新闻学会首届年会在重庆召开，国民政府致电慰问新闻界，对国民党给予“礼遇”[3]。1943 年，中国新闻学会在重庆举行记者节纪念会，国民政府社会部主动提出“记者节日

1　佚名 . 祝记者节报人自勉［N］. 大公报，1939-09-01.

2　佚名 . 记者节的悌勉［N］. 大公报，1942-09-01.

3　佚名 . 记者节陪都盛会新闻学会举行首届年会［N］. 大公报，1942-09-02.

期，实应明予规定”，“令饬中国新闻学会将记者节定于九月一日之意义与经过情形呈报候核”。新闻学会“旋即据实呈复，并建议明定每年九月一日为记者节”。社会部“即与内政部洽商，会同呈请行政院核示”。1944 年 3 月 11 日，行政院颁布“义一”字第 5297 号指令，正式确定九月一日为“国定记者节”。至此，“九一”记者节第一次得到了官方承认，具备了“合法”身份。《大公报》不禁感叹，“这是有国定记者节的开始，自民国二十三年各地自行举行首届记者节，至民国三十三年举行国定记者节，历时恰为十年”[1]。

抗战期间，“九一”记者节活动形成了较为固定的仪式，一般包括报界、政界代表演讲，向殉难同业默哀致敬，以及会后的茶话与娱乐活动。例如，1941 年的记者节纪念会上，萧同兹代表国民党“历述中国新闻界在国民革命前后和中国抗战后之奋斗情况，并为数十年来被捕、坐监、殉难、遭炸之同辈默哀”。与此同时，上海“孤岛”报人也“致电蒋委员长和前线将士表示敬意”，与重庆遥相呼应，表示“坚守立场，努力岗位，已尽报人天责”。中午时分，上海报人面向重庆方向，“静默三分钟，为淞沪抗战后殉难的同业沉痛默哀”。[2]1944 年，因是“九一”记者节的第一次合法纪念活动，故其庆祝活动更为隆重，张道藩、程中行、马星野、董显光等官员均列席纪念会，新闻界中胡政之、成舍我、王芸生等报界代表二百余人亦到会参加，“盛况空前”。萧同兹代表国民党政府发表讲话，“为新闻界对真理、对世界、对国家所作之努力奋斗表示慰问与敬佩”，同时提出四点要求：“1. 希望新闻学会诸君从事学术上不断求进步，尤盼全国优秀分子大量涌入记者之群；2. 希望记者在各自岗位上精益求精，提高报纸水准；3. 希望记者养成健全舆论之风气；4. 希望新闻学会会员及全国报纸数量，5 年后十倍于今日。”[3] 演讲后，全体代表向“抗战阵亡将士及殉难同业默哀致敬”。白天记者节纪念会结束后，国民政府还会举办官方晚宴或放映电影等文娱活动，邀请新闻界代表参加。例如，1942 年记者节期间，国民党中央文化运动委员会为记者“播放联合国五彩新闻影片，尽欢而散”。[4] 而 1944 年记者节，国民党中

1　佚名 . 纪念记者节陪都新闻界集会［N］. 大公报，1944-09-02.

2　佚名 . 昨日记者节沪新闻界电蒋委员长致敬［N］. 大公报，1941-09-02.

3　佚名 . 纪念记者节陪都新闻界集会［N］. 大公报，1944-09-02.

4　佚名 . 今日记者节新闻学会举行年会［N］. 大公报，1942-09-02.

央宣传部为了慰劳记者，举行联谊晚会，受邀记者四百余人，几乎囊括了当时重庆报界的中坚力量。[1]国定记者节的确定，从侧面释放了国民党政界希冀与新闻业界建立良好关系的信号，表达了合作抗日的共同愿望。

除官方活动外，抗战时期的“九一”记者节，中国报人还会自发开展一系列社会公益活动，树立报人爱国敬业的公众形象。报人兼学者的郁达夫在1939年的记者节撰文指出，“我们做为中国的新闻记者，自然也只有一条路，就是先要解放我们的民族，抢救我们的祖国”[2]。在这种思想驱动下，他排演话剧，通过义演宣传抗日。在义演布告中他这样说，“溯自倭夷入寇，国社西迁，我中枢奋威以御强……念弟兄之漂泊东南，同是天涯，爰决于记者节九月一日，公演话剧以筹赈。乞侨贤共襄义举。推己饥己溺之心，尽为国为民之责。”[3]抗战时期，上海、长沙、香港、昆明等地的报人均会在“九一”记者节期间，开展大型“义卖献金”，为抗战将士“寒衣捐款”，“捐助一日所得用以购买记者号飞机”[4]等活动，以实际行动支持抗战。

“九一”记者节期间，爱国报人牺牲殉国的事迹，借助大众传媒的宣传被广泛报道传播。社会各界以各种方式追思与缅怀报界先贤，构成了记者节另一项重要内容，为节日营造了悲壮与凝重的氛围。郁达夫曾说，“我们在这一节日，首先自然得为我们的那些殉国的勇士们志哀，其次更不得不为我们的那些卫道的文化烈士们致敬。不论在平时或在战时，那些为社会正义而牺牲的热情记者们，才是我们的榜样，亦即是冥冥中在监视我们的英灵；纪念‘九一’记者节而不思为国家社会献身，不思为正义人道殉职的人，这人就根本不是记者”[5]。夏衍则说，“遇到这个节日，压在心头的只是难堪的悼念而已。悼念那些在上海和敌伪短兵剧战而殉难了的先烈，悼念那些在前线尽瘁于职责而伤亡了的同业，悼念那些在游击区在自己人的毒手下失踪和死亡了的友人”[6]。抗战时期，中国报人承担了“弘

1 佚名．纪念记者节陪都新闻界集会［N］．大公报，1944-09-02.

2 郁达夫．九一记者节演剧筹赈宣言［M］// 郁达夫．郁达夫文集（十二）．广州：花城出版社，1991：270.

3 郁达夫．九一记者节［M］// 郁达夫．郁达夫文集：第九卷 杂文（下）．杭州：浙江大学出版社，2007：115，116.

4 佚名．各地庆祝记者节［N］．大公报，1939-09-02.

5 郁达夫．九一记者节［M］// 郁达夫．郁达夫文集：第九卷 杂文（下）．杭州：浙江大学出版社，2007：115，116.

6 夏衍．悼念［N］．华商报・灯塔（香港），1941-09-01.

扬国策，揭发敌谋；振人心，作士气”的任务，付出了巨大的牺牲，其事迹可歌可泣。1939年的记者节前夕，适逢上海《大美晚报》编辑朱惺公被敌伪杀害。《大公报》《中央日报》均以大量篇幅详细报道报人遇害殉国的经过。《大公报》社论认为，“上海的朱惺公和暹罗华人报人”，他们“无国权保护而替国家奋斗，其艰苦忠贞是异常可佩的”[1]。在弘扬爱国报人忠勇敬业精神的同时，各大报业还不忘揭露卖国报人的可耻行径，通过“表彰忠烈，严惩奸逆”，彰显“国家民族正气”。[2]

总之，全民族抗战爆发后“九一”记者节的规模与地位迅速得到提升，形成固定化的节日仪式和凝重的节日氛围，成为社会广泛认可的专业节日。正如《申报》所言，“自全面抗战以来，记者活跃于每一道前线，每一处后方或敌后，工作的紧张，责任的繁重，使我们意识自己的节日，在团结，合作，进取等方面的重要性，因此一个伟大的节日，就一年一度的庆祝并广泛起来”[3]。

（三）“九一”记者节的延续与新闻理想的守望

抗战时期，中国报人将新闻自由的职业理想让位于救亡图存的现实需要，对国民党的战时新闻检查制度予以极大的容忍和克制。但到抗战胜利后，御侮的外界压力消失，新闻界重新回归于争取自身权益、捍卫新闻自由的斗争中。此间适逢美国报纸编辑协会发起国际新闻自由运动，并派出代表团前往中国考察新闻自由状况，引发民国新闻界的积极响应。内外因素作用的叠加，借助记者节的活动发酵，并最终在1945年9月演变成一场旨在废除战时新闻检查制度的“拒检运动”。1945年8月，重庆先后有《宪政》《国讯》《再生》《东方杂志》《学生杂志》等16家杂志社，宣布于“九一”记者节当天不再将杂志送予国民党当局检查。此举赢得了报界的积极参与，重庆《新华日报》发表《为笔的解放而斗争——“九一”记者节有感》一文，指出，“对于带着重重枷锁而奋斗过来的新闻界……文章报国的志愿和力量，在这长期的神圣抗战中因为种种不合理制度而打了一个七折八扣”，抨击国民党新闻检查制度，呼吁新闻界“用集体的力量来打碎这种

1　佚名．大美晚报朱惺公遇难经过；大美晚报记者遭汪逆毒手［N］．大公报，1939-09-01.

2　佚名．夏衍悼念［N］．华商报．灯塔（香港），1941-09-01.

3　佚名．记者节的诞生［N］．申报自由谈，1946-09-01.

铐在手上的链子，挣脱缚在喉间的绳索”。[1]记者节期间，全国各大报刊出版了大量记者节纪念专辑或专刊，它们从历史、现实和学理层面向国人系统地介绍了西方新闻自由思想的渊源和理念，使得20世纪40年代中后期的“九一”记者节呈现出越来越浓的学术色彩。

20世纪40年代后期，鉴于西方新闻自由所带来的新闻失实、过度市场化等流弊，以《大公报》《中央日报》为代表的一批报纸着重在记者节期间介绍和宣传西方新闻思想中的“社会责任理论”。《大公报》在1947年的记者节社论中指出，在中国建立“自由而负责的报纸”，是未来中国报界发展的方向。《大公报》进一步认为，“自由而负责的报纸，在现代进步的社会中，是支撑这个社会生活的一个不可或缺的支柱”。中国报人职业地位的提高，有赖于报人高度的责任感和对法律的尊重。“我们的记者节既由纪念政府尊重并保护记者的自由而起，我们自然也应该自尊自保自己的自由。”“政府与新闻界都要切实遵守，严格守法，必不可法外用权。”[2]《大公报》同时温和批评国民党政府如能“认真博采舆论，虚怀接受批评，则行政效率自可提高，政治风气自可清明”。而压制报业言论，不但报纸“肃然无生气”，“其结果，固有害于国家，更无利于政府”。“一个经不起坦率批评的政府，必不能得人民的爱戴，其基础亦难臻于巩固，在和平时代如此，在动乱时代尤其如此。”[3]在争取言论自由的同时，《大公报》对新闻界滥用话语权提出了忠告。“倘有自由，须负责任。自由权利的形式须与责任相伴而后可，所以自由而不负责任的报纸在欧美早已为社会所诟病，斥为滥用自由，指为垄断公意。”至于媒体所追求的责任是什么？《大公报》明确提出，“所谓负责，其要义为不专追利润，不热衷权势，不媚群众，不畏强御，应乎社会需要，真为大众而服务。简单诠释不外乎纪载真实，立论公平，无偏私无成见。能使一般公众，藉报纸的刊行，而知其所当知，言其所欲言”[4]。对于如何办好一种“自由而负责的报纸”，《大公报》认为仍有赖于新闻界树立崇高的职业信念，同时进行道德的自我约束，“自由而负责的报纸之初先，其先决条件为新闻记者能认

1 佚名．社论［N］．新华日报，1945-09-01.

2 佚名．祝第四个记者节［N］．大公报，1947-09-01.

3 佚名．祝第四个记者节［N］．大公报，1947-09-01.

4 佚名．今日记者的责任［N］．大公报，1948-09-01.

清使命，争自濯磨，且须有为众福利而奋斗的信仰”[1]。显然，《大公报》的观点受到了同年美国新闻自由委员会的研究报告《一个自由而负责任的新闻界》的强烈影响，其主张与立场与其多有暗合之处。

20 世纪 40 年代中后期的“九一”记者节，中国报人试图以国际化的视野，在吸收欧美新闻理论成果的基础之上，着重于对新闻自由、新闻职业责任进行学理层面的探讨，“援西入中”为中国报人职业化建设寻找新的理论凭借依据。而记者节的活动则进一步推动社会对新闻自由思想讨论的热潮，有效地配合了拒检运动的发展，并最终促使国民党当局废除了抗战时期的新闻检查制度，这是近代中国报人争取言论自由斗争的一次重要胜利。

二、“检讨既往，策励未来”——“九一”记者节的特征

（一）以“自省”的态度，真诚面对受众

有感于近代中国报人在职业操守的缺失，“九一”记者节期间，中国报人以“反省”的态度，真诚地暴露不足，接受读者的批评。《新闻记者》指出，“今天纪念这一个节日，我们必须深切反省，我们必须痛下觉心，尽我们的力量来洗刷污点”[2]。《大公报》则在历年记者节推出社评，勇于向公众展示自身的不足。而 1942 的年《大公报》进一步指出，“抗战第六年度记者节令，更能启发我们较为深邃的感想，痛切的反省”，“我们的人格操守是否如此严肃？我们的工作能力是否与之相称？我们的热忱与毅力是否足够充满？我们真应该惭愧忏悔是否还有立志不坚，努力不足的动摇而懒惰的现象？是否有节操欠修，行为不纯的情形？”。[3]一连串的追问反映出抗战时期记者职业道德建设的急迫。甚至在抗战胜利时，这种职业反省意识依然是中国报人思考自身职业前途的基调。1945 年的《大公报》记者节社论中，中国报人并未因坚持抗战终于胜利而“沾沾自喜”，相反却认为“八年的艰苦抗战，我们的报人虽然流离播迁，始终拥护抗战大业，以迄胜利到来，但毕竟惭愧努力不够，尽职太少。单以后方的报界而论，以有限的人才，破烂的设备，居然对付到抗战到来真是侥幸”。[4]中国报人的职业反思意

1　佚名．今日记者的责任［N］．大公报，1948-09-01.

2　佚名．九一记者节告全国会友书［N］．新闻记者，1939（2）.

3　佚名．今日记者的责任［N］．大公报，1948-09-01.

4　佚名．政府可以先做一件事［N］．大公报，1945-09-01.

识，贯穿于整个民国时期记者节的言论内容中，中国报人从新闻精神到职业行为的各个层面剖析自身不足，在节日庆祝之外，“静思往事”，不怕揭短，自曝家丑，体现了媒体对民众与社会负责的态度。

（二）重视报界团结，专注于职业道德建设

民国时期，文人相轻的积习，市场竞争的压迫，报人工作自由散漫的性质都使得中国报界始终缺少有效的联系与合作。民国记者节期间，报人多撰文批评报界这种各自为政的状态。有报人指出，“记者过于散漫之情景，每为社会人士所诟病”，记者不但“未知合力表现团结之毅力，且忘其本身为同一个体，站同一立场上，却各不相谋”[1]。还有报人指出，“时至今日，一切努力，均赖集团活动，和衷的互助，各地虽有组织但彼此之间联系很少，呼应不灵，互助不易，故健全组织为目前最迫切之需要”，呼吁在全国建立统一的“全同业组织”，以加强报人之间的联络。记者节期间，各大报纸合作开展共同的活动与仪式，不但加强了各个报社之间的联系，更使报人以“知识共同体”的面貌出现在公众面前，彰显了报人团结的力量。

记者节另一个显著特征即专注于记者职业道德的建设。在民国初年，中国报人“只是具备些第二手新知识的士大夫，他们大多缺乏职业的兴趣与认识”，尽管此间中国报业发展“突飞猛进”，但随之而来的是“报人也因此比较多而且杂，三教九流，无奇不有，官僚政客、落魄文人，以至于下野军阀、赌棍流氓都来办报”[2]。在良莠不齐的报业环境中，中国报人缺少职业的自律与操守，当时的“新闻记者有老枪，有敲竹杠的流氓，有公索诈津贴的，有专门叨扰商家酒食的，有奔走后门以图一官半职的，种种丑态罄竹难书”[3]。而“九一”记者节的出现，恰为民国报界改良职业积弊陋习提供了契机。抗战期间，“九一”记者节大力弘扬职业道德，一个“爱国”“自由”“负责”的报界新形象逐渐建构起来。

职业反省的目的是揭露报界旧病陈疴，进而改造新闻界，树立共同遵循的道德准则与行为规范。在“不破不立”的理路下，中国报人职业反思与道德重建几

1 佚名．从记者节说起［N］．新闻杂志，1936，1（12）．
2 刘豁轩．报学论丛［M］．益世报社，1936．
3 谢六逸．新闻教育的重要及其设施［M］// 黄天鹏．新闻学演讲集．上海：上海现代书局，1931．

乎同时展开。《大公报》指出，“我们庆祝同业共相勤勉，更要提高我们的新闻道德，严肃我们的奋斗精神，为国家和人类忠勤服务”[1]。抗战时期，《大公报》将“厚自待，笃自修，不改业，不辍功”视为自身职业道德追求的目标。抗战胜利前的历届记者节也均将报人的职业道德问题放在十分重要的位置进行讨论。例如，1948 年《大众新闻》曾推出《记者节记者谈心》的专题，邀请 10 余位知名报人探讨新闻职业发展问题，其中绝大多数人都着重强调了加强报人职业道德建设的重要性。有报人指出，“一个真正有志趣于新闻事业者应当像一朵莲花，要出污泥而不染，‘举世皆浊我独清，众人皆醉我独醒’，处如此时代如此社会，一个有抱负的新闻斗士，必须如此”[2]。有报人则认为，“新闻记者可以出卖知识、出卖健康，唯有新闻道德出卖不得”。有记者则坚信新闻界对不良道德有进行自我净化的能力。“这类事政府管不了，我们也不希望别人来管，记者本身应该有自治的能力，各地记者公会应当负起责任来。”“九一”记者节期间，对新闻职业道德与新闻精神的讨论，使记者节成为一次新闻界的自我教育运动。借助民国各大媒体的专访和报道，国人不但了解了报人自身道德改造的进步，更可参与其中，臧否报人的行为得失，用社会监督的方式，敦促报人恪守职业操守，实现“有良者即予改进，有可嘉者更加鼓励”的教育目的。[3]

（三）记者节超越党派政治，具有广泛的认同度

值得注意的是，记者节的庆祝纪念活动并非仅在国统区开展。中国共产党领导的根据地和海外华人报界也会开展纪念活动。与国统区相比，解放区的记者节则显得较为简单和朴素。1942 年，《大众日报》为纪念记者节曾刊发社论《纪念记者节——把我们的报纸办的更好些》。1947 年，冀热辽解放区的新闻工作者曾举行过记者节纪念会。据回忆，纪念会亦有向战争中牺牲的新闻工作者致哀，介绍牺牲同仁的生前事迹等内容。1949 年解放前夕，新华社为记者节刊发社论，强调“今天我们解放区的新闻工作者，正以百倍奋发的精神迎接本身的节日，在这一天我们应该检讨本身的队伍，计划如何提高我们的业务，磨砺我们的武器，

1　佚名 . 我们的节日［N］. 大公报，1943-09-01.

2　彭河清 . 记者节记者谈心：出污泥而不染［J］. 大众新闻，1948，1（7）.

3　佚名 . 从记者节说起［J］. 新闻杂志，1936，1（12）.

以便更有效地服务人民”，在海外华人报界较为发达的星洲（今新加坡）、槟城（今属马来西亚）等地区，亦会在记者节期间举行国际报纸展览、纪念会和酒会等活动，“中西报界集于一堂”，为“有史以来所未有”[1]。总之，民国时期，“九一”记者节的影响已突破了地域局限和政治的畛域，成为全中国乃至全华人新闻从业者的共同节日。

三、“九一”记者节对民国新闻业的历史影响与作用

（一）净化了行业风气，改善了民国记者群体的职业形象

民国初年，中国职业报人群体的规模迅速壮大，但随之而来的是，记者作为一种新型职业尚未形成整个行业所普遍遵循的职业道德与行为规范。那时“中国的报人在多数人的脑筋里以为新闻记者是任何人都可以做的，所以办报的人常是无聊的政客报纸的企业，是政客官僚们刮地皮余剩下来的残肴”[2]。制度建设的缺失，职业理想的淡漠，使得民国初期中国报人鱼龙混杂，良莠不齐。以至于“一般报人不齿于人寰”，国人则视“报人无好人”，国人对报界的批评和指责“几有铄金销骨之势”[3]。而近代中国复杂的社会环境，险恶的政治生态，又进一步加剧了报人的职业风险，与其因言获罪不如明哲保身成为报人普遍的职业态度，行风日下，败坏了整个报界的职业信誉。

“九一”记者节的设立及其纪念活动，借助言论和节日仪式，实际是民国报人群体的自我教育的一种尝试。记者节构建了一整套符号象征体系，年年此日的纪念活动“固化”成为一种稳定的历史记忆，在这一过程中，新闻职业本身所需要的信仰、道德、精神传统得以固化、重建。民国报人曾言：“有了节（笔者注指记者节），在过节这一天，当然是兴高采烈的举行纪念仪式，才能表示纪念庆祝。”[4]以节日为载体，报人着力弘扬新闻理想，复兴职业传统。记者节通过召开纪念会、社会公益活动、缅怀报人事迹等仪式与活动，实际是，“通过符号在历史上代代相传的意义模式，将传承的观念表现于象征仪式之中。通过文化的符

1 佚名．使领馆消息驻槟榔的领馆通讯（第廿六号）：（三）槟城报界热烈庆祝记者节［N］．外部周刊，1935-09-10.

2 谢六逸．新闻教育的重要及其设施［M］//黄天鹏．新闻学演讲集．上海：上海现代书局，1931.

3 杜绍文．中国报人之路［Z］．浙江战时新闻学会，1939.

4 佚名．通讯与评论［J］．中央周刊，1946，8（33）.

号体系，人与人得以相互沟通、连绵传续，并发展出对人生的知识及对生命的态度”[1]。20 世纪 30—40 年代，中国报人的职业道德有了较大改善，媒体公信力明显提高。有人指出，这一时期“新闻记者在目前社会上，确已成了神圣而权威的头衔”[2]。记者陆诒直言，民初中国报界“为混饭吃而做记者，为办报而办报的时代，早已过去”[3]。取而代之的是“矢忠矢诚，服务公众”[4]的职业信条，成为行业的共识，极大地提升了报人在国人心中的地位，形象也大为改善。

（二）引发社会对新闻业的关注，赢得了国人的尊重

记者节创立之初，时有国人对此颇有微词，认为“没有纪念的必要，不需要‘节’……我们追忆新闻记者当中有什么光荣值得纪念和庆祝”。亦有记者提出，记者节对于改善新闻境遇意义不大，“我们始终被压迫在统制之下，有话不能说，不敢做”“这样平凡的记者，即或有一个‘节’，做纪念吧，最多不过是平常看热闹一样，大家胡闹一顿罢了”。但是到了 20 世纪 40 年代，随着记者节规模与影响的逐年扩大，在“几年前记者节对一般人颇有陌生之感，到今天已成为相当响亮的名词”[5]。“九一”记者节的创立是新闻行业力量与国家政治力量共同创建的节日。在普通时间序列中插入中国报人享受的特殊日子，其功能是纠正过去国人对这些“弱势群体的歧视或不公的记忆”。加之媒体的强势宣传，使得国人在同一时间迅速形成了对新闻业的高度关注，并逐渐认识到中国报人是“资格智能有其标准，执行业务有其规范”的专业化队伍。抗战胜利后，“九一”记者节已经“不只是中国记者的节日”，“知识青年”和“一般民众”也会参与节日活动。[6]自 20 世纪 40 年代后，记者节的规模与影响已经超越了行业内部活动的范畴，成为由行业、民间和政府共同“操演”完成的全国性活动。

“九一“记者节的创立与活动展示出中国报人日渐成熟的职业自信。敢于在国人面前暴露自身的不足，体现了真诚为民的从业态度，同时赢得了民众的尊重与信赖。《大公报》指出，“新闻事业之所以值得被尊重，值得纪念，并不是侥

1　克利福德·格尔兹．文化的解释［M］．纳日碧力戈，郭于华，李彬，等译．上海：上海人民出版社，1999.

2　白丁．纪念记者节［J］．新闻通讯，1934（17）.

3　陆诒．谈记者节［J］．中国建设，1946（6）.

4　佚名．祝第四个记者节［N］．大公报，1947-09-01.

5　雨田．记者节日的追忆［J］．新闻战线，1941（5-6）.

6　了了．纪念九一记者节［J］．中学生，1941（47-48）.

幸的事情，是由新闻的自尊、努力奋斗中得来的”[1]。抗战中，中国报人为民族存亡呼号，“对各地的救亡运动加以指示和鼓励，记载不欺骗民众的消息，发表不违背民族利益的言论，揭露敌人的各种阴谋和汉奸理论”。抗战胜利后，不畏艰险，投身于反抗国民党政府独裁统治的正义斗争中，将“无偏私，无成见，忠于良知，而勇于发表”，作为“中国报人应有的基本信念”大力弘扬[2]。关注弱势群体，“记者必须与社会大众歌哭相闻，呼吸相通，剔除优越感，提高责任心”。这都无形中使记者成为社会正义的化身，赢得了民众的尊重。

（三）传播了新闻知识，推动了新闻学术的发展

“九一”记者节期间，民国报刊均刊登了大量记者节专刊、专辑或社论集中讨论的新闻问题，研究新闻理论，有力地推动了中国新闻学术的发展与传播。1941—1942年，《新华日报》开辟记者节专版，登载《新闻工作者的自我检讨》《抗战以来殉职报人》《敌后游击区报纸的一斑》《冀中的新闻工作是怎样支持的》《论我们的报纸》《报纸和新文风》《把我们的报纸办的更好些》等文章，系统地向国统区民众介绍根据地新闻业的发展情况，阐明中国共产党的新闻主张。1943年的记者节，陆定一在《解放日报》发表《我们对于新闻学的基本观点》全面、系统地分析无产阶级新闻学的诸多基本问题，成为中国共产党新闻理论的重要文献。而在20世纪40年代的国统区，《大公报》的九一社论，《中国建设》杂志的《记者节与新闻自由特辑》，国民党《中央日报》的九一“报学”副刊，也会刊登诸如《中国新闻自由之路》《略论新闻自由运动》等新闻理论研究的专论，向国人系统地介绍国民党的三民主义新闻观、新闻自由思想、社会责任理论等。这些思想与理论相互争鸣、互动，从而丰富了中国新闻学研究的内容，提升了中国现代新闻学的理论研究水平。

（四）推动报人群体成为中国社会一支重要的中间力量

“九一”记者节从民间呼吁记者自办的庆祝节日历经10余年的不懈争取与斗争，最终成为官民共同参与，有广泛社会影响力的国定假日，显示了中国报人群体已成为一支不可小觑的社会“中间力量”。史学家闻黎明认为，在近代中国

1 佚名.新闻界的荣誉故事，纪念中国的记者节［N］.大公报，1942-09-02.

2 佚名.祝第四个记者节［N］.大公报，1947-09-01.

社会的两极之间，也客观存在着一个广阔的中间地带。这一中间地带社群渴望改变自身命运，改变自身地位，天然地成为他们关心国家政治前途的动力[1]。显然，具有自由身份的中国报人群体是中间社群的重要力量，他们以记者公会等团体为依托，利用报纸，为争取民众和自身权益而斗争。在记者节活动和仪式过程中，中国报人不断强调“报人与报人、报社与报社间要有切实的合作与联系”，要建立“浓厚的共同意识”[2]，加强报人的自身团结，其实质是为新兴职业社群凝聚力量，参与政治与社会活动。

四、结语

“九一”记者节，从民间报人自发庆祝到国民政府确认其为“国定记者节”，彰显了民国报人群体职业形象与地位的提升。李普曼认为，“报人并非某些人发明，也不是任何人有意识的倡议下而产生的，它是在一个世代的演进下，经过不断的尝试和错误，而慢慢形成的”[3]。借助“九一”记者节及其活动，依托“言论”与“仪式”，民国报人群体力图建构新的社会历史记忆，扭转近代以来国人对新闻界的负面认识。“九一”记者节是民国报人群体重塑造职业形象和职业传统的自我尝试。在记者节期间，中国报人争取言论自由，捍卫职业权益，提高职业道德，塑造职业精神，体现了民国时期中国“职业化”报人群体的崛起。

民国时期，“九一”记者节的主题变化是近代中国新闻业所面临的复杂历史环境所不得不面对的时代选择，是中国报人在舆论困局中求生存的缩影。就记者节的活动内容与言论主张而言，这是近代中国救亡与启蒙双重使命在新闻业中的延续。中国报人试图将新闻的专业建设与救亡图存的时局需要紧密结合，力图“毕其功于一役”，在这一过程中，中国报人所表现出的爱国精神与职业意识，不仅是追求新闻理想的专业诉求，更是一种政治使命的需要。

（原文发表于《国际新闻界》2015 年 6 期）

1　闻黎明．第三种力量与抗战时期的中国政治［M］．上海：上海书店出版社，2004：1.

2　佚名．迎记者节［J］．报学杂志，1948（试刊号）.

3　黄旦．传者图像：新闻专业主义的建构与消解［M］．上海：复旦大学出版社，2005：346.

抗战前后中国报业联合版产生

联合版是指报纸之间因某种原因自愿或被迫合作经营，共同发行的运营模式。近代欧美强国报业之间竞争激烈，常导致报业垄断的产生，报业联合版现象鲜有发生。然而，在近代中国，由于中西报业媒介环境迥异，报业联合版现象却曾大量出现。以往对中国近代报业联合版问题，学界多以“个案”研究为主，其中尤以“重庆各报联合版”备受关注。但据笔者粗略统计，在“重庆各报联合版”之外，民国时期报业发行的各类联合版多达40余次，显然“个案”研究已无法呈现近代中国报业联合版问题的全貌。近代中国为何报业联合版频发？以“独立”自欺的近代报人为何会放弃竞争，选择“联合”经营？观点与旨趣不同的报纸如何协调利益分歧，在“联合”的状态中争取言论空间？联合版的发生对于中国近代新闻传播事业又究竟产生了何种影响？对于上述重要问题，新闻史学界仍缺乏系统的讨论。联合版是近代中国报业最为重要的发行方式，甚至一度成为民国报业运营的一种常态。有鉴于此，笔者尝试以史料为基础，梳理近代中国报业联合版的历史脉络，以媒介生态的视角回顾其在近代中国新闻业变局中的互动与纠葛。

一、抗战前后中国报业联合版的发生及其脉络

清末民初，中国报业勃兴之际，乱象丛生，文人相轻的积习，报界倾轧的乱局，报人自由散漫的工作性质，使得报业同业之间鲜有密切的合作。对此，民初报人曾批评，“记者过于散漫之情景，每为社会人士所诟病”，记者不但“未知合力表现团结之毅力，且忘其本身为同一个体，站同一立场上，却各不相谋”。[1]“五四”运动后，随着中国报业组织逐渐建立和完善，报业间的内在联络与群体意识日趋加强，这为报纸联合版的发生奠定了心理与组织基础。20世纪30年代，中国报业开始出现有关联合版的明确记载，民国报人陈涤群将1939年“重庆各报联合版”视为“新闻史上报纸联合版的创刊号”[2]，当代新闻史学家方汉奇先生以及

1 佚名.从记者节说起［J］.新闻杂志，1936，1（12）.

2 陈涤群.新闻纸联合版汇志［J］.报学杂志，1948，1（3）.

高级记者李矗亦将“重庆各报联合版”视为“中国现代第一份报纸‘联合版’”。[1]而另据刘继忠教授考证，早在1934年，上海《新闻报》《申报》等6家大报就曾出版过3期《联合特刊》，据此，他认为该刊“开创了中国新闻史上各报联合办报的模式”。[2]这也是笔者已发现的史料中，最早有关报纸联合版的确切记载。

上海报业“联合特刊”的出现，显然对报界产生了持续的影响。时隔3年，1937年10月淞沪会战期间，上海《大晶报》《上海报》《小日报》等10家休闲“小报”联合发行《战时日报》。据当代学者钱今昔回忆：“那时上海除了《新闻报》《申报》《大公报》外，还有许多小型报。这些小报原来大都以娱乐、体育为主，此时合并成一张大报《战时日报》……大量地刊登抗战的文学与艺术作品……这更激励了我喷吐火热的抗战热情。”[3]《战时日报》是上海小报发行联合版的尝试，发行时间长达96天。它以抗日救亡为基调，成为上海报业团结抗战的标志之一。

抗战进入相持阶段后，由于日军轰炸与围困，中国报业联合版的发行骤然增多。1938年10月，日军占领广州，随后《中山日报》《广州日报》迁至肇庆共同发行联合版，成为华南地区为数不多尚在发行的中国报纸。[4]1939年5月3日和4日，日机猛烈轰炸重庆，致使“西南、中央、新华”等数家日报遭遇“空前的摧残和损失”。轰炸过后，在渝各报人员伤亡，设备损坏，纸张筹措无术。在极端危急的环境下，《新华日报》《大公报》《中央日报》等10家在渝大报共同发行联合版。“10家大报同舟共济，以百折不挠之精神，开报史一新记录。”[5]《重庆各报联合版》的成功，为抗战时期中国各地报业应对困难提供了成功范例。有报人甚至提议，“重庆各报联合版有继续的必要”，既然“纸张来源如此竭蹶”，与其“眼看着大家停刊”，不如让“立场差不多，经济情形大致相同的报纸联合起来”。[6]此后，抗战后方地区的报纸联合版日渐增多，其中规模与影响较大的有：1939年9月重庆合川《大声日报》《合川日报》联合版、1942年5月重庆《合阳晚报》《民兴日报》《商报》联合版、1942年6月重庆《中央日报》

1　方汉奇，李矗．中国新闻学之最［M］．北京：新华出版社，2005：259.

2　刘继忠.1934年“六报联合特刊”的新闻学史意义分析［J］．国际新闻界，2009（2）：124-128.

3　钱今昔．花与微笑：钱今昔文存［M］．上海：上海三联书店，2015：14.

4　奇卓．南路拾零（二）罗定的动态［N］．申报，1938-11-24（2）.

5　黄天鹏．重庆各报发行联合版之经过［J］．新闻学季刊，1940，1（2）.

6　沈锜．战时报纸改进刍议［J］．新闻学季刊，1940，1（2）.

《扫荡报》联合版、1943 年西安《秦风日报》《工商日报》联合版等。抗战时期，中国后方地区物资短缺，报业经营极端恶劣，但因抗日救亡运动的高涨，报业反而呈现繁荣的态势，正是在这种背景之下，联合版逐渐成为报纸谋求生存的常用策略。

抗战胜利后，中国报业迎来了短暂的喘息，但随着国统区报业统制的强化与经济形势的恶化，国民党当局开始以节约外汇为名，限制纸张进口，致使中国报业出现了严重的纸荒问题。1947 年后，国民党的军事失败又进一步引发国统区经济崩溃、物价飞涨。在通货膨胀和纸荒的共同作用下，国统区报业遭受灭顶之灾。为降低发行成本、应对报业罢工、维持报人生活、争取纸张配给，国统区开始大规模地出现报业联合版。据统计，1946—1949 年，中国先后出现报纸联合版 30 余次，其规模与频率在世界报业发展史上亦属罕见，具体情况详见表 1。

表 1　1946—1949 年联合版情况汇总表

序号	联合时间	地点	名称	参与报纸	发行概况
1	1946 年 2 月 1 日	上海	各报联合版	《在沪新闻报》《申报》《中央日报》《大公报》等 19 家报纸	劳资纠纷（未出版）[1]
2	1946 年春节	汉口	各报联合版	《武汉日报》《华中日报》《和平日报》	春节休假[2]
3	1946 年 6 月 24 日	无锡	两报联合版	《大锡报》《锡报》	报馆被毁[3]
4	1946 年 9 月 1 日	海州	联合特刊	《和平日报》《大中报》《苏报》	纪念记者节
5	1946 年 11 月	福州	各报联合版	日报四家（具体不详）	印刷工人罢工[4]
6	1947 年 1 月 1 日	河南	《中国时报》《前锋报》联合版	《中国时报》《前锋报》	持续 535 天

1　王文彬．中国现代报史资料汇辑［M］．重庆：重庆出版社，1996：996.

2　要闻简报．申报［N］.1946-01-27（1）.

3　佚名．锡驻军官总队捣毁锡报大锡报［N］．民国日报，1946-06-24（1）.

4　佚名．福州印工怠工［N］．解放日报，1946-11-20（1）.

续表

序号	联合时间	地点	名称	参与报纸	发行概况
7	1947 年 1 月 17 日	长春	长春第一次各报联合版	《中央日报》《新生报》《前进报》《国民公报》等 14 家报纸	缺水无电[1]持续 5 天
8	1947 年 2 月 2 日	杭州	《浙江日报》《浙江商报》联合版	《浙江日报》《浙江商报》	印刷条件限制
9	1947 年 2 月 18 日	汉口	《中华人报》《大中晚报》《群声日报》联合版	《中华人报》《大中晚报》《群声日报》	持续 93 天
10	1947 年 5 月 23 日	长春	长春第二次各报联合版	《中央日报》《中正日报》《新生报》《华声报》《长春日报》	战争影响
11	1947 年 7 月 9 日	重庆	《江津日报》《民言日报》联合版	《江津日报》《民言日报》	当局封杀
12	1947 年 10 月 12 日	成都	成都各报出版联合特刊	具体报纸不详	通货膨胀
13	1947 年 10 月 16 日	上海	《金山青年》《金山建报》联合版	《金山青年》《金山建报》	不详
14	1947 年 11 月 1 日	长沙	四报联合版	《大公报》《市民日报》《建设日报》《晨报》	通货膨胀
15	1947 年 11 月 10 日	绍兴	绍兴三报联合版	《越报》《民国日报》《绍兴新闻》	通货膨胀与纸荒
16	1947 年 11 月 15 日	长春	长春第三次各报联合版	《中央日报》《中正日报》《新生报》《工商报》《长春日报》《新报》《公民话报》《长春午报》《松花江报》9 家报纸	受战事影响[2]

1　佚名 . 长春各报发行联合版［N］. 中央日报（昆明），1947-01-19（1）.

2　佚名 . 长春停止供电，各报出联合版［N］. 申报，1947-11-15（1）.

续表

序号	联合时间	地点	名称	参与报纸	发行概况
17	1947 年 12 月 1 日	长沙	《新潮日报》《大晚报》联合版	《新潮日报》《大晚报》	经费困难，持续两月左右
18	1947 年 12 月 1 日	汉口	《中国晚报》《建国晚报》《新闻晚报》联合版	《中国晚报》《建国晚报》《新闻晚报》	纸价高涨[1]
19	1948 年 1 月	浙江各县	浙江各报联合版	《民国日报》《民国人报》《嘉善日报》《嘉善民权报》《海盐民报》《海盐生报》	通货膨胀与纸荒
20	1948 年 1 月 19 日	武进	各报员工生活联合版	《中山日报》《武进新闻》《武进正报》《武进晨报》《武进快报》《武进夜报》《常州新闻》	劳资纠纷
21	1948 年 3 月 29 日	广州	广东日报	《中山日报》《岭南日报》《和平日报》《广州日报》	纸荒及港报压迫而联合
22	1948 年 5 月 5 日	上海	全运 10 报联合特刊	《大陆报》《中华时报》《正言报》《立报》《自由论坛报》《金融日报》等	运动会报道
23	1948 年 5 月 30 日	南昌	11 家报纸联合油印	具体报纸不详	劳资纠纷[2]
24	1948 年 7 月	太原	发行联合版	《民众日报》《太原晚报》	经营困难[3]
25	1948 年 7 月 26 日	南昌	各报联合版	《青年报》《捷报》《力行日报》《中国新报》《华光日报》《民国日报》《新闻日报》《新商报》等共 18 家报纸	排印工人罢工

1　佚名．汉口三晚报出联合版［N］．中央日报（昆明），1947-12-03（1）．

2　曾虚白．中国新闻史［M］．台北：三民书局，1966：456．

3　佚名．太原各报拟出联合版［N］．天津工商日报，1948-07-20（1）．

续表

序号	联合时间	地点	名称	参与报纸	发行概况
26	1948 年 11 月 1 日	青岛	青联报[1]	《民言报》《平民报》《青岛公报》《军民日报》《青报》《青岛晚报》《民报》	当局控制舆论
27	1949 年 1 月 1 日	上海	《新闻报》《申报》大公 3 报联合版	《新闻报》《申报》《大公报》	休假
28	1949 年 2 月 10 日	汉口	民营报联合版[2]	《民族日报》《正潮日报》《舆论》《健群报》《庄报》《汉口工报》	发行 81 天
29	1949 年 6 月 1 日	汕头	各日报联合版	《大光报》《光明日报》《汕报》《和平日报（汕头版）》等 8 家报纸	当局控制舆论，发行 121 天
30	1949 年 6 月 1 日	汕头	联合晚报	《天行报》《光华报》《华侨报》	当局控制舆论，发行 121 天

从上表可见，除放假因素外，1946—1949 年，中国各地报业联合版的发行，多为报业运营困难所致。例如，1947 年 2 月汉口各报联合版，即因“物价波动”导致“报业益苦，无力挣扎”。此前“《汉口导报》已停刊两周”，其他“大报亦备感困厄”，迫使“《中华人报》《大中晚报》及《群声月报》等 3 家（报纸）”“改出四开联合版”[3]。就发行地域而言，这一时期联合版发行地区遍及全国，其中既有武汉、重庆、广州等区域中心城市，也有长春、青岛、汕头等地方中小城市，这表明报业联合版已突破地域限制，在全国范围形成蔓延之势。就联合版发行的时间和报纸数量来看，1947 年是中国报业联合版发行的高峰，当年全国发行的联合版多达 13 次，其中仅长春一地就发行了 3 次。联合版的频繁出现，说明国统区报业经营状况正在急速恶化，颓势难以遏制，唯有依靠联合版这种特殊方式才能苟延残喘。报业的凋敝与孱弱恰成为国民党政治崩溃的重要表征。

1　佚名 . 新闻界新闻：遣散员工集中力量 . 青岛八报出联合版［J］. 报学杂志，1948，1（6）.

2　武汉地方志编纂委员会 . 武汉市志 · 新闻志［M］. 武汉：武汉大学出版社，1991：148.

3　佚名 . 汉口报业厄运：三家今起改出联合版［N］. 申报，1947-02-18（2）.

二、抗战前后，中国报业联合版发行的原因及其特征

近代中国社会环境复杂多变，联合版的发生绝非中国近代报业发展之幸，相反其发生常与中国近代报业经营困境如影随形，具体而言，主要有以下几个方面。

（一）战争的摧残与破坏迫使报业“联合”求生

报业发展需要稳定的社会环境作为支撑，但近代中国内忧外患，这成为中国报业联合版频发的重要原因。1938 年 8 月湖南长沙当地《商报》和《晨报》“为集中人力财力，以利长期抗战”，即实行“联合发刊”。[1]1939 年 5 月，重庆连续遭遇日机猛烈轰炸，仅 5 月 3 日一天，日机即投掷炸弹 160 余枚，将报馆林立的渝中半岛夷为平地。《新华日报》《大公报》《国民公报》《西南日报》《新蜀报》等数家报馆被炸毁，纸张油墨供应中断，印刷设备损毁。尽管抗战时期各报想尽办法维持发行，但“往往奔走数月，仅能苟延数日”，迫于压力，《新华日报》《大公报》等 10 家报馆成立“各报联合委员会”，合作发行联合版。《重庆各报联合版》是近代中国少有的大型都市报纸联合版。抗战时期，《新华日报》《大公报》《中央日报》均为具有全国影响力的大报，而《新蜀报》《新民报》亦在西南地区颇负声望，正是同仇敌忾的战时氛围，促成各派报纸得以捐弃前嫌，形成联合之势。此后，因战争导致的各地报业联合版仍时有发生，例如，1942 年重庆《扫荡报》《中央日报》联合版，1947 年长春各报联合版，1948 年山东青岛“青联报”联合版等。

（二）报业格局的失衡与经营环境的持续恶化催生联合版的发生

有民国报人曾指出，中国“各地人口稀密不一，文化高低不等，瘠腴贫富迥异”，导致其报业发展极不均衡，这给地方报业的经营带来了市场、原料、人力和管理方面的巨大压力。中国地方报业尤其缺少资金，有报人指出，“报业与其他企业一样，在创办之初，需要相当多的资本，而针对地方报业发生兴趣意愿投资者，在中国实属罕见”。戈公振则认为，“中国的报纸实在太幼稚，环境也太可怜”。[2]在京、津、沪这些报业中心，大报资金雄厚，抵御经营风险的能力较强。但在三地之外，广大地方报业的经营则不容乐观。民国学人余理明指出，民国地

1 佚名．湘商报晨报联合发刊集中人力财力［N］．南宁民国日报，1938-08-04（3）．

2 戈公振．中国报界应有之觉悟（上）［J］．生活周刊，1930，5（35）．

方报业“几乎没有一个有稳定的经济基础……充实发展更无从谈起”。[1]另一学人薛熙农则认为，“中国地方报纸不发达”存在着“经济困难，读报人少，交通不便，设备简陋，人才缺乏，管理不善”等诸多难题。这些困难大都是地方报业经营者无力单独解决的，唯有借助联合版的形式才能有效克服。

20世纪40年代中后期是中国近代报业联合版频发的高峰期，其主要原因是报业经营环境的持续恶化。1946年，国内报业出现大范围的纸荒危机，纸价高涨引发报业倒闭风潮。以《申报》为例，1945年该报售价为30元/份，但到1947年该报已涨至300元/份。[2]报价的“高昂”引发国内报业的连锁反应。据不完全统计，仅1947年3月到10月短短半年时间，国统区报馆因纸张匮乏而停刊的报纸多达58家，它们绝大多数是既无资金购纸，又无纸张配给的地方报纸。例如，1947年2月，《浙江日报》《浙江商报》为节省开支，合并出联合版，“一切事务按照公司组织办理”，“两报共裁员一百余人”。[3]1947年5月，长春各报“纸张来源断绝”，[4]遂决定出版联合版。1947年12月，汉口“中国、建国、新闻三晚报，为响应报纸节约运动，一日起合出联合版”。[5]这些联合版的出现，皆为国统区通货膨胀与纸荒共同作用的恶果。

（三）竞争关系薄弱的地方报纸易于形成联合版

从中国近代联合版发行的过程来看，除战争、罢工等个别情况外，绝大多数报纸联合版都是发生在地位平等、立场相近的地方报纸之间。诸如“重庆各报联合版”这种由数家大报联合出版的情况，在近代报纸联合版中实属罕见。地方报纸之所以容易发行联合版，一方面是因为它们面临来自资金、市场的共同压力；另一方面，也是因为其经营规模小，资金少，具有“船小好调头”的灵活性。报人周天籁曾这样描述民国小报的经营，只要“主办的人”“有才学又能干”，就“可以吸引一部分读者，自己拉稿，自编自写，手下只用一个助手，一个校对，一个茶房”，即可维持一份小报的运营。据民国学人金光德的观察，中国地方报

1　佘理明．中国战时报业之特色［M］// 方汉奇，王润泽．中国人民大学图书馆藏燕京大学新闻系毕业论文汇编（第17册）．北京：国家图书馆出版社，2014：293.

2　佚名．上海市报馆商业同业公会常务理事会议记录［A］．申报、新闻报档案，上海档案馆，Q43023-16.

3　佚名．新闻界悲哀—杭两报合并改出联合版［N］．中央日报，1947-02-02（1）.

4　佚名．长春各报出联合版［N］．申报，1947-05-23（2）.

5　佚名．要闻简报［N］．申报，1947-12-03（2）.

业在创办之初大多组织“简陋”，印刷多由“当地承印商代办”，即便“自置印刷，唯多因陋就简”。这种报业组织在“各地多相类似”，“小规模组织尤多，但一般都缺乏伸缩性与展开性”。[1]可见，正是因为地方报业规模小、经营不规范，才为其创办联合版提供了辗转腾挪的空间。

相对都市大报而言，中国地方报纸之间的竞争关系较为薄弱，这进一步为联合版的发行提供了可能。民国初年，戈公振曾劝导地方报业“不宜做无谓的竞争”，应“携手相扶，同向前进，但求目标不错，自有达到之一日”。[2]近代，京、津、沪作为中国报业中心，“报馆与报馆，记者和记者为推广销路，招揽广告，刺探新闻”，“勾心斗角，互相争胜”，但在更为广大的内陆地区，报纸市场拓展的空间有限，这使得地方报纸同业之间的竞争意识相对淡薄。有时为了应对来自外地“大报”的压力，地方报纸在采访和经营中还要相互依赖，共同合作。燕京大学刘明宗的研究显示，民国时期中心城市的大报对地方报业往往构成挤压之势，当时“新闻界的人才集中在少数几个大都市中，又以各种物质条件较其他各地优越的关系，这少数几个大都市便成了新闻事业的中心，而有控制全国各地的样子”。[3]在外报的压力作用下，地方报业为求生存往往相互联合、彼此依存，形成经营默契。报纸联合版正体现了近代中国地方报业这种独特的生存智慧。

三、抗战前后中国报业联合版发行的意义

（一）联合版提升了报业应对危机的生存能力

近代报业通过联合版的方式，实现了资源整合，降低了运营成本，有助于报业抵御运营危机。1939 年重庆大轰炸期间，“日机烂炸，有加无已，当时重庆各业俱无秩序，不仅生活程度倍于往昔，即一食一宿，亦感困难”。轰炸导致在渝各报馆“发行亏赔，经费拮据，周转无方”，运营几近崩溃。《重庆各报联合版》发行之后，该报克服“工作人员来自各报，习例既殊，管理难一”等诸多困难，在“联合委员会”的统一协调下，“权衡事务轻重大小，分设各部，建立办事系统，

1 金光德．地方报纸之经营［M］// 方汉奇，王润泽．中国人民大学图书馆藏燕京大学新闻系毕业论文汇编（第 26 册）．北京：国家图书馆出版社，2014：1.

2 戈公振．中国报界应有之觉悟（上）［J］．生活周刊，1930，5（35）.

3 刘明宗．中国地方新闻事业的展望［J］．文化通讯，1947（1）.

规定工作时间后，由各报调派适当人员，各司其职，（报业）事务始上轨道”。[1]各报联合版发行之前，“重庆全市已有大报11家，中型报2家，晚报3家”，而“以75万人口的都市刨除7/10的文盲”，实际读者不到30万人，报纸空间已几近饱和，当时“有信誉的大新闻纸，至多日销不过一万二三千份，普通的不过销五六千份，最下的约是二三千份而已”。[2]《重庆各报联合版》发行后，由于报纸数量减少，联合版发行量始终保持在3万份左右，营业收入稳步增加。另有资料显示，联合版发行后，因其“独家发行”的优势，广告版面日益“拥挤”。随着“销路广大”，联合版广告不仅“均无折扣”，甚至还“略将（广告）价格提高”，不久即实现了“增加收入，弥补亏累”的目的。至1939年7月，重庆各报联合版已实现经营盈余“九千余元”，重庆报业度过了轰炸之后最为困难的时期。

近代报纸联合发行往往伴随着报业资源的整合，报馆通过机构合并和职员遣散等措施，有效降低发行成本。据戈公振观察，报纸如果能够采取联合运营的方式，仅采购纸张一项即可节省大量的“佣金及无谓之消耗”。至于油墨、印刷等报业支出，也能比报纸单独发行降低25%。此外，报业联合后还可以实现资源共享，“发电报也可以合作，重要消息，一家报馆拍发供给各报，既可省去电费，又可免除双方翻电码的麻烦”。因为上述优势，故报业一旦出现经营危机往往首选联合版作为其避险的手段，联合版也因此被报界视为解救报灾的“最后一根稻草”。

（二）联合版反映出近代报业在竞争之外亦有团结合作的趋向

《重庆各报联合版》发刊词曾认为：“联合版所表现的精神，最显著的是团结。”[3]近代联合版呈现了中国报业复杂多面的生存状态。在以往的认知中，人们常常津津乐道于京、津、沪等都市大报近乎惨烈的同业竞争，似乎“竞争”才是中国近代报业经营的“常态”。然而，若具体考察中国报业联合版的发生，不难发现，相较于报业中心城市，中国地方报业有着另一种生存策略与存在状态，即在报业竞争之外亦有团结合作的强烈意愿。

与西方报业强国热衷竞争形成报业垄断的发展路径不同，中国报业孱弱的生

1　黄天鹏.重庆各报发行联合版之经过［J］.新闻学季刊，1940，1（2）.

2　知我.战时行都的新闻业［N］.申报（香港版），1939-02-15（3）.

3　佚名.重庆各报联合版发刊词［N］.重庆各报联合版，1939-05-06（1）.

存状态往往使得合作与团结成为报人的共识，联合版正是中国报业“以和为贵”生存策略的集中体现。如戈公振所说，中国报业实力太弱，合作远比竞争更重要，“要合作”“勿竞争”，才是近代报业应有的生存策略。事实上，在上海等报业中心之外，中国地方报业的合作远比竞争来得更为现实，通过联合版这种经营形式，不同立场的报馆得以克服来自经济、人事和市场的诸多困难，共同应对经营风险，抵御外界干预。

（三）联合版拓展了进步报业舆论生存的空间

面对来自外界的压力，近代中国进步报业往往以联合版的形式开展抗争。如戈公振所言，报业“倘能联合向当局抗争，自易达到目的，设只一报单独行动也许有危险，一致进行绝无意外，无论当局态度如何强硬，总不能把各报一律处分”。[1]1943年，为打破国民党政府在西北地区的新闻封锁，周恩来与西安报人杜斌承共同策划创办了一份报纸，以加强西北的统一战线工作，扩大宣传阵地，最终发行西安《秦风日报》和《工商日报》联合版。该报发行公告中提出，“本市秦风、工商两报抗战以来努力宣传，艰苦支撑，且今胜利日近，困难亦增，两报负责人为贯彻初衷”决定“刊印联合版”，目的则是“集中人力、物力为合理经营”。[2]至1946年被国民党当局捣毁前，该报在西北地区坚持发行3年之久，最高发行量近万份。由于其经常转载“新华日报和解放日报的新闻、专论和报道”，该报成为中国共产党在西北地区最为重要的舆论力量之一。[3]

无独有偶，抗战时期中国共产党还曾在重庆合川地区发行《合川日报》《大声日报》联合版，此举不仅缓和了当地两家报纸的经营矛盾，还适时扩大了抗战宣传的阵地，成为继《新华日报》之后，巴渝地区又一份由我党领导的地方报纸。综上所述，报纸联合发行共同进退，不仅是应对经营困境的需要，还有争取言论空间的考量。借助联合版的形式，进步报业往往能够求同存异，广泛吸纳和团结不同派别的报人参与舆论斗争，以统一的姿态对抗来自国民党当局的压制，联合版随即成为进步报人争取舆论空间的斗争手段。

1 戈公振．中国报界应有之觉悟（下）［J］．生活周刊，1930，5（36）．

2 两报合并启示［N］．西京日报，1943-08-12（3）．

3 赵燕南，徐景星．西安《秦风·工商日报联合版》始末［M］//中国人民政治协商会议全国委员会文史资料委员会《文史资料选辑》编辑部．文史资料选辑（第135辑）北京：中国文史出版社，1999：144.

四、结语

近代报业联合版频发是中国报业孱弱及生存境遇恶化的表征。如报人马星野所说，在中国“要办一份理想的报纸”需经历“重重难关”。由于身处乱局，中国报业的发行与经营时常举步维艰，如履薄冰。中国报人既要应付“商业不发达”的窘境，还要接受“工业技术落后”的现实，而“交通不发达”、民众“购买力太差”更使得近代中国报业经营雪上加霜，这是中国报业联合版频发的诱因。

中国近代报业联合版的出现多具有暂时性和阶段性的特征，它是中国报人在极端环境下的权宜之计，无法从根本上解决报业经营所面临的矛盾。正如马星野所说，“中国报馆遇到的各种问题”“不仅是新闻界局部的问题”，还是“政治方面，教育方面，以至于一切社会文化机关方面的问题”。这些难题“有许多是暂时无法解决的”，其“改进是有限度的，是受各种条件之牵制的”。[1]中国报业联合版固然可以暂时实现报纸资源的优化与重组，但“联合”的同时又往往伴随利润分配、人事安排、言论单一等新问题，这最终导致近代报纸联合版的发行往往是“昙花一现”，终难长久。

综上所述，近代中国报业联合版的出现与消逝，往往与媒介生态的持续恶化如影随形，它是中国近代报业发展状态的晴雨表，从一个侧面折射出近代中国报业汲汲渴求的“独立”不过是一个虚妄的幻境。报业生存的孱弱以及由此滋生出的“联合”倾向，最终成为近代中国新闻业“公营”主张的萌芽，甚至左右了20世纪40年代末民国报人的政治抉择。

（原文发表于《现代传播》2019年10期）

1 马星野．中国报业前途之障碍［J］．申报（每周增刊），1936，1（49）．

报纸展览会与近代中国新闻业的自我推介

报纸展览会（简称“报展”）是通过报业展品的陈列展示传播新闻知识，推介行业形象的公共关系活动。自近代工业革命的兴起，报展即成为报业发展和成熟的重要标志被西方报业强国所广泛举办，其中尤以 1928 年德国科隆举办的“万国报纸博览会”规模最巨，影响最大。此后，“欧美诸国恒有世界报纸展览之举，其贡献于本国新闻事业之计划，我国新闻学术机关，亦有斯计划，然以环境关系，徒未实现。”[1] 20 世纪 20 年代末，伴随着民国新闻产业的成熟，中国新闻界也开始借鉴欧美报业的经验，借助报展这种形式，向公众推介和展示新闻业的进步。据笔者不完全统计，仅 1935—1948 年，全国各地即举办各种类型报展 30 余次，地域遍及上海、北京、杭州、重庆、武汉、广州等 10 余个城市，报展俨然已成为民国新闻业的一项重要的公共关系活动。然而，民国报展尽管重要，但这种新型空间视觉却长期未能引起学界的研究重视，现有成果或是单独探讨一些个案问题或仅是关于部分报展的回忆性文章。一些问题，诸如民国新闻界曾举办过哪些报展？新闻界举办报展的目的？报展对于中国新闻业乃至社会公众究竟产生了何种影响和作用？对于这些新闻史研究的重要问题，至今尚缺乏系统的整理与深入的讨论。有鉴于此，笔者尝试从史料入手，全面梳理民国时期报展所呈现的多彩状态，借助报展所呈现的“媒介”记忆，探讨民国新闻界如何借助报展这种“叙事”形式，进而抛砖引玉呈现近代中国新闻业的职业形象与存在意义。

一、近代中国新闻界举办报纸展览会的兴起

何谓报展？民国报人仇培之认为，报展乃集合各地古今报纸及与新闻事业有关者之一切杂件，陈列于一堂以供众览。民国时期随着中国新闻业逐步走向成熟，新闻界热衷举办报展，以此来“检讨某一部门过去的成绩”，展示“工作竞赛的公开表现”。中国最早的报展可追溯至 1926 年 1 月，报界名宿戈公振先生领衔

1 仇培之 . 举办报展之意义及今后之愿望［J］. 报展，1936（纪念刊）：5-7.

上海新闻学会在汉口举办的“南洋各报展览会”。此次报展主要搜集了新加坡、马来西亚、印度尼西亚、菲律宾等“南洋”地区报纸百余种，旨在促进上海新闻学会内部的学术沟通与业务交流。1928 年，德国科隆举办的万国报纸博览会共有 48 个国家参加，中国亦受邀参展，当时，国内新闻学研究者黄天鹏受邀收集各类报纸展品 300 余种，参加了此次展览。[1] 报展举办期间，适逢戈公振访欧洲途经科隆，他在参观报展后感叹，“博览会性质以报纸为主体者，吾未前闻”。自科隆世界报展成功举办之后，报展逐渐被国际、国内新闻界所重视，各类报展相继在世界各地举办，其中规模较大的有 1928 年瑞典斯德哥尔摩“万国报展”，1930 年威尼斯“世界学生报展”，1931 年美国纽约举办报纸版式展览会，这些展会对中国新闻业产生了震动，激发了其潜在的办展热情。

20 世纪 30 年代，中国报业快速发展，加之受国际报业的影响，国内新闻界亦同声相和，举办报展之风渐起。有感于科隆万国报展的成功，戈公振先生提出，“我国为造纸及有报纸最先之国，大可藉此（指举办报展）宣传”[2]，呼吁国人应重视报展在新闻宣传中的作用。1931 年 8 月，戈公振带头将其在海外收集的报纸实物陈列于西湖罗苑，举办了“中外报纸展览会”，史称“西湖报展”。此次报展虽然多为戈氏的个人收藏，却吸引了江浙沪一带的记者前来交流学习。与此同时，规模更大的全国报展，亦在积极酝酿筹备。1931 年 9 月，由国民党政府推动指导的南京国货陈列馆筹备在当年 10 月筹办“全国报纸展览会”。展会筹备期间，邀请杭州《之江日报》主笔项士元担任筹备委员会主任，同时邀请各地报界名宿参与征集展品。此次报展筹办规模极大，凡“有关报纸之杂件”皆在征集之列，但却因筹备时间仓促，举办条件不成熟而无果而终。

1935 年 5 月，时隔 4 年杭州新闻记者公会再次将全国报展提上日程。此次展览筹备期间，得到了各地新闻记者公会、新闻学会、大学新闻系的广泛参与和热情帮助。展会共征集新闻业实物 3 000 余种，其中仅报刊即达 1 455 种，足见其规模之大。就参展新闻业的地域而言，它涵盖了全国 25 个省市，除杭市本地外，展品以京沪为最多，此外，平津、汉口、青岛等市展品“亦复不少”。尤为难得

1　胡道静 . 报坛逸话［M］. 世界书局，1946：74-75.

2　戈公振 . 新闻学撮要［M］. 商务印书馆，1929：48.

的是，此次展览还收集了黑龙江、吉林、察绥、南洋群岛、陕、甘、川、滇等偏远地区的展品，使得“全国”报展名副其实。就展品时限而言，此次报展既有同治年间的《申报》，光绪时期的《循环日报》《新闻报》，还囊括了清末民初的《杭州白话报》及《点石斋画报》。正如举办者所说，其举办“上溯废清同光年间，片纸碎张，皆富有历史意味，下逮最近，六七十年来国家大事、社会情状，不第可作纵的研究，以明其因果关系，且各地报章，纷陈一处，更可作横的比较，而得是非曲直之标”。此次报展的举办，在江浙两省引起轰动，参观人数累计超过三万人次。[1]同年，1935 年 3 月，上海复旦大学新闻学学会也举办过一次“世界报纸展览会”，以庆祝该校创办 30 周年。此次展会因为高校举办，不仅陈列展品丰富，而且展会期间还举办了新闻探讨会，进而“引起社会人士对报纸的兴趣，促成报业改良”。7 天展期内，在沪各国记者、大专院校学生纷至沓来，形成观展热潮，加之上海作为报业中心地位，引发了新闻界巨大的报道热情，当时《申报》《新闻报》《字林西报》《时事新报》《大美晚报》《立报》均对此次报展盛赞有加，称其展品“琳琅满目，美不胜收”[2]“为中国新闻史开一新纪元，其在集材,布置各方,均已成功”。[3]复旦大学报展不仅“在新闻事业落后的中国”“是相当的需要”，从中也可窥见近代报纸进化的迹象。[4]杭州全国报展和复旦报展的成功举办，使得 1935 年成为中国近代新闻界中名副其实的“报展年”。

复旦报展之后，中国新闻界举办报展之风愈加频繁。报展不仅成为回顾报业的历史窗口，更日益成为新闻界展陈报业进步成果，强盛中国新闻学术研究、联络公众的综合性舞台。正如复旦报展所言：“盖欲使各界人士对于各种报纸有深切之认识，并可知其社会演进之程序，且寓读报运动之意义，使读报人数之增加，而从事新闻事业者可以惩前毖后，作为过去工作之检讨。”全国报展推动者仇陪之也希望借助报展“谋报学之昌明……凡新闻界之一切困难，涤除净尽，阻碍新闻事业之发展者，荡然无存”。1935 年复旦报展之后，全国各地陆续有世界报

1 钟韵玉 . 记杭州两次报纸展览会［M］// 政协杭州市委员会文史资料工作委员会 . 杭州文史资料（第 2 辑）. 杭州：浙江人民出版社，1983：253-255.

2 佚名 . 世界报纸展览追记［N］. 新闻报，1935-10-09.

3 佚名 . 复旦成功举办世界报展［J］. 复旦大学校刊，1935-10-21.

4 越闻 . 世界报展会观感［J］. 新人周刊，1935，2（12）：242.

展、地方报展开办，出现办展的热潮，即使在抗日战争最为艰难的时刻，中国报人举办报展的热情也从未间断，其中影响较大的有1939年国民党中央政治学校举办的“世界报纸展览会”，1939年1月中国青年新闻记者学会（简称“青记”）举办的“全国报展期刊展览会”，1941年1月《新中华报》在延安举办的“全国报纸杂志展览会”，1944年贵阳中央日报社举办的“全国报纸杂志图片展览会”等。

抗战胜利后，中国报业因政局及经济等诸多因素影响，发展举步维艰，新闻界举办报展的热情大为消减。1945—1949年，全国值得记录的报展仅有成都新闻检查所全国报展、国立社会教育学院办的“全国报纸展览会”、甘肃《民国日报》在兰州举办的全国报展。这些展览大多准备仓促，规模有限，乏善可陈。此后国内战局日蹙，新闻界自顾不暇，再也已无力合作举办报展，故未能再现20世纪30年代中国报展的盛况。纵观20世纪30—40年代中国所举办的30余次报业展览会，笔者发现报展的举办是近代中国新闻业发展的晴雨表，这些报展大多举办在民国报业产业集中的上海、南京、重庆、武汉等地区，报展的规模往往与当地新闻事业及报业经济发展水平相一致。毫无疑问，近代报展本质是中国新闻事业逐步发展成熟的产物。

二、近代中国新闻业的自我推介

近代报展的兴起，适逢中国报业高速发展的“黄金时代”，报业产业的形成，不仅提升了中国报人的自我期许，也催生了公众对新闻业更高的要求，这些都通过“报展”这一形式，凝聚成为一种“媒介”的记忆。报展正是借助展品的陈设和布置以及公众的观摩，使两者产生直接且天然的联系，以潜移默化的浸润方式，达到新闻业自我推介的目的，其具体作用主要体现在以下几个方面。

（一）新闻产品的展陈与观摩

新闻产品的展陈是报展的重要内容，借助展品公众可以明晰报业发展的整体状况。近代报展大多竭力搜集和增加报业展品数量，丰富展陈方式，这是衡量报展成功与否的关键指标。1928年，科隆世界报展首次设置了“中国报业展览馆”，陈列了来自中国的16个展柜259件展品，戈公振参观后不无遗憾地指出，展品“无准备，故无系统，遂无精彩”。如果说民国初年，中国报展在上述起步阶段无经验可循，那么20世纪30年代报展的举办则日成规模。1935年复旦举办世界报展，公开了6个陈列室（部），仅“本国报纸部”即陈列了全国各地报纸1 500种，各类特刊、号外、副刊、合订本等500种；在其“外国报纸部”，陈列了来自五大洲38个国家的外文报纸约500种，堪称民国时期规模最大的一次专业展览。

全民族抗战爆发后，由于战争环境的限制，中国举办报展的规模有所缩减。1939年，国民党中央政治学校举办的报展，展陈外国报纸178种、外国杂志160多种、华侨报纸20余种，客观呈现了全球新闻业在战时的发展状况。如举办者所说，“近千种新闻纸和期刊生龙活虎地画下了一个现世界的速写，有的角落在火并，有的角落在唏嘘，有的角落在作正义的反抗，有的角落走向幸福与欣欣向荣”，[1]虽然不敢说“已集新闻界之大成”，但从这里仍“可以看见一座人类文化的轮廓”。[2]“到今天，谁都不能否认国内新闻事业的落后，我们原本抛砖引玉的认识，谨望新闻界同仁，朝着世界新闻事业进步的动向迎头赶上去”，借此展示了中国新闻业坚持斗争、不断寻求突破的信心。民国时期的地方报展规模则参差不齐。1948年，四川新闻检查所在成都举办全国报展，号称“战时全国报纸大多搜集完竣”，实际展品共计278种，而川渝两地展品119种，占比近半，新疆、宁夏、山西展品仅1种。[3]而与1944年地处兰州的《西北日报》所办的全国报展相比，后者在“西北尚属创举”“在交通极困难之下，搜集全国各地报纸、新闻资料及时事照片共计数千种”，还有光绪、民初时期的报纸珍品。[4]该展颇受公众欢迎，“两日以来，观众络绎不绝，不下二万余人，热烈拥挤之情形，实为过去各种展览会中所仅见，在陪都、兰州此种盛况亦堪空前”[5]。其他各地各类型报展于规模而言，虽皆号称“全国”，但实际展品数在500种以上者可谓凤毛麟角。

就展品陈列方式观之，按地域分布来陈列是最主要的方式。其次，按历史线索陈列，呈现报刊、杂志发展脉络也是报展展陈的重要形式。1928年，科隆万

1 小云.报展在南泉：从小天地中看大世界［J］.战时记者，1939，2（4）：9.
2 树清.世界报展特辑·筹备经过记略［J］.新闻学季刊，1940，1（2）：27-28.
3 佚名.全国报展在蓉举行［N］.西京日报，1945-05-03.
4 佚名.兰州报展今日举行［N］.扫荡报（昆明），1944-09-01.
5 佚名.全国报展盛况空前［N］.民国日报（甘肃），1944-09-03.

国报展曾专设“历史进化部”，以“原始民族信息传布方法”和“文字的变迁”，呈现“从信到报纸”的人类信息传播进程。相比古代，很多报展则更侧重工业革命之后“现代报纸”的展陈。例如，1935 年杭州报展在展陈思路上即重视清末民初“60 余年”报纸的历史发展，进而以点带面，“于此窥见其断续之痕迹”，甚至“各省各城市之风土人情，暨农工商业之情状”。[1]

抗战时期，受战局影响，报展在展品陈列上不仅重视专业性，更注重突出展品的时代性。例如，抗战时期，“报业救国”成为战时报展举办的重要职能得以凸显。1939 年，中央政治学校在重庆举办报展，为体现报业与救亡的意义，特别开设边疆报纸和游击区报纸展区，展现爱国报纸坚持敌后宣传的事迹。1941 年，《新中华报》在延安举办全国报展，它“以帮助延安各界同志研究时事，供给实际的策略教育材料为目的”，从抗日民族统一战线的立场出发，“对各个报纸杂志之派别、政治主张、编辑人及销路，列有简略说明。对国内各政治派别之历史、现状、组织机构及政治主张，特制大幅图表解说”。[2]

抗战胜利后，中国举办的各类报展重回专业性和科学性的正轨。1947 年，北京举办全国报展，即强调“以历史的观点陈列展品”，征集的报纸展品极具史料价值，其中，北平最早的画报《启蒙画报》、我国最早的铜版纸画报《世界杂志》都堪称孤品。[3] 1948 年 12 月，国立社会教育学院举办全国报展，向全国征集报纸，但由于战事倥偬，“交通瘫痪”，很多征集信件被“原信退回”，无奈只得在“系内同学征集”。当时尚为该校读三年级的学生方汉奇先生，“从事集报工作历已多年，共集报千种以上”，故“借出者为多”。[4]正是在他的大力帮助之下，展览才得以顺利举办。此次报展，共设置 10 个展室，展出各类报纸、杂志 1 650 余种，单日参观人数即达 6 000 人次，取得了“相当成功”的展出效果，这也是民国时期中国最后一次举办的大型报展，是近代中国举办报展的绝唱。

值得注意的是，从民国几次典型的世界报展观之，报展举办者都已具有了相当开放的意识，大多冠之以“世界”二字，显示了民国新闻业融入世界新闻业的

1 何扬鸣 . 民国杭州新闻史稿［M］. 杭州：杭州出版社，2013：177.

2 中国革命博物馆 . 解放区展览会资料［M］. 北京：文物出版社，1988：52.

3 黄卓明 . 报展的果实（上）［N］. 华北日报，1947-09-14.

4 钟华组 . 记社教学院全国报纸展览［J］. 报学杂志，1948（1）：24-25.

参与意识。除之前所述的1935年复旦世界报展外，1939年中央政治学校报展筹备期间，国民党政府政治部、海外部、侨务委员会以及驻外使领馆都给予了“指示”，国内、国外报社同仁赐予“种种精神物质的赞助”，筹备会的征求信“依照 Harpers 的政治年鉴，用英法两种文字，广寄各国著名报社”，世界各地报刊纷纷伸出援手，德国的《人民观察家报》长期不断地来信，意大利的《人民日报》和美国三藩市（“旧金山”的旧称）的《纪事报》“远送了许多图画卡片”，预定日期大部分西文报刊都已送到，“比较远的少数国家，赶不上这个期限，都来信表示深歉”。在展会服务方面，1935年杭州报展“事前准备以筹备日期不多，故未能充分征集，尚有沧海遗珠之憾。事后及又以陈列无系统、杂乱不齐、秩序毫无，致参观者未能可作统计之比较及系统之记载”。该展览展品不足、陈列不合理的问题，自然也成为后续报展改进的方向。1935年复旦报展，策展者不仅分陈列室（部）设置展品，还给每位入场者发送一份中英文参观指南，张贴中外展品目录，这些做法可谓相当贴心，更为后续报展普遍借鉴。1948年国立社会教育学院报展，策展者在会场门前贴《报展特刊》，“素净的版面，艳丽的刊头，简短扼要的文字，使人一目了然，知道了此次报展的意义，明白了中国报纸发展的情形，更认识了中国历史报展的情况，开门见山送给来客一个良好的概念”。“会场门口，摆放着一张每边长约一公尺的会场平面图。详明的线条，可看出每室的间隔与距离。有箭头的指示，可毫无迟疑的顺序前进。”在展会成果整理方面，1935年复旦报展首次尝试展会与纪念刊相结合，1939年中央政治学校报展专组“世界报展特辑”在《新闻学季刊》发表，1944年贵阳报展出版《全国报纸杂志图表照片展览纪念刊》，这些纪念刊（辑）不仅客观地扩大了展会的社会影响力，还以实物方式凝结了展会成果，颇具学术和史料价值。

（二）新闻业务研究与报业技术的比较

除报业历史脉络的展陈之外，早期报展的教育及学术交流功能亦不能忽视。民国时期，新闻教育的兴起使得报展成为提升学生实践能力、交流新闻学术的重要形式，成为新闻课堂之外的辅助教育手段。报展以实实在在的展品说话，引起公众兴趣，于无形中成为生动的教具，不啻为社会各界的参观者开展一次新闻业务的普及教育。1935年，复旦筹办世界报展，其中就有辅助研究、搜集资料的用意，即“举行展览一面考察各地新闻事业之状况，作为研究之资料，改进之张本”。1946年6月，“江苏全省新闻纸展览”，尽管只有96家报社及7家通讯社参展，但展会“观摩比较、策动改进的原旨”并未削弱。策展者借助报展收集公众对新闻业的意见，诸如报纸编排上多数仍在守旧；版面的编排普遍的无变化；地方的特写稿太少；社评立论言之有物者少，不切实际等问题切中报纸发展的时弊，研讨新闻业务的得失，了解公众诉求，进而为自身报道的改进明确方向。[1]

除了教育公众，报展的举办对新闻业自身的成长亦有特别的价值。正如潘梓年所说，报展是“相互观摩、相互批评的一个大好机会”，凭借报展搭建的平台，“新闻界集体来一个总的检阅，看到自己的力量到底有多大多强，今后应当有什么新的布置与调整”，[2]进一步促成新闻业务的提高。他进一步解释了报展具有“检讨”与“比较”两层意义：检讨层面，“在物质条件困苦艰难之下，报馆的主持人如何经营其报馆？通讯社如何克服困难而尽其通讯的责任？记者如何作报道？有没有一张新闻纸不能与抗战配合？有没有一本杂志浪费油墨？”而比较层面则是，“两个地方的报纸，一个地方的两个杂志，我们都可以加以比较。那一个地方的报纸，编辑得好，印刷得好，纸张又好，其所以好的原因又何在？一个地方的两个杂志，那一个是浪费而只作报销的一种？那一个是内容充实而必需的杂志？那一个是编排巧妙而最经济美观？这就是工作竞赛的意义了。”[3]

除新闻业务比较外，中外报纸共同陈设和展出，也使中国人真切地感受到了中外新闻业在技术及内容上的差距。1935年，复旦报展曾广邀中外制造印刷、电讯器材商参展，但是即使“号称工业发达的上海”，却没有一家能够独立生产和制造“滚筒印刷机”的机械厂，至于报业需要的“电讯器材”则完全依赖进口。1939年，南京中央政治学校的世界报展，则让中国报业同仁深感惭愧，他们这样记叙，“外文报纸虽然有许多是素昧平生的文字，却也有相当号召力”，即使如“圣多明各、巴西……那些吾人们还生疏的小国”，却也“拥有印刷得这样精良，装订得这样瑰丽的刊物。走出外报陈列室，每个人都轻轻地为这个叹息：并

1　尼烽．江苏报展的检讨与批判［J］．正义，1946（4-5）：12.

2　潘梓年．报展给我们一些什么［N］．新华日报，1939-01-29.

3　潘公展．关于报展报纸杂志展览会的意义［J］．全国报纸杂志图表照片展览纪念刊，1944：15.

不是盲目的崇拜外国，而是为本国的落后惭愧！为这对照而引起了刺激和感慨！”[1]事实上，报展对于中外新闻业的比较，恰好激发了中国新闻业内部的一种追问：在报展之外，中国新闻业为何落后？如何奋起直追？是“物质条件薄弱”还是“印刷机、纸张、油墨，样样靠外国进口”；是“国际宣传长期处于被动”还是帝国主义新闻机构长期控制，“在国内国外都没有充分说话的阵地”。[2]报展之外所引发的讨论，更使得中国新闻业能够知耻而后勇，以更加客观的态度参与世界新闻业的竞争。

（三）新闻知识的宣传与推广

近代报展的频繁举办不仅是新闻业自身历史和业务的回顾，同时也预示着其以更加积极的主动姿态，面对公众开展宣传。1935 年，复旦报展专设“新闻教育展览部”，展陈具有历史价值的报纸及各种统计表、新闻界先烈等，为新闻教育提供研究、学习资料，拓展了新闻院系师生对新闻业的认识。该展第一天就吸引四千多人参观，包括中外人士、各国记者及新闻机构代表等。1944 年，贵阳报展后，潘公展指出，“我国自有报纸以来，凡报纸杂志所需一切都仰给于舶来品，印刷机器、纸张、油墨、铅字，以致主笔所用的红蓝墨水，无一不是洋货”，但所有困难都被克服，“这克服困难的过程，都是一段最悲催，也是最光荣的过程”。将这段过程中的“实物陈列起来，给人观摩，对于大众是一个教育机会，即对于从事新闻杂志的记者们，也不失为一个再教育的机会”。在供给教育资料之外，报展还能为深入的学术研究指示方向。“我们就希望大学中新闻系的同学或一般文化人，对于报纸杂志能作分类的研究，一组专门研究印刷，一组专门检讨纸张。另一组专门研究编排方式，再一组专门研究油墨等等，不仅作客观的统计就算完事，并能够提出问题，加以解说。譬如福建、江西、广东的纸张优良，我们当研究其原料、制法、产量、运输等的问题，解决一个问题，便多一个贡献，这样才可以不负一桩展览会的经营了。”[3]

在新闻专业领域之外，民国新闻界频繁举办报展的另一目的则具有更为广泛

1 钟佩．世界报展特辑・报展见闻录［J］．新闻学季刊，1940，1（2）：24-25.
2 仇培之．举办报展之意义及今后之愿望［J］．报展，1936（纪念刊）：5-7.
3 潘公展．关于报展报纸杂志展览会的意义［J］．全国报纸杂志图表照片展览纪念刊，1944：15.

的社会意义，即“然欲求各地新闻纸之普及，先须使全民对新闻纸有相当之认识，以引起其读报之兴趣”。[1]为此，策展者可谓费尽心思吸引公众的参与。1928年，中国参加科隆报展，展方聘请上海工人林宗岩、朱旭亭两人在现场表演手工制造桑皮纸的工艺，以此吸引公众。1935年，杭州报展期间，全国文化建设协会正在组织“读报运动宣传周”活动，经协调，后者遂成为报展的共同主办方，报展工作人员也参与到该活动中，分乘10多辆扎彩汽车巡游全市，帮助散发传单和优惠订报单，客观地扩大了报展的社会影响力。报展期间各地前往观展者非常踊跃，“有报业人员及群众、学生，超过3万人次，每个角落都有人在记录或摄影”。[2]1935年，复旦报展设“印刷电讯机器展览部”，展出全开印刷机、英文浇铸机、无线电和电话机、彩印机、浇字炉等，大部分展品可作活动表演，极大地调动了观展者的兴趣。报展前后，复旦新闻系还以此为契机，开展学术交流活动，先后邀请多位新闻学者、报纸经营者到校做新闻业相关演讲，考察欧洲新闻事业归国的戈公振也曾欣然接受邀请，只因病情加重未能成行。

为博得社会更多的关注，20世纪30—40年代的报展普遍采取“搭顺风车”策略，与“双十节”、“九一”记者节、校庆、院庆等影响较大的社会活动同期举办。1931年8月，杭州全国报展与“读报运动宣传周”活动相结合。1935年，复旦报展正值第六届全国运动大会在上海开幕，以及复旦大学建校三十周年纪念活动期间，故“江湾路上车水马龙，破天荒地热闹起来”，“在纪念声中布置着几项成绩展览。其中最令人注目的是‘世界报纸展览会’，那是复旦新闻学系主办的”。[3]同年，预计在南京开幕的全国报展，则准备内附于“双十节”教育用品展览会中。而1948年12月国立社会教育学院七周年院庆，新闻系则以举办全国报展以示庆祝。

报展客观上深化了公众对我国新闻业发展境况的认识。1935年，“复大报展足使吾人自知所短。力求改革之道，其意义实大焉”[4]。1939年，中央政治学校报展参观者发现抗战中的报纸有“三种新姿态”：一是“篇幅缩小”，一张纸

1　佚名．杭市定期举行全国报展·现正在征集中［N］．民国日报（甘肃），1935-07-10.

2　钟韵玉．记杭州两次报纸展览会［M］//政协杭州市委员会文史资料工作委员会．杭州文史资料（第2辑）．杭州：浙江人民出版社，1983：253-255.

3　康健斋夫．世界报展会一瞥［N］．申报，1935-10-12.

4　佚名．世界报纸展览会开幕［N］．申报，1935-10-08.

的报纸居最多，1/4、1/8 纸张的颇为常见，特别小的“简直像一张电影说明书一般大小”；二是“纸张的复杂”，因为纸张价格暴涨，大多数报刊改用土纸，土纸有“易坏”“破洞”“不白”3 个“最大的缺点”，也有《京西平报》这般采用浅青色土纸补救的，“摆在会场中间亭亭秀立，风致甚美”；三是“印刷工具的改变”，与传统石印不同，技艺精妙、“简直已入化境”“使人吃惊”。在内容方面有“两种趋势”：一是由“浪漫与色情的风格”转向严肃；二是大众化，“无处不表现领导大众、接近大众的情形”。[1]梁寒操反思 1944 年贵阳报展时指出，“报纸展览会对内意义，又不外乎集思广益，相互观摩，藉以纠正现在的缺失”。对抗战宣传上的问题，他说，一是宣传范围太窄，印刷品多半只及于通都大邑，“广大乡村群众还没有普遍接受我们的宣传”；二是宣传对象太偏重知识分子，没有“把高深的理论使之浅近，以适合于一般人所能消化的胃口而感到津津有味”。[2]这些通过报展得出的中国新闻业发展的整体性、全局性认识，对当时新闻业谋求进步有着显著的指导价值。同时，报展还能为新闻业改良新闻产品提供切实的指引。1935 年，杭州报展“参观者对于各室之口碑，似乎以第四室为最感兴趣，盖第四室所陈列者非图画刊物，即为图文合刊之杂志，以此窥测，阅者一般的心理，已昭示吾人两大途径：一在编排印刷方面应以美化为前提；二内容质的方面当以趣味为依归。此两大途径，当为近世纪执新闻业者唯一之认识”。[3]

20 世纪 30—40 年代，正值中国国难深重时期，新闻界报展自我推介需要克服种种困难，于自身、社会影响力扩大有利，但更多的是于国家社会有益。1935 年，复旦报展面对经费不足的现实问题，积极开展社会合作，通过出版《报展》纪念刊取得发行费及广告费，不仅充实了办展经费，而且为报纸的小型化、地方化与国际化探索了思路。1944 年，贵阳报展专为抗战宣传而办，宣称在“有力出力的一个原则之下，用种种方法，去鼓舞人民同仇敌忾的情绪，加强其反侵略的认识与勇气，以争取最后胜利，保障国家民族的生存，这种责任，是每个从事文化事业的工作者所不容放弃的”，亦是报展的意义所在。“其中所陈列者，无论是

1　星河 . 记全国报展［N］. 华北日报，1947-09-04.

2　梁寒操 . 文化工作者的当前责任［J］. 全国报纸杂志图表照片展览纪念刊，1944：13.

3　樊迪民 . 杭州报展参观记［N］. 申报，1935-08-16.

一首诗，一篇论文，一节新闻纪事，一帧照片，或一个图表，都是一种现实的反映”，这些作品“其性质实即日本帝国主义罪行的一种记录”。1948 年，甘肃《民国日报》举办全国报展，社论中该报明确宣誓办展目的，“介绍全国报纸的面目，以冀国人对于报纸的性能，更多认识，更加重视”，并承诺要“克服时艰，苦干到底”。[1] 综合考察此时期的报展，除前文所述展陈、观摩、研究、比较功能外，有相当数量的报展被赋予宣传抗战的政治功用。

三、结语

近代新闻学教育家谢六逸先生曾这样评价报展对于中国新闻业和公众的意义：他指出，报展让“确有进步趋势”的中国新闻界，具备了“向外看”的眼光，他们不再“闭门造车”，懂得了“取他人之长，补我之短”。报展让中国的公众直观地看到了中国新闻业的“幼年、少年、壮年”，“唤起我们研究的精神”。它让民众了解了“报纸制作的经过”以及“印刷机器的进化”，让“新闻教育”与“报业”有了切实合作的可能。[2] 如从更深层面思考，报展所陈列的新闻史料和报业实物，无疑塑造了一种“记忆之场”，它使中国新闻业的知识和产品不再为公众所陌生，报展实际业已成为保存和展示媒介记忆的装置。毫无疑问，近代报展不仅为中国新闻业自身的职业认同提供了宝贵资源，更向国人昭示了其在民族与国家建构中所发挥的不可替代作用。

1　佚名 . 从举办全国报展说起［N］. 民国日报（甘肃），1948-07-10.

2　谢六逸 . 发刊词［J］. 报展，1936（纪念刊）：6.

三　抗战时期的新闻救国

民国时期中国新闻学术期刊的发行困境与学术坚守

辛亥革命以前，中国新闻学尚在襁褓期，国人及外国传教士的新闻学相关论述多在日报或综合性期刊中发表，新闻学术研究缺少发表成果的固定刊物，成为制约学科发展的一个瓶颈。五四运动之后，中国新闻业已经有了相当的基础，新闻院系及新闻学术期刊陆续兴起，新闻学研究正式步入正轨。本文梳理民国时期新闻学术期刊的兴起与发展情况，重点从期刊的运营视角考察新闻学术期刊“筚路蓝缕，以启山林”面临的种种困境及其克服，以期为现代新闻学术期刊运营提供改进思路与借鉴。

一、近代中国新闻学术期刊的兴起与发展

1918 年，北京大学成立新闻学研究会并创办《新闻周刊》，中国新闻教育、新闻学术期刊由此发端。可以说，在近代中国相对长的历史时期，在其他学科先后建立并有专门学术期刊研讨学术的情境下，新闻学科的建立与新闻学术期刊的出现算是晚的，为此《新闻周刊》发刊时不禁感叹：“自科学发达以来，小之如医牙烹饪之事，尚有人细心研究，因成专门之学问，况势力伟大如新闻纸者耶。”[1]《新闻周刊》作为中国第一本新闻学刊物，其直接目的即联络学界同志、传播新闻学术，在其影响、激发下，中国新闻教育界研究学术、创办刊物的热情被燃起，各地新闻院系陆续成立并创办附属新闻学术期刊辅助教学、指导实践。北大新闻学研究会成立后，燕京大学新闻学系、复旦大学新闻学会、中政校新闻系新闻学研究会等新闻院系的新闻学研究机构相继成立，并创办《新闻学研究》《报人世界》《明日的新闻》《新闻学季刊》等，对新闻学子参与严谨学术讨论、结晶理性学术成果起到催化作用。

新闻院系的兴起及附属新闻学术期刊的创办，整体围绕教学工作展开，主旨不外乎辅助教育与阐明学理两项，而新闻学术期刊要形成持续的社会影响力，新

1　佚名.《新闻周刊》发刊之目的［N］. 北京大学日刊（第 357 号），1919-04-21.

闻学要由象牙塔走入社会，就不得不依靠民间力量。事实上，借新闻院系迅速兴起和新闻学术期刊广泛传播之势，大量新闻学子毕业后开始反哺学术研究，各地新闻学相关研究团体也相继成立。中国新闻学会、中国青年新闻记者学会、上海“记者座谈会”、浙江省战时新闻学会、新闻战线社等全国性或地方性新闻学会以联络学人、传播学术为己任成立，先后创办《报学月刊》《新闻记者》《记者座谈》《战时记者》《新闻战线》《中国新闻学会年刊》《报学杂志》等，由此成就了20世纪三四十年代中国新闻学术研究的高潮。

新闻学术期刊的兴起与繁荣，为新闻学研究者交流学术心得、展示学术成果提供了平台，在普及新闻知识、引领新闻学术探索方面发挥了积极作用。但是，新闻学科发展尚在起步阶段，学术研究的基础薄弱，导致新闻学术期刊在运营和发行过程中时常面临社会政治环境动荡、办刊经费不足、期刊作者群与读者群规模小、稿件来源不足等一系列问题。近代中国新闻学术期刊如何在逆境中求生存，如何传播新闻学术，开展知识生产，是当时新闻学术期刊亟待解决的问题。为此，期刊经营者在办刊方针、办刊经费、选稿用稿、读者关系等方面展开积极探索，不仅使期刊得以延续，其形成的学术成果也为中国新闻业发展提供了学理支撑。

二、民国时期新闻学术期刊面临的经营困境

民国时期新闻学术期刊经营环境恶劣多变，期刊往往命运多舛，鲜有能善始善终者。期刊在创办过程中的艰辛鲜为人知，对其原因《战时记者》在《致读者》一文中这样概括，“新闻学尚未为人所重视，不要说一般人不大欢迎此类刊物，即使新闻从业人员自身亦不大高兴阅读这些读物”，因此“销路狭小，驯致夭折”。此外，“便是稿件的缺乏，这是编辑新闻学术刊物的人最大的痛苦”，这也是“过去几种同类刊物不能继续出版的最大原因”。[1]这些论断大体反映出民国时期新闻学术期刊的整体经营境况。

（一）期刊经营辗转多地，缺乏稳定的办刊环境

民国时期的新闻学术期刊始终缺乏稳定的运营环境，这是其发展滞后的一个重要原因。近代中国战乱频仍，社会动荡，使得新闻学术期刊的编辑队伍与读者

1　佚名.致读者［J］.战时记者，1941（6）：2.

群体鲜有稳定的环境从事期刊经营与学术研究，加之新闻学自身发展刚刚起步，导致期刊始终处于漂移不定、无以为继的状态。1927年，黄天鹏在发行《新闻学刊》时即因“鼓吹报业革命……开罪了当局，受了查禁的逆祸，社友张一苇君被捕”，其本人亦被“监视”，此后他辗转京津沪等地，该刊经营亦在此间艰难维持。如他所言，“溯创刊于古都，移于津门，终于上海”，学刊与他的人生命运一样“飘零”。[1]

抗战时期，新闻学术期刊受“国难”影响，辗转迁移的情况更是习以为常，与全国文化事业一道在日本飞机的狂轰滥炸中艰难求生。《新闻战线》在创刊一周年时写道：“（我们）挨过了敌寇长时期的疲劳轰炸”“在印刷条件极度困难的现状下，我们除了两期合刊以外，整整出版了10期。这不能不说是很难得的事。”[2]中央政治学校所办的《新闻学季刊》更为典型，它创办于南京，随后又因战事从南京辗转至重庆发行。在重庆，尽管该刊“深得社会人士和报界先进的爱护”，最高发行量一度达到2 000份，但是终因日军“轰炸期间，印刷困难”，仅发行8期即告停刊，尚不足预期发行期数的一半。[3]停刊后，该刊进入“冬眠时期”，一觉就睡了五年三个月。1947年5月，该刊在南京复刊，旋即又因生不逢时再次停刊。创办人孙如陵回忆，1947年该刊复刊后曾期盼“物价下降，国运昌隆”，“然而现实是恰恰和理想相反”“除了感受一般出版业的困难外，特别是我们以读者金钱艰辛搜购的印刷用纸，在付印前夕为梁上君子光顾，被盗6令之多”，成为摧垮该刊的最后一根稻草。

社会动荡还冲击着期刊本已脆弱的投递系统，在细节上影响着刊物在读者心中的形象。近代中国邮政和交通系统滞后，加之战乱频仍，新闻学术期刊邮递过程中时常出现延误甚至丢失的情况，这也在无形中增加了期刊发行的难度。20世纪40年代末，《报学杂志》虽已经在全国各地建立了成熟的发行网络，但投递延误和丢失仍是家常便饭，以至该刊编辑部回复读者询问时需要不厌其烦地解释，“期刊创办过程的同时与交通关系紧密，《报学杂志》创办中，经常有读者来信询问为何总是迟延数日才能寄刊，或甚至有遗失的”，并向读者承诺“绝对

1　怀旧.二年以来［M］// 黄天鹏.新闻学刊全集.上海：光华书局，1930：376.

2　新闻战线社.新闻战线社的一年［J］.中国新闻学会年刊，1942（1）：107-108.

3　孙如陵.新闻学季刊概述［J］.中国新闻学会年刊，1942（1）：106-107.

忠实地为读者服务”。[1] 投递问题看似是期刊运营的小事，却关乎读者的阅读感受和对期刊的信赖，对期刊发行有一定的影响。

（二）“不善筹算”“赔累不堪”，缺乏稳定的运营资金

就运营资金而言，新闻学术期刊的创办经费多为新闻团体或院校自筹，即缺乏稳定的资金后盾与完善的“造血”能力，使这些期刊游弋于“市场”与“学术”之间，既要坚持期刊学术性又要迎合民众需求，经营定位常处于模棱两可的境地。此时期，新闻学术期刊大多坚持“不缘任何势力以自固，不受任何津贴一文钱”的“独立”办刊原则，外部资金有限，一旦资金供应不足即刻陷入停刊窘境。1927 年，北京新闻学会创办《新闻学刊》，因有北京报界同仁的大力赞助，发行之初资金充裕，创刊号“销行之钜，颇多可喜”，可惜好景不长，该刊自第二期后即因“不善筹算”“赔累不堪”。为扭转困境，该刊设立发行部专门负责推广与销售，终因书商代理盘剥太重，黄天鹏等人不愿“替书贾发财……便作罢论”。此后，黄天鹏等人奔走于京城书肆，推销刊物，最终在好友的帮助之下创办“新书林”，才使得期刊销售步入正轨。据黄氏回忆，《新闻学刊》每册成本 5 分钱，售价 1 角，尽管所得“少之又少”，但该刊的经营“打打算盘也是有剩余价值的”。即使经营如此努力，《新闻学刊》亦未能长久，仅仅两年即告终刊。此后，黄天鹏转战上海续办《报学月刊》，虽在《申报》连续刊登广告拓宽销路，终因财力不济被迫将“月刊”改为“季刊”，出至四期仍未免停办厄运。

事实上，《新闻学刊》与《报学月刊》在近代中国新闻学术期刊中尚属善于经营者，而更多的新闻学术期刊则是在发刊即停刊的边缘苦苦挣扎。由于办刊资金匮乏，民国时期的新闻学术期刊虽有半月刊、月刊、季刊甚至年刊等多种形式，但多数期刊都由于经营环境的恶劣无法保证长期稳定发行，无疾而终者比比皆是。1919 年，北大新闻学研究会创办的《新闻周刊》仅出三期即告停刊。在报业繁盛的 20 世纪 30 年代，即使身处报业中心的上海，且有申时电讯社资助，《报学季刊》也仅出版一年即告停刊。同时期，浙江出版的《战时记者》曾立言拒不停刊，在抗战艰难环境中坚持发行长达 3 年之久，虽屡次涨价，仍因“经济竭蹶”而停刊。战后，中国新闻学术期刊复因战乱重回朝不保夕的轨道。1946 年，创

1　佚名．编者的话［J］．报学杂志，1948，1（4）：43.

办于南京的《报学》双周刊在不到两年的时间里屡次遭遇“纸张成荒”的威胁，刊物曾“缩小篇幅”，仍无法维持经营，创办者哀叹：“《报学》还是一个不满两岁的小孩，因为他生不逢时，时乖命舛，在这一年十个月中，它遭遇了两次休刊。”随后续办的《报学杂志》虽深受新闻界人士欢迎，亦未能摆脱停刊宿命，仅出版十期即在1949年初黯然停刊。

（三）稿源匮乏，稿件质量参差不齐，缺乏持续的学术影响力

除运营资金不足外，优质稿源匮乏、研究队伍及读者群弱小，也成为新闻学术期刊发展的软肋。中国新闻学从西方传入，民初之后方才兴起，作为“后发”学科，一时尚未引起中国学界与社会的广泛关注，加之期刊本身相对逼仄的学术定位，使得早期新闻学术期刊难以如政论期刊或娱乐期刊那样拥有广大的读者群体。有些期刊虽依托于行业协会，但报人因工作繁忙难有多余时间投入到新闻学的研究之中，如《报人世界》所言：“顾今之从事新闻事业者，往往困于职务，碍于环境，欲作进一步之研究，而辄苦于无充分之时间，与适当之机会，致抱憾终身者不乏其人。”[1]由于研究者队伍尚未形成，新闻学术期刊创办之初常因供稿者少，面临优质稿源匮乏的窘境。《新闻学刊》之所以在当时产生较大的影响，得益于黄天鹏对北京新闻界同人的延揽与联络，而创刊号所载7篇新闻学论文，其中2篇就是徐宝璜的《新闻学概论》、邵飘萍的《新闻学类稿》两部专著中已发表的内容。

20世纪30年代，《新闻学季刊》创办时，亦“深欲”为中国新闻学术刊物“竭其绵力，为新闻界补其缺憾”，但在创办过程中也承认由于研究者能力有限，这个“缺憾是补了，不过补的并不如理想那么高”。[2]由于“执笔人”多为“在校学习的学生”，缺乏“直接的经验”，故其撰写的文章常有“理论与实际脱节”之感，文章质量参差不齐。此外，该刊编辑和作者团队多为学生利用“业余时间……从事材料的汇集和整理”和“出版的事务”，等到他们娴熟期刊业务时，却已“毕业走了”，以致“《新闻学季刊》有不能继续的时候”。国难时期，尽管《中国新闻学会年刊》依托专业学会创办，也因“会员散居各地，战时交通

1 佚名.发刊词［J］.报人世界，1935（1）：1.

2 孙如陵.新闻学季刊概述［J］.中国新闻学会年刊，1942（1）：106-107.

困难，集稿不易”，以至在1942—1944年仅出版两期。全民族抗战后期，中国新闻学术期刊稿源不足的困境仍然持续着，1948年，南京《报学杂志》创办之后即赶上中国正在经历的命运决战，正如编辑自己所言，“长江以北的炮声已经迫近我们的耳鼓”，[1]受战事影响，其专栏“记者座谈会”组织的话题讨论常因人员不足而无法如期开展，该刊被迫将现场讨论改为“书面意见”，即便如此，来稿仍然寥寥无几，布置的话题只得泛泛而论。随着战局的扩大，外来稿源更为枯竭，为弥补稿件的不足，《报学杂志》每期至少有3～4篇稿件为编辑自撰。1948年，第八期有22篇稿件，其中5篇出自马星野、孙如陵等人之手，这绝非期刊编辑的本意，实属稿件不足的无奈之举。1947年，该刊回顾创办一年的经历时颇有感触地说：“一直生活在寒流中，没有享受到半点春之温暖，时局动荡交通梗阻，物价工资高涨，发行广告锐减，加以纸荒严重，致报刊倒闭之声处处可闻，言论自由毫无保障，大风遍地，多少报刊噤若寒蝉。”尽管期刊运营困难，但《新闻学季刊》同仁仍热望明年“春光普照报坛，自由有了，纸有了，物价跌了，销数及内容增加充实了”，可惜这种期望终究落空。

三、近代新闻学术期刊运营困境的破解

面对种种运营困境，新闻学术期刊灵活应对，通过不断调整办刊思路，在困境之中寻求破解之路，并以此为阵地传播新闻学术，重塑行业道德，扶植新闻教育，坚守学术旨趣，开展学术引导，为中国新闻学的发展提供了稳定支撑。

（一）办刊宗旨方面的探索：大众化和通俗化

民国时期，中国新闻学知识尚不普及，新闻教育与学术刚刚起步，社会公众对新闻学普遍比较陌生，为此新闻学术期刊在创办之初大多坚持大众化办刊路线，着重新闻知识的普及。抗战时期，浙江的《战时记者》大胆批评以往报学期刊“理想太高太远”，提出“我们绝不把《战时记者》作为一个专门刊物，仅供少数新闻记者们阅读，反之我们的重要对象却在乎非记者”，办刊目标就是要“叫读者们了解新闻工作的情形，叫读者知道宣传的究竟，叫读者明了阅报的方法”[2]。通俗化的趋向即是在文字之外还试图增加图画和可视性效果。《报学杂志》竭力

1　马星野．今后的报学杂志［J］．报学杂志，1949，1（9）：2.

2　佚名．致读者［J］．战时记者，1941（6）：3.

增加图片和漫画于严肃的阅读文字与图画之中，该刊编辑指出，“在图文并重的本刊，总觉得图画还嫌不够，致形成跛足的现象。我们希望全国的漫画家、木刻作家、摄影记者，一起来为我们医治这条腿。性质上，无论是轻松的或泼辣的，无论是讽刺的或写真的，只要趣味隽永，寓意深远，图面精美，而与报业、报学、报人有关者，一律欢迎！”[1]在大众化导向之下，即使学术倾向明显的新闻期刊，在编辑过程中也力求稿件来源宽泛与语言通俗，从而吸引更多作者参与或读者阅读期刊，方便编辑在更多的来稿中优中选优。

办刊的大众化则是在稿件编排上放宽标准，对良莠不齐的来稿给予包容态度，客观看待新闻学尚未普及时作者、读者学术水平各异的现实。稿件接受的宽容和开放，使得更多的对新闻学抱有兴趣的民众得以参与到学术讨论中来，渐次达到学术普及的目的。例如，燕京大学所办的《报人世界》虽是一份高校新闻学术期刊，但“在内容和材料上”则“无一定限制，惟以介绍诸凡与报业、报学及报界有关系者为主”；中央政治学校所办的《新闻学季刊》对来稿内容则明确提出“凡与新闻学术有关之文字无论专著或译述均所欢迎”，[2]论文不仅“不限篇幅”，在文法上“文言、白话均可”，落款“所用笔名，作者自便”，用稿要求已经相当宽松，其目的即尽量吸引各类人群关注新闻学，引发国人对这一学科的兴趣。与《新闻学季刊》相比，20 世纪 40 年代末的《报学杂志》在用稿要求上则相对专业和明确，该刊提出“凡有关报学、报业、报人之论文、统计、图片、通讯、资料皆所欢迎”“文字力求简练生动劲遒”，不要高谈阔论，“字数以二千至三千为宜”，显然是对之前新闻学术刊物的一种反思。尽管如此，近代中国新闻学术期刊大众化、通俗化已成为一种鲜明的办刊趋向，显示出早期新闻学术期刊编辑者希望在期刊上营造学者百家争鸣，民众积极参与的情境，从而提升新闻学的学科地位与社会关注度。

（二）稿件来源方面的探索：公共性与学术性

大众化和通俗化是新闻学术期刊创办经营的双刃剑。一方面，它引发了公众对新闻学术期刊的浓厚兴趣；另一方面，也带来了稿件质量不高，学理性不强等

1 佚名．编者的话［J］．报学杂志，1948，1（3）：48.

2 佚名．编者投稿简则［J］．新闻学季刊，1939（1）：1.

新问题，进而拉低了期刊的学术品位和发行质量。为解决这一问题，民国新闻学术期刊的编辑者力求通过约稿方式，紧密追踪学界、业界热点问题和重要研究者的学术成果，以求保证期刊的学术质量，苦心孤诣地在大众化与学术性之间谋求平衡。在民国时期新闻学术期刊的组稿编辑过程中，约稿是一种十分常见的方式。新闻学科发展初期，作者群体相当有限，少数新闻学研究者承担了大量的供稿任务，其中燕京大学、北京大学、复旦大学等新闻院系师生的研究成果更是经常性地重复刊载在不同期刊上。此外，新闻界的知名记者和报人亦是期刊热衷约稿的对象，他们的知名度能够带动期刊品牌价值的提升，进一步引发广大读者的关注和兴趣，最终吸引更多的优秀作者投稿，形成良性循环与互动。20 世纪 40 年代末的《报学杂志》就曾广泛向报界名流约稿，使得期刊“投稿渐形踊跃”，“待用的稿件”不断增多，有些稿件“一时不能发表”，常“令投稿人一期一期地期待”，从而一改稿件匮乏的颓势。由于稿件众多，该刊不得不临时增加篇幅，在一卷二期《编者的话》里，编辑表示：“本刊的篇幅将固定在 32 页左右，谁知一卷三期即因需要增加，不得不把容纳量也增大。篇幅增加，仍未能把待用稿称心如意地登出，做编者的诚不知应如何措词才好。”当然，如此积极的社会反响并非从来就有，而是期刊编辑适时调整用稿策略的结果。《报学杂志》创办之初，有读者提出，“《报学杂志》范围很窄，稿子是否有问题？”主编马星野回复，“我们曾经这样担心过，近来也常被人问起。现在，我们不仅祛除了自己的疑虑”“并可告诉关心本刊的朋友，《报学杂志》的稿件，我们看涨！由投稿者之渐形踊跃，我们至少减低了量的顾虑。”“本刊之发行，将不断供给研究结果发表的地位，也要不断提供创作欲的刺激，把蕴藏在各人心坎里的意见掘发出来。”[1] 由此可见，《报学杂志》之所以取得成功，重要原因即在约稿、征稿方面能积极探索，不拘泥于学术性而牺牲期刊公共性，不因为公共性而降低期刊学术水平，两者利弊权衡得当。

（三）注重与读者的沟通，构建良性互动关系

如《战时记者》所言：“任何刊物的维持，都不是靠编者一个人所能济事的，必须有赖于读者作者的帮助。”为培养读者对刊物的喜爱，民国时期新闻学术期

1　佚名 . 编者的话［J］. 报学杂志，1948，1（3）：48.

刊对读者的要求和建议都十分重视，全身心为其服务。当时很多期刊开设有专门的栏目，用于与读者互动交流。《新闻战线》设立“我们的话”栏目，代表该刊对新闻问题与读者的互动。《战时记者》则开设“通讯和问答”栏目，提出“凡有关新闻学或新闻纸的疑问均可提出”[1]，直接函复或公开答复，答案如不满意，可再来信商讨，面谈亦可；最为重视读者的当属20世纪40年代末的《报学杂志》，该刊不仅开设“编者的话”栏目用于回答读者疑问，随后又专门增设“读者与编者”，用做“专为读者开设的园地”。对此，编辑解释，“读者的意见如无大家知道的必要，由编者私人函复”，如果问题带有“普遍性”即可在这里公开讨论，“读者的意见随时可以寄来”，所谓“意见”也不一定要谈大问题，小问题也可以谈，只要谈的有意思，当然也受其他读者欢迎。

尊重读者的另一个重要体现即是遵守发行信誉，尽量为读者订阅提供方便。中央政治学校创办的《新闻学季刊》，全年售价3元，港澳等地均可邮购。《报学杂志》则在各地广泛建立“发行网”，设置“报学杂志代售处”，方便读者订阅。由于时局动荡，新闻学术期刊发行过程中常常出现发行延期、邮寄丢失、发行成本上涨等问题，对此期刊创办者多能遵守订阅承诺，自行解决发行困难。1941年，纸荒肆虐，纸价飞涨，《战时记者》被迫将二卷六、七、八期合刊出版，有违“不合刊”的承诺，为此该刊专门向读者“表示歉意”。20世纪40年代末，《报学杂志》则不厌其烦地在刊物上感谢在战乱中坚持为其撰写文章的作者，该刊写道：“我们要为本刊撰稿的诸位先生致敬，因为在这严寒冰冻艰难的日子里，诸位先生尚为本刊及读者不辞辛劳，实在是本刊的荣誉。”[2]在期刊运营困难时期，如实说明现实境遇及读者诉求无法满足的原因，不仅有利于向读者昭示学术期刊的严谨态度，亦有利于赢得更多的社会理解。此举正是民国时期许多新闻学术期刊虽然已停刊多时，仍让社会大众念念不忘的原因。

四、结语

民国时期，新闻学术期刊的整体经营状况就是一个面对各种困难不断克服的过程。作为后发型学科的学术期刊，新闻学术期刊需要面对学术基础薄弱、稿源

1 佚名.通讯与问答［J］.战时记者，1939（11）：27.

2 佚名.编者的话［J］.报学杂志，1948，1（10）：34.

不足、资金匮乏、人员不足、发行不畅等一系列问题，它们的运营者积极谋求脱困，通过期刊运营的大众化与市场化，适时调整用稿策略，恰当权衡期刊稿源的公共性与学术性，遵守发行信誉，搭建期刊与读者、作者良好的互动关系等举措，使新闻学术期刊在夹缝中获得了生存机会，为新闻学科发展传承了文脉。中国近代新闻学术期刊运营者灵活多变的办刊策略，以及新闻学人坚忍不拔、逆流而上的精神，对现代新闻学术期刊的经营与发展有着重要的启示意义。

（原文发表于《编辑之友》2020 年 12 期）

抗战时期《中国新闻学会年刊》的学术研究

《中国新闻学会年刊》（以下简称《年刊》）是抗战时期著名的新闻学术刊物，1942年由中国新闻学会在重庆创办，共出版两期，刊载53篇学术文章，总计270页30万字，是研究抗战时期新闻学术的重要材料。本文通过研究该刊的主要内容来探讨抗战时期新闻学术研究的相关问题。

一、《年刊》的创办

抗战时期，新闻学术组织的成立对于集中新闻界所有力量，有效激励民众，促进抗战大业的完成有重要作用。为此，《大公报》总编辑张季鸾、新闻界前辈于右任及中央通讯社社长萧同兹开始筹办中国新闻学会，希望能团结新闻同人，更好地宣传抗战。而国民党政府也希望借此控制报人群体，故指派“中宣部”配合中国新闻学会的成立。1941年3月16日，中国新闻学会在重庆成立，旨在“研究新闻学术，促进新闻业的发展”。

抗战时期，日军对我国新闻业迫害严重，大量新闻人士壮烈牺牲。为承先进报人之志，鞭策青年，中国新闻学会于1942年9月1日发行《年刊》。该刊秉行学会“在抗战宣传中建立中国特有新闻学”的口号，紧紧围绕“抗战”这条主线，对战时记者的社会责任及战后我国新闻事业的发展方向作了论述。《年刊》为铅印16开本，每册15国币。

整体上看，《年刊》作者多为业界人士，如《中央日报》的程沧波、国民党政府“中宣部”的邵力子、记者赵敏恒等。学界作者如中央政治学校新闻学院曾虚白也有多年的新闻实践经验。因此，他们的研究与业界结合紧密，发表在《年刊》上的文章是其多年工作经验的精华，在当时新闻界的影响颇大。

二、《年刊》与抗战时期的新闻学术研究

战争往往是刺激新闻业发展、报人工作方式转变及对新闻“再认识”的重要原因。1942年，《年刊》创刊之时，恰逢抗日战争处于战略相持阶段，新闻业

对于“集中全民意志，宣导国家政策，争取民族自由”[1]有着重要作用。而1944年抗日战争进入战略反攻阶段，中国报人更加注重新闻对战后社会发展的重要作用。概括起来，《年刊》的研究主要围绕以下几点。

（一）抗战时期新闻应为“作战工具和精神武器”

抗战时期，“救亡图存”成为压倒一切的主题，《中国新闻学会成立宣言》提出：“吾情报人，应绝对以国家民族之利益为利益，生命且不应自私，何况其他。”可见在国家危急关头，学会倡导以民众耳目喉舌自命的新闻界担负起救亡纾难的责任。“国难时期报纸的功能及新闻记者的立场”是《年刊》探讨的主要问题。潘公展提出，抗战时期中国报人要尽到“辅导国民，激发斗志”的责任，舆论要站在国家民众的位置上，切记“国家民族”4个字。[2]

（二）系统调查各省报业，为战后新闻事业推动“国家建设”做准备

1944年，抗日战争已进入反攻阶段，《年刊》第二期转而关注新闻对国家发展的重要性。《新闻事业与战后中国》《新闻事业与文化建设》等文章提出，抗战结束后新闻事业具有“改造国民心理，转移社会风气”的力量，它的宣传作用对于抗战结束后实施宪政、推行民主极为重要。

为更好地发挥战后新闻事业“建设国家”的作用，整合国内新闻资源，调查各省报馆分布状况极为重要。为此，《年刊》共刊载了9篇介绍地方新闻业的文章，包括上海、重庆、河南、福建、新疆、贵州、湖北等地。这些文章指出，地域报业的发达与否与当地交通、文化、环境密切相关。整体上看，各省抗战时期都存在人力不足、交通不便、财力窘拙、物力维艰的现象。抗战结束后，为发展各省新闻业，不仅要注重人才的培养，还需争取纸张、油墨等物质材料的自给。

（三）抗战时期中国报人容忍“必要的舆论统治和检查”，但呼吁在抗战结束后“开放言论”

在国家生死存亡的紧急关头，中国报人以国家利益为重，认为个人自由若不服务于国家富强，就缺乏其价值。因而《年刊》第一期的文章皆同意“必要的舆论统制和新闻检查”，认为新闻界要在国家利益高于一切的大前提下，“为争取

1　萧同兹 . 发刊缘起［J］. 中国新闻学会年刊，1942（1）：1-5.

2　潘公展 . 报人当前的天职［J］. 中国新闻学会年刊，1942（1）：11.

国家的大自由”而奋斗。[1] 1944 年，中国抗日战争接近尾声，新闻界关于“开放言路”的呼声越来越高。《年刊》第二期刊登了 6 篇相关文章，文章指出，开放言路是解决当前若干政治问题和争取抗战最后胜利的必要措施。但文章也认为言论自由必须在国家法律范围内，危害国家有伤风化的言论最要不得。[2]

（四）报社需注重人才的培养

《年刊》有诸多针对记者编辑专业素养的论述。赵敏恒《怎样做一个成功的访员》提出，“好访员”不仅需要有新闻鼻，在没有新闻的环境里找新闻，在新闻中寻找特殊材料，还要不断增进学识，防止被时代所淘汰。《年刊》指出，大局意识及把关能力是编辑最重要的能力，编辑选材时需衡量国家利害，社会是非，做到“真者取，不真者舍”“精者仍，不精者改”“新者最，不新者殿”。

三、《年刊》对抗战时期新闻学术研究的意义

（一）丰富了抗战时期我国的新闻学研究

《年刊》将研究视角拓展到新疆、甘肃等偏远地区的新闻事业，注意到新闻发展的地域平衡问题，丰富了抗战时期我国的新闻学研究。

（二）在研究水准和编排水平上起到引领作用

《年刊》吸引了许多来自采编一线的新闻工作者，包括诸多新闻界翘楚，他们结合自己的实践经历，学术研究几乎涵盖了当时新闻业务的各个领域，反映了中国抗战时期新闻事业的全貌，研究水准较高。《年刊》还非常注重版面的补白及编排，对所有文章的字号作了统一，并在调查类的文章中大量插入图表，是当时新闻学术刊物的领头羊。

（三）切合时代主题，有效指导了抗战时期的新闻实践

《年刊》紧贴抗战主线，对抗战时期记者编辑的社会责任及业务素质作了详细论述，如时刻铭记国家利益、广交朋友等，有效地指导了具体实践。此外，《年刊》还提出抗战结束后新闻事业要代表人民的利益，走向专门化时代，实现“资本家

1　马星野 . ABC 三国出版自由之比较研究［J］. 中国新闻学会年刊，1942（1）：22-33.

2　胡秋原 . 论如何开放言路［J］. 中国新闻学会年刊，1944（2）：43-49.

出钱，专家办报，老百姓说话，政府认真扶助”，[1]为中国的新闻业发展提供了方向。概言之，《年刊》带有明显的时代特性，其学术研究虽与新闻业界紧密结合，但研究者身份的多重性及精力的有限性，导致学术论文学理性欠缺，学术味道不浓厚。

（原文发表于《青年记者》2015 年 19 期）

1 成舍我．报纸必如何始“真”能代表“民意”［J］．中国新闻学会年刊，1944（2）：20-158.

中国近代新闻学术期刊出版的历史脉络及学术引领

学术期刊是传播科学最重要的媒介。中国期刊媒介是晚清西学东渐催生的产物，也是中国科学传播系统生成的逻辑起点。学术期刊与西方科学几乎同时作为一种新兴事物进入中国知识分子的视野。学术期刊的产生开启了中国现代科学的进程，见证了中学与西学碰撞过程的艰难蜕变。作为时代的亲历者，民国新闻学者黄天鹏曾说："'五四'运动后，（中国）新闻事业已是一个新的时期，新闻学也有人出来提倡。"[1]1915年开始的新文化运动，不仅给中国带来了"民主"与"科学"，更将学术期刊这种新型知识传播媒介大规模地引入中国。在"科学救国"的理念引领下，新式知识分子以启迪民智，弘扬科学为宗旨，创办了大量的学术期刊，推动了中国学术由传统向现代的转型。1918年，北大新闻学研究会成立，开启了中国新闻学研究之路。1919年4月20日，北京大学新闻学研究会创办《新闻周刊》，该刊以"便新闻学识之传播"为目的，成为"中国最早的传播学知识的业务刊物"[2]，由此开启了中国新闻学术期刊发展的百年历程。

戈公振曾言："一国学术之盛衰，可于其杂志之多寡而知之。"[3]中国新闻学术期刊创办百年以来，共出版各类专业刊物30多种，其对中国新闻学知识的普及、新闻学术的传播、新闻教育的繁荣、新闻业务的指导都发挥了重要作用，对近代新闻学术发展起到了引领风气的作用。遗憾的是，长期以来新闻史研究对中国近代新闻学术期刊尚缺乏足够的重视，研究者多将新闻学术期刊视为资料来源，而非研究对象本身。随着时间的推移，刊物散佚不存，民国新闻学术期刊的状况已多语焉不详。对此，新闻学者朱传誉感叹，尽管早期新闻学术期刊是新闻史研究的重要资料，但因为"缺乏详尽和忠实的记录"，从而"增加了今日研究

1 黄天鹏．我从事新闻运动的经过［J］．读书月刊，1931，2（2）：107-173.

2 方汉奇．中国新闻事业通史：第2卷［M］．北京：中国人民大学出版社，1996：103.

3 戈公振．中国报学史［M］．北京：中国新闻出版社，1985：152.

的困难”[1]。近年来，学界对近代新闻学术期刊的研究有所重视，但既有成果多留于资料的整理和“个案”的梳理，不仅问题意识欠缺，亦未能将新闻学术期刊纳入近代中国新闻学术发展的脉络进行综合的考察。中国近代新闻学术期刊如何从无到有？其经历了怎样的境遇？在近代学术期刊林立的环境中，中国早期新闻学术期刊处于何种位置，又如何在困局之中坚守新闻本位，寻求生存与突破？对于这些问题目前新闻史学界尚缺乏清晰且系统的讨论[2]。中国新闻学术期刊诞生于五四运动的洪流中，2019 年适逢五四运动爆发 100 周年，同时是中国新闻学术期刊创建 100 周年。在这个值得特别纪念的日子里，笔者尝试对民国时期新闻学术期刊进行整体的梳理与回顾，并以《新闻学刊》《新闻学季刊》《报学季刊》《战时记者》《报学杂志》等知名新闻学术刊物为研究重点，探讨其在近代中国变局社会中的发展脉络及其与新闻学发展的内在勾连，进而揭示中国新闻学术期刊存在的学术张力与时代价值。

一、中国近代新闻学术期刊的兴起与发展脉络

清末民初，随着新式学术期刊从西方的引入，报刊作为新兴学术媒介日益兴起与普及，迅速成为推动中国学术转型的新机制。民初以来，新式学术期刊逐渐成为学者发布成果、交流业务的重要园地，并由此促成了中国新兴社会学科的生长，新闻学术期刊亦乘着民国“期刊热”创办的东风而兴起。作为“舶来之学”，新闻学被民初知识分子视为“救国利器”而受到关注，更随着清末民初报业勃兴与新闻教育的双重刺激，产生了早期中国新闻学的研究成果。当时，《时事新报》《申报》《清议报》等报纸都曾发表过李提摩太、梁启超等有关报学的论述。《东方杂志》创办后亦积极推介新闻学研究，曾连载《各省报业汇志》及徐宝璜所著的《新闻学大意》等论文，由此开启了中国新闻学研究之路。

随着新闻学科的兴起，中国新闻学术研究缺少成果发表园地，成为制约学科

1　朱传誉 . 中国新闻事业研究论集［M］. 台北：台湾商务印书馆，1988：93.

2　有关中国近代新闻学期刊研究，相关成果有：朱传誉《中国的新闻学刊物》（《中国新闻事业研究论集》，台湾商务印书馆，1988 年）；刘家林《我国现代新闻学研究刊物及专版简介》（《新闻研究资料》，中国社会科学出版社，1990 年）。张振亭《大众化与专业化：黄天鹏新闻思想及实践研究》（江西人民出版社，2014 年）；李秀云《中国新闻学术史（1834—1949）》（新华出版社，2004 年），邓绍根《中国新闻学的筚路蓝缕》对《新闻周刊》《新闻学刊》做过个案梳理。囿于视角和篇幅，这些研究或围绕个别刊物做个案分析，或以时间为脉络，对新闻学术期刊做简介。但史料的限制使得已有成果大多未能将早期期刊置于中国近代新闻学术发展与新闻业发展的角度加以综合的考量，亦未能全面思考其对中国近代新闻学发展所体现的价值与意义，这是笔者研究力求突破的方向。

发展的一个瓶颈，引发学者的关注。1927年，记者徐彬彬曾感叹："中国的新闻事业虽有几十年的历史，却没有研究新闻事业的一种学术的定期刊物，虽有几千人的职业占定，却没有拿学术精神来结合互助的团体。"[1] 报人张竹平亦感叹："（我）20年来一椿念念不忘的心事，就是办一个专门研究新闻学术的刊物。"[2] 不约而同地将新闻学术期刊的创办视为新闻业专业化的必由之路。一方面，折射出民初中国报人对于新闻学术期刊的热望与期待；另一方面，反映了新闻学术期刊对于民初新闻事业勃兴及其学术研究的重要意义。据笔者不完全统计，从1919年北大新闻学研究会《新闻周刊》创办到1949年《报学杂志》停刊，中国前后共创办各类新闻学术期刊30余种。按其发展状况，笔者将这些刊物划分为草创成长期、发展繁荣期、衰败期3个周期。

（一）草创成长期

从1919年《新闻周刊》创办至1929年黄天鹏在上海创办《报学月刊》终刊为止历时10年，其代表性刊物见表1。

表1　1919—1929年新闻学术期刊创办情况表

刊名	创刊地	创刊时间	主办者
《新闻周刊》	北京	1919年4月	北大新闻学研究会
《平民大学报学系级刊》	北京	1924年8月	北京平民大学
《新闻学刊》	北京	1927年1月	北京新闻学会
《报学月刊》	上海	1929年3月	中国新闻学会

从上表可知，1919年五四运动时期，《新闻周刊》创办后，中国新闻学术期刊因北洋军阀统治的混乱局面发展停滞不前。直到5年之后的1924年北京平民大学新闻系才创办了第二种新闻学刊物——《北京平民大学新闻系系级刊》。资料显示，《新闻周刊》与《北京平民大学新闻系系级刊》的主要目的是供学员熟悉新闻业务，其刊载内容是国内外时事。两刊对于新闻知识传播作用十分有限。

1　笠丝．二卷首语［C］// 黄天鹏．新闻学刊全集．上海：光华书局，1930：355.
2　张竹平．卷首语［J］．报学季刊，1934，1（1）.

加之刊期较短，皆因“人事倥偬，遂致停刊”，对中国新闻事业的影响仅具有象征意义。

事实上，笔者认为真正对中国新闻学研究具有推动作用的刊物当属黄天鹏在1927—1929年辗转于北平、上海两地创办的《新闻学刊》与《报学月刊》。两刊的共同特点是内容上专注于新闻学术研究的本土化与国际化，刊物栏目和刊期相对固定，且创办时间较长，故能在民国新闻界中产生长久影响。两刊创办期间，黄天鹏广约国内报界名流为刊物撰稿，不仅提升了稿件来源的数量与稿件的质量，依托书局和广告推销，提升了刊物的知名度与影响力。在《报学月刊·弁言》中，黄天鹏明确提出报学期刊创办的目的，即“首析新闻本质，次述新闻纸与人生之关系”，最终达到“阐明新闻学本质，光扬新闻事业，唤起国人之注意与兴趣。”[1]黄天鹏本人更借助新闻学术期刊的创办，力图揭橥国民“新闻运动”的大旗，《新闻学刊》更被黄天鹏视为“我国斯学破天荒之刊物”[2]。1919—1929年，中国新闻学术期刊历经10年磨砺与中国新闻事业一道步入发展的上升期与快车道。

（二）发展繁荣期

从1930上海《记者周报》创办到1945年抗战胜利，中国新闻学术期刊进入快速成长并日臻繁荣的阶段。这一时期，中国创办各类新闻学术期刊20余种，其数量几乎占民国时期中国全部新闻学术期刊的2/3，其具体亦可以全民族抗战爆发为时间节点，分为前期和后期。前期的具体情况见表2。

表2 1930—1937年新闻学术期刊创办情况

刊名	创刊地	创刊时间	主办者
《记者周报》	上海	1930年5月18日	上海新闻记者联合会
《明日的新闻》	上海	1931年10月15日	复旦大学新闻学社
《新闻学周刊》	福建	1931年5月8日	福建通讯社
《新闻学研究》	北平	1932年6月	燕京大学新闻学系
《长沙新闻记者学会年刊》	长沙	1933年	长沙新闻记者联合会

1 黄天鹏.弁言［J］.报学月刊，1929，1（1）.
2 黄天鹏.新闻学刊全集［M］.上海：光华书局，1930：378.

续表

刊名	创刊地	创刊时间	主办者
《报学》	上海	1933 年 7 月	上海商学院新闻专修科
《新闻学周刊》	北平	1933 年 12 月	世界日报社
《集纳批判》	上海	1934 年 1 月	上海左翼记者联盟
《记者座谈》	上海	1934 年 8 月	大美晚报
《报学季刊》	上海	1934 年 10 月 10 日	申时电讯社
《报人世界》	北平	1935 年 8 月	燕京大学新闻学系
《中外月刊》	南京	1935 年 8 月	中央政治学校新闻研究会
《广闻半月刊》	广州	1936 年 5 月	国立广东法科学院新闻学研究会
《新闻杂志》	杭州	1936 年 5 月	正中书局
《平津新闻学会会刊》	北京	1936 年 6 月	平津新闻学会
《新闻旬刊》	南京	1936 年 10 月	南京金陵大学新闻学会
《报学半月刊》	北平	1937 年 5 月	世界日报社
《新闻记者》	上海	1937 年 6 月	上海《新闻记者》社

从上表可知，1930—1937 年，中国新闻学术期刊的创办无论在数量和质量上都有所提升，有些刊物在业界和学界开始得到认可。从时间来看，从 1930 年到全民族抗战爆发前，几乎每年国内均有新闻学刊物创办。而 1933 年和 1936 年，更同时有 3 种刊物发行，在数量上远超以往。从地域来看，新闻学术期刊的创办突破了北平和上海两大报业中心的局限，开始向福州、南京、广州等城市拓展。从发行周期来看，新闻学术期刊摆脱了创办之初发行短暂的厄运，如《新闻记者》《记者座谈》等读物都坚持发行两年以上。就办刊形态而言，20 世纪 30 年代，新闻学术期刊发行形态有周刊、旬刊、月刊、年刊、专刊等多种类别，形式多样。除定期刊外，还出现众多纪念刊、辑刊、专刊、副刊等不定期刊物。例如，1935 年上海复旦大学举办报展并出版《报展纪念刊》、1933 年 5 月燕京大学报学讨论周《新闻学研究》，武汉《报展纪念刊》、成都《新闻记者公会成立纪念刊》等刊物，多以 16 开本，5 号字体印刷，所刊发的论文代表了这一时期新闻学的

研究成果与水平。

需要特别注意的是，由于这一时期中国新闻业与新闻教育高速发展，新闻院校与新闻团体成为中国新闻学术期刊创办的绝对主力。依托于社团或学校，新闻学术期刊的发行有了可以依托的固定场所和稳定的资金来源，促成了新闻学术期刊在数量和质量上的提升。就期刊内容而言，尽管如南京《中外月刊》与杭州《新闻杂志》在“研究新闻学术，讨论新闻事业”之外还时而刊登“时事消息”，但绝大多数期刊都是以“新闻为本位”自居的报学期刊。上海《记者周报》创办时强调要使“服务报界的人们”通过该刊“从精神上联络起来”[1]。《报学季刊》则表示要把季刊办成一个“专供新闻事业从业员，以及对于新闻事业、新闻学术深感兴趣的人，发表研究的成果和讨论实际问题的定期刊物”[2]。《平津新闻学会会刊》的宗旨则更为宏大，在强调“研究新闻学术”的同时，更提出“增进言论自由，发展新闻事业”[3]的期许。

除专业社团外，迅速崛起的院校新闻系成为新闻学术期刊创办的又一主力。这些新闻院系中尤以燕京大学新闻系、复旦大学新闻系、中央政治学校新闻系最为热衷于学刊的创办。与团体不同，新闻院系创办的期刊更偏重新闻学理的阐释和外国新闻学知识的推介，尤其注重对新闻业资料的整理和搜集，办刊思路上与新闻团体侧重新闻业务交流和新闻实践的倾向略有不同。

这一时期中国新闻学术期刊日渐成熟的一个重要标志是，刊物不仅开始引领学术界和报业研究问题的角度，更能主动发起新闻学话题的讨论。期刊成为促成学界共识，激发研究热点的引领者。这一时期，上海《报学季刊》开展了对中国新闻业资料的详细调查工作。该刊专门开设了“调查与统计”专栏，着重刊发《华侨报纸调查》《各省市县新闻记者公会调查》《全国广告业调查》《上海等七市报纸调查》《中国新闻影片调查》等新闻调查资料。与此同时，该刊每期都围绕新闻业面临的迫切问题开展专题讨论。曾先后围绕《我国各地新闻界应如何进行协作？》《发展内地及边疆的新闻事业问题》《普及新闻教育问题》等题目，每期刊发6篇相关论文，开展集中讨论和研究，进而促成了新闻界话题研讨的风气。

1　戈公振．发刊的希望［J］．记者周报，1930（1）：1.
2　张竹平．发刊词［J］．报学季刊，1934，1（1）．
3　佚名．前言［J］．平津新闻学会会刊，1936（1）．

总之，从1930—1937年，即全民族抗战爆发之前，中国新闻学术期刊无论从数量、质量都得到了极大的提升，呈现出前所未有的繁荣状态。

（三）艰难发展期

全民族抗战的爆发打破了中国新闻学术期刊创办的平静状态，1938年后，原有期刊大多因战争停办或内迁至西南地区，中国新闻学术期刊进入一个艰难发展的特殊时期。抗战时期，中国新闻业承担着对内鼓动民众投身抗战，对外宣传抗战，打破日本新闻封锁的艰巨任务，新闻学一时成为救国需要的“显学”，从而催生了一批以抗战时期新闻学研究为代表的新闻学术期刊，其代表性刊物见表3。

表3　1938—1945年新闻学术期刊创办情况

刊名	创刊地	创刊时间	主办者
《新闻记者》	汉口	1938年4月1日	中国青年新闻记者学会
《战时记者》	金华	1938年9月1日	浙江省战时新闻学会
《新闻学季刊》	重庆	1939年11月20日	中央政治学校新闻学研究会
《新闻学报（日伪）》	上海	1940年3月	《新闻学报》编辑部
《新闻学报》	成都	1940年10月	四川大学新闻学研究会
《新闻战线》	重庆	1941年3月	中国新闻学会
《记者月报》	南京（伪）	1941年3月	首都新闻记者俱乐部（伪）
《报业旬刊》	南京（伪）	1941年10月	中央报业管理处（汪伪）
《上海记者》	上海	1942年6月20日	上海新闻记者公会（伪）
《中国新闻学会年刊》	重庆	1942年9月1日	中国新闻学会
《新闻通讯》	延安	1942年10月	《解放日报》专版
《新闻周报》	重庆	1944年9月1日	《国民公报》社

全民族抗战时期，中国新闻学术期刊创办的重心从内地转移至西南地区，在内忧外患的局面下艰难维继。期间，中国新闻学术期刊出现了不少知名刊物，其中尤以中国青年新闻记者学会创办的《新闻记者》、浙江省战时新闻学会创办的

《战时记者》等影响最大。尤为难得的是，在极其艰难的环境中，中国新闻学术期刊相比于全民族抗战前都有着较长的发行时间。例如，《战时记者》从 1938 年一直坚持发行至 1941 年。《新闻战线》则从 1941 年发行至 1945 年。全民族抗战时期，《战时记者》《新闻战线》《新闻学季刊》《新闻记者》等刊物围绕"国难与新闻事业""战时新闻检查与新闻自由""战时记者的培养"等专题展开讨论，先后刊发了《论战时指导工作》《抗战中的报纸》《报人在战时》《战时新闻记者的使命》等文章，全面论述了抗战新闻学的基本内容、原理和方法，不仅从理论的高度研究了全民族抗战时期我国新闻业发展的规律与特点，而且从实践层面引导中国新闻记者就如何进行战争报道分享采访经验，提升了中国战时新闻宣传的水平。

1946—1949 年是中国新闻学术期刊创办的衰落期。抗战胜利后，中国时局动荡，报业萎靡，教育衰败，新闻学术期刊的创办和发行呈现低迷不振的状态。除了个别期刊如《报学杂志》仍保持了较高的发行质量，未出现其他有影响的新闻学术期刊。这一时期创办的刊物具体见表 4。

表 4　1946—1949 年新闻学术期刊创办情况

刊名	创刊地	创刊时间	主办者
《报学》	南京	1946 年 6 月	南京《中央日报》社
《新闻学季刊》	南京	1947 年 5 月	国立政治大学新闻学研究会
《浙江记者》	杭州	1947 年 9 月	浙江新闻记者公会
《现代报学》	北京	1948 年 1 月	《华北日报》社
《报学杂志》	南京	1948 年 8 月	南京《中央日报》社

抗战胜利后，中国新闻教育事业发展停滞不前，这一时期除《新闻学季刊》复刊外，几无新的刊物创办。解放战争期间，报社遂成为新闻学术期刊创办的绝对主力。1947 年后，中国报业受纸荒和战乱的双重影响，自身经营尚难以为继，自然无暇顾及新闻学的研究。这一时期南京《中央日报》社创办的《报学杂志》双周刊，《华北日报》社创办的《现代报学》，皆因纸荒肆虐，报纸缩版而裁撤。抗战胜利后，中国新闻学术期刊的重心转移至南京，打破了自民国以来北方以北

平为代表，南方以上海为代表的新闻学术期刊创办格局。抗战胜利后的北京仅有一种新闻学术期刊发行，1949年，北平《现代报学》停办后，报学研究者这样称："我国的报学刊物已寥若星辰，对于北方仅有支撑者之趋于沉寂我们不胜怃然。"[1]而南方的《报学杂志》也随着国民党败亡大陆而最终无疾而终，民国时期新闻学术期刊创办的历程至此终结。

二、中国百年新闻学术期刊的研究旨趣与学术意义

（一）打破了中国人"新闻无学"的传统认知，确立新闻专业存在的合法性

民国初年，尽管中国报业迅猛发展，但因新闻教育尚未发展和完善，以至于在社会与学界"新闻无学"的认知仍根深蒂固。即使作为新闻知识传播主体，民国报界似乎也对"新闻无学"之说秉持默认态度。有学人指出，"报学还是一种很幼稚的学问；报学教育的历史也很短；所以不只一般人不知报学为何物，就是办报的人，所想到或感觉到的问题，总逃不出'社论作法''记者的条件''如何采访'等有限的几个题目之外。说来说去，摆脱不了陈言旧套，自然也不会有甚新的贡献，勉强维持一个刊物可以"，但若想"成功则'谈何容易'？"[2]研究意识淡漠，更使得民国学界对新闻学不是一门"独立学科"的认知根深蒂固，极大地动摇了新闻学存在的正当性与合法性。

新闻学的专业建设与学术化，依赖于学术期刊的创办和完善。"新闻无学"的社会认知，既是中国新闻学术期刊的创办阻力，更凸显出新闻专业期刊发行的紧迫。与"新闻无学"认知并行发展的是"五四"时期中国新闻业的勃兴。正如《报人世界》所言："我国报业虽与欧美诸国相差上不可以道里计，然而本身之长足进步，实不容否认。诸凡编辑、采访、传递、印刷各方面，今昔相较，轩轾立现。"[3]行业发展的现实需要，迫使学界对报学研究必须予以关注，越来越多的学者开始在新闻学领域著书立说，从而带动了"五四"时期中国新闻学研究开始起步。

专业期刊的缺乏，迫使"五四"时期中国新闻学研究成果只能发表在综合文化期刊中。其中如戈公振的《中国新闻事业之将来》《中国报学教育之现状》，

1　新闻界．新闻：现代报学暂告停刊［J］．报学杂志，1948，1（8）：20.

2　李寿朋．发刊辞［J］．报学，1933（1）．

3　燕京大学新闻系．发刊词［J］．报人世界，1935（1）．

罗家伦的《中国今日之新闻界》，徐宝璜的《新闻学讲话》，刘陔的《新闻记者与道德》等文章，多发表于《东方杂志》《国闻周报》等综合文化期刊中。这些刊物五花八门，虽然受众较多，也扩大了新闻学在学术界的影响范围，但受刊载能力的限制，无法承担传播和振兴新闻学研究的重任。1926 年《新闻学刊》创办之后，新闻专业期刊即成为中国新闻学研究和交流的主要阵地，拓展了新闻学研究成果发表的空间与地域。专业期刊的诞生，使得新闻学逐渐成为一门独立学科，开始得到社会和学界的认可。

（二）催生了早期新闻学研究队伍与研究中心的形成

新闻学术期刊的创办和发展为中国早期新闻学研究者提供稳定发表平台。以报业社团和新闻院校为中心，以期刊为媒介和载体，中国新闻学研究开始产生并形成专业团队和知名学者。例如，五四运动以后黄天鹏相继在北京和上海创办《新闻学刊》和《报学月刊》，使其迅速从一个默默无闻的“报馆撰述”成长为新闻学学者。他的快速崛起，曾引发了学界一部分人的嫉妒与批评，称其凭借期刊“包办新闻学界”，具有“权威者的野心”。黄天鹏对此则不以为然，他指出：“这两种出版物在中国新闻学史上的位置，用不着我来自划自赞，将来大家总会给他适宜的评价。”[1] 事实上，民国时期因期刊成名的新闻学者绝非黄天鹏一人，尽管近代新闻学术期刊大多强调自己的“开放性”，但在早期新闻学术期刊周围大多聚集着一批相对固定的研究者。20 世纪 20 年代，《新闻学刊》有黄天鹏、张一苇、徐宝璜、鲍振青等。20 世纪 30 年代，《战时记者》有杜邵文、胡道静、赵家欣、马星野、邵鸿达等；《新闻记者》有赵敏恒、陆铿、程其恒等。20 世纪 40 年代，《报学杂志》有孙如陵、武月卿、胡道静、马星野、袁昶超等。他们大多在所在刊物发表论文 3 篇以上，堪称名副其实的高产作者。

站在全国新闻业和新闻学研究的视角，新闻学术期刊集中的地域即是中国报业和报学研究的中心。具体而言，北方以燕京大学新闻系创办的《报人世界》《报学》等刊物，显示了北平作为民国时期文化中心和新闻教育的实力。在南方，尽管复旦大学和沪江大学在新闻学术期刊的创办上有着不俗的表现，但真正能够代表上海报业中心地位的刊物却是其报业团体所办的《记者周报》《报学季刊》等

1　黄天鹏 . 我从事新闻运动的经过［J］. 读书月刊，1931，2（2）：112-119.

记者职业杂志。全民族抗战爆发之后，中国报业中心迁移至西南大后方重庆，这时期的《新闻学季刊》《新闻战线》亦成为代表抗战时期新闻学研究的代表性刊物。抗战胜利后，国民党政府还都南京，《报学杂志》又成为抗战胜利后中国新闻学研究的中心刊物，引领了这一时期新闻学研究的方向。

（三）引领了中国近代新闻学的研究议题与话题讨论

中国新闻学术期刊从创办之初就致力于解决中国新闻业所面临的最迫切的难题，同时将新闻学研究视为救亡图存和改造国家的工具。20 世纪 20 年代《新闻学刊》创办之初，即提出刊物创办要带动和提升中国新闻学研究水平，要与世界新闻业“比肩”。到 20 世纪 40 年代，《新闻学季刊》在其发刊词中则更为明确地提出，以往中国新闻业盲目仿效西方“画虎类犬，舍其善而师其恶”，最终“不但不能发挥其神圣之领导公众使命，记者一业反为社会所轻视”，而“欲急起直追”唯一的方法就是推动“新闻学之研究”[1]。事实上，自 20 世纪 20 年代后期，中国新闻学术期刊逐渐发展，其对新闻学问题意识的形成与话题讨论的引导作用可谓立竿见影。20 世纪 20 年代，处于起步阶段的中国新闻学术期刊，其自身的理论积淀和问题意识尚未形成，故这一时期中国新闻学术期刊文章多以整体性话题讨论为主，侧重于新闻资料的搜集、整理和调查，力图全面掌握中国新闻事业的基本状况。早期新闻学研究的拓荒者戈公振、徐宝璜、邵飘萍等人多从宏观问题着眼研究，以提纲挈领或按图索骥的方式引导读者和研究者开展后续研究。

20 世纪 30 年代，中国新闻业繁荣与民族危机迫近并行，新闻学术期刊的研究视野主要侧重抗战时期新闻学研究以及对边疆新闻事业的调查。这一时期，《报学季刊》《报人世界》先后对平津、南京、广州、徐州新闻业开展调查，进一步摸清了战前中国新闻业的家底。战前新闻学术期刊引领中国新闻学议题的意识进一步增强，很多期刊围绕中国新闻业的热点话题开展有针对性的讨论和争鸣，引发学界和社会的关注。

全民族抗战爆发前，日本全面侵华脚步日益迫近。中国新闻学研究的问题意识完成了从“平时”向“战时”的转换。此间新闻学术期刊大量刊登讨论战时新闻学问题的论文。对于这种学术引导原因及目的，《战时记者》曾总结道：“一

1 佚名 . 发刊词［J］. 新闻学季刊，1939，1（1）.

系国内方面须加速唤起全民族的反侵略意识，以驱除敌寇，做每一个人的实际行动……新闻从业员宜善为启道策励和激劝，增加我们反侵略的伟大力量；一系国际方面，新闻从业员应举我国的各种事实，向并世列邦，宣示我们不仅有反侵略的坚强决心，且有反侵略的胜利把握。”[1]《新闻学季刊》则指出：“抗战建国，新闻界之努力与否，努力的途径正确与否，直接为决定抗建工作成败之重要力量，如何集中以意志与力量如何图于最后胜利有所贡献，又打报界之共同讨论研究，而新闻学定期刊物尚矣。”[2]

有关“战时新闻学”的讨论在1937年日本发动全面侵华战争后得到了进一步的深入，新闻学术期刊力求通过业务的探讨，指导中国报界抗日救亡工作，不断提升抗战时期中国新闻报道的水平。这一时期，《战时记者》《新闻战线》《中国新闻学会年刊》《新闻记者》相继创刊或坚持发行，它们亦不约而同地将“战时新闻学”研究视为中国新闻学界最为紧迫的课题。《中国新闻学会年刊》为此提出“在抗战宣传工作中建立中国新闻学”“中国报人必须完成中国特有之新闻学以应我抗战建国之需”[3]。《战时记者》则在《论战时指导工作》《抗战中的报纸》《报人在战时》《战时新闻记者的使命》等文章中，系统论述了战时新闻学的基本内容、原理与方法。重庆《新闻学季刊》从1939年创刊到1942年停刊总共发表了67篇论文，其中近半数涉及战时新闻政策、新闻编辑与采访、战地新闻技术，其内容很多都被卜少夫的《战地记者讲话》及胡道静的《新闻史上的新时代》等书转载。

抗战胜利后，在世界新闻潮流与国内民主运动双重激荡下，中国新闻学术期刊主要议题从战时新闻学转移到为新闻界争取权益的斗争中。他们讨论的议题主要集中于，废除国民党战时新闻检查制度，开放言禁，提升记者待遇、保障言论自由，促进新闻界合作等议题。为此，《中国新闻学会年刊》组织的《战后新闻学特辑》，包含王宠惠的《新闻事业与世界和平》、吴铁城的《新闻事业与战后中国》、陈立夫的《新闻事业与文化建设》，为抗战胜利后中国新闻事业的发展确立基调。马星野则在《报学杂志》中明确希望刊物创办的目标是“求第四等级

1　杜绍文 . 记者节与反侵略：代发刊辞［J］. 战时记者，1938，1（1）：2.

2　佚名 . 发刊词［J］. 新闻学季刊，1939，1（1）.

3　佚名 . 发刊词［J］. 中国新闻记者学会年刊，中国新闻学会，1942：1.

之健全”，但刊物却最终未能摆脱对国民党政权的依附和追随，最终随着国民党的败亡而终刊。

（四）积极引介西方新闻业发展经验与研究成果

中国新闻学术期刊创办之初，就热衷从西方报学中汲取营养，推介海外报学研究成果。黄天鹏在创办《新闻学刊》时即指出“报界现状，不能兴盛，因陋就简，少足称道”，而解决“斯学未昌”的办法即用“他山之石，亦可攻玉”。[1] 该刊创办之后，共收录新闻学术类文章 50 余篇，其中就有 15 篇是有关国外新闻学研究的论文，约占全部期刊发文量的 1/3。20 世纪 30 年代，中国新闻学术期刊对欧美新闻业的推介已经成为一种热潮，尤其是英美两国报业，更成为中国新闻学术期刊推介的重点。燕京大学新闻系甚至创办《报人世界》这类专门译介国外新闻学研究成果的专刊。在其发刊词中，该刊明确提出：“我国报业虽与欧美诸国相差甚远，然而本身之长足进步，实不容否认。”然后，“今之从事新闻事业者，往往因于职务，受制环境，虽欲作进一步之研究，而苦于无充分之时间与适当之机会，至抱憾终身者实不乏其人。”故创办《报人世界》就是“对于欧美各国新闻纸理论、现状 、技术、发明、消息等作有系统之介绍。国内新闻界同志，于职务冗忙之时，尚可观摩他邦作自身改进之参考”，明确提出了要将《报人世界》创办成为研究“国外新闻事业之有力工具”。[2] 该刊创刊号中，《纪念华尔特威廉博士》《法西斯蒂意大利之新闻事业》《罗斯福与美国报纸》《海外报纸新发明》都为西方报刊的译文。1935—1937 年，《报人世界》推出了一系列研究国外新闻业的专题论文，这些文章中既有对世界新闻发展趋势介绍的《二十五年来新闻事业之转变》《明日的报纸》，也有国外知名报人的生平和传记，如《赫斯特与其报纸》《劳生成功史》。此外，围绕新闻真实性、新闻与宣传的关系等理论问题，该刊译介有《新闻与真实》《宣传与新闻》等论文，为国人了解西方新闻业进程打开了一扇天窗。

抗战爆发前后，中国新闻学研究从推介欧美转向对日本和苏联新闻业的研究。这一时期，上海复旦大学创办的《新闻学术期刊》刊发《中日报馆组织比较》

1　黄天鹏 . 新闻学刊全集［M］. 上海：光华书局，1930：363.

2　佚名 . 燕京大学新闻学系 . 发刊词［J］. 报人世界，1935（1）.

《日本新闻事业》等，燕京大学创办的《报人世界》则刊登《日本报业的竞争》《日本之新闻检查制度》。南京中央政治学校创办的《中外月刊》刊登了王歧尧的《日本报业发展及其趋势》等文，从日本的新闻文化、报业体制等角度，剖析日本报业日益法西斯化的倾向，引发了中国报业同人的警觉和关注。除日本外，中国新闻学术期刊对苏联新闻业亦有较多的关注。20世纪30年代后期，中苏建交，这一时期的《报人世界》《新闻记者》《战时记者》等新闻专业期刊对苏联新闻业的介绍陡然增多，成为除日本之外，中国新闻学术期刊推介与观察的又一重点。

与中国传统学科相对封闭的状态相比，中国新闻学术期刊从一开始即以开放的姿态积极吸纳域外新闻学研究成果，热衷于推介国外新闻事业的制度、观念与技能。这种倾向被中国新闻学术期刊视为一种学术成长的必然阶段。例如，燕京大学创办的《报学杂志》期刊所说，“目前报学所遭逢的问题是旧有的内容缺乏系统的整理，新的内容又不断急剧地增加”，既然学术的“根基不稳”“而研究和整理又有许多困难”，那么“坐享欧美之成”，就不失为“健全的办法”。通过引介的方式，将外国新闻业的经验和技术引入中国，“一面介绍，一面研究”，同时“拿中国的情形来对比，来试验。合者引用，不合者想法子改良从中找出路”，这种学术引介的路径是新闻学术期刊热衷于介绍国外报学研究目的。

在该刊看来，引介异域新闻业优秀成果虽然有可能被世人诟病为“抄袭”和“享受”，但确实是中国早期报学研究无法逾越的必经之路。

20世纪40年代末，中国新闻业日渐成熟，对国外新闻业也有了更为清晰的认知。故此间中国新闻业对海外新闻业的关注和学习，从单纯的新闻业务介绍转向对报业制度、新闻法律和思想观念的全面学习。这一时期，各大期刊将研究和推介重点放在了对国外新闻法规、职业道德和报业精神等问题的探讨，更有报人提出了“报学研究国际化”的观念。《报学杂志》为此相继推出了《各国有关新闻法令汇编》，发起《我国应否参加国际新闻公约?》的讨论，显示出中国新闻界参与建立国际新闻秩序与新闻理论建设的意愿。

三、结语

新闻学术期刊对于有志于从事这一职业的读者而言是其专业选择的引路人。民国时期，新闻学者孙如陵曾回忆阅读《新闻记者》杂志的情形，写道：“一天下午，从汉口乘轮船渡回武昌，在汉阳门买一本《新闻记者》，边走边翻竟尔着迷，暗忖自己的名字，有朝一日出现在报刊上……这求名的一念，未尝一日去诸怀。”[1]这是一本期刊引导其从“流亡学生”走向了“新闻学”的研究之路。而就更广的层面而言，民国时期的新闻学术期刊利用自身的专业优势，迅速成为传播新闻业务知识与学术的载体，无疑为报人切磋业务经验提供了难得的平台，其对民国新闻教育、报学研究和记者素养的提升可谓功不可没。

值得注意的是，民国时期，由于新闻学研究往往从“报业”视角切入，加之学科自身极强的“实践”属性，使得新闻学术期刊在出版发行中并无“报学”与“报业”的严格分野。民国的新闻教育从“立学”之初即热衷于创办新闻学术期刊，从学人创刊的初衷到问题研究的取径，学界所办的刊物最终还是归于业界的实践。从这个意义而言，民国时期的新闻学术期刊恰好成为衔接新闻教育与报业实践的纽带。

民国新闻学术期刊的创办尽管如火如荼，但与其同时兴起的“法学”“教育学”期刊相比其规模仍相对滞后。在影响力上更无法与“文学”“历史学”等中国传统学科同日而语。新闻学术期刊发行周期短、资金少、创办地点分散等问题，使得民国时期新闻学始终未能出现具有绝对影响力和广泛社会认知的“知名”刊物，其阅读受众亦多局限于报业从业者或学生群体。

身处在近代中国社会的变局之中，民国新闻学术期刊的发展长期存在重“术”轻“学”的倾向。作为“致用”之学，新闻学研究从一开始即被中国人赋予了“新闻救国”的使命，新闻学术期刊所要面临的首要问题是回应报业面临的各种挑战，推动新闻业承担救国的使命。这使得其关注的问题、研究的视角多从“工具理性”的实用价值出发，缺少学理性的探究。对此，民国时期的新闻学术期刊创办者亦有所反思。20世纪40年代，《新闻学季刊》创刊号上曾这样呼吁，“中国自提倡新闻教育以来，专门之新闻学刊物，屡创屡停，今欲求一纯学术性之定期新闻学刊物，尚不可得。”[2]此后，《报学杂志》创办之初也曾信誓旦旦地表示要致力于“建立新闻学术的系统”和“新闻理论的体系”，但在刊物创办之后却又不

1 孙如陵．报学研究［M］．台北：学生书局，1976：1.

2 佚名．卷首语［J］．新闻学季刊，1939，1（1）：1.

得不承认“中国新闻界待解决的问题太多，离健全进步的理想还很远”，最终仍回到了指导记者“如何采编”“如何报道”的老路，这显然与其创办之初的设想背道而驰，热衷解决问题却疏于对理论体系的探索与建构，这种倾向似乎成为民国时期新闻学术期刊创办的通病与宿命。

（原文发表于《出版发行研究》2019 年 11 期）

燕京大学新闻系与“密苏里”新闻教育模式的本土化

民国初年，中国新闻学界开始大力兴办新闻教育。在缺乏经验、师资的困难条件下，中国新闻教育界效仿美国新闻教育模式创办专业院校，其中，燕京大学新闻学系堪称佼佼者。民国初期新闻教育从培养目标到课程设置都具有鲜明的“异国”印记。本文以燕京大学新闻系为中心，探讨民国初期中国新闻教育的人才培养特色。燕京大学是中国最早创办新闻教育的高等院校之一。1924 年，燕京大学新闻系成立后就因其先进的教学理念和高质量的人才培养方式，确立了其在民国新闻教育中的地位，被称颂为民国初期中国大学新闻教育的“最优秀者”。本文试分析燕京大学新闻人才培养的成功模式，从而管窥这一时期中国新闻教育的特色与理念。

一、专业教育与通识教育并重

燕京大学新闻教育重视培养学生具有“专精”与“广博”的知识结构。燕京大学新闻系成立之初就提出：“培养报界人才，授予广博之专门技能。其他与报业有切近关系之学识，亦莫不因时施教，俾学生得分途发展，各尽所长。”[1]强调专业教育与通识教育并重，力求将两者融会贯通，协调发展。

所谓“专精”，核心是强调通过新闻专业教育，培养学生掌握熟练的新闻技能，精通新闻业务。在教学实践中，燕京大学新闻系极为注重对学生采、写、编、评的新闻业务训练。据系主任刘豁轩统计，1929—1936 年，该系平均每年开设专业课程 16 门。课程设置仿照美国密苏里大学新闻学院分为 4 大类：1. 新闻编辑（采访、写作、编辑、社论）；2. 报业经营（发行须知、经营及印刷、报业经营）；3. 特殊报学（照片、实用宣传学、报纸翻译）；4. 报学概论（比较报学、新闻史、毕业论文）。在这 4 大类课程中，第一类课程在专业课中所占比重最大。据统计，1929 年该系开设的编辑课程占新闻专业课的比重为 38.5%，而到 1939 年上升为

1　刘豁轩 . 报学论丛［M］. 益世报社，1946：92.

44.4%。与此同时，学生所修学分也从 39.2% 上升为 48.8%。从 10 年间编辑类课程开设数量和学分比重逐年上升的趋势来看[1]，燕京大学新闻系在专业课程设置上具有重视技能训练的倾向。

除专业教育外，燕京大学新闻系将通识教育也纳入课程体系中，实现了专业教育与通识教育并重。新闻工作的复杂性要求从业者不仅要具有专业知识，还应掌握更多的“杂学”。蔡元培曾指出，“外国新闻……即普通纪事如旅行、探险、营业犯罪、政闻、战报等栏目，无不与地理、历史、经济、法律、政治、社会学有关……根据是等科学应用于新闻界之特别经验，是以有新闻学”[2]，强调综合学科背景对于新闻工作的重要性。为此，燕京大学新闻系确立了“重视与报学有关系之学科”的人才培养方针。该系规定“主修新闻的学生，不仅专习新闻学科。文学研究、历史沿革及其他一切普通科学学识，均需同时培养矣。新闻学科之主修时间，仅占全大学课程 1/4 或 1/5，其余大部分时间则任由学生选修其他与新闻有关的学问，务使学生，预期毕业后知社会环境相适应”[3]。该系将全部课程分为：1. 主修课程——新闻专业课程；2. 必修课程——语言文学课程（国文、英文、第二外语）；3. 副修课程——社会科学课程（政治学、经济学、社会学）；4. 选修课程（历史、生物、哲学等其他学科）。规定学生“在主修课修满最低 32 学分之外，还需选修一个与报业有关系的系，在那里至少要选修 20 学分的功课”方可毕业，以鼓励学生广泛选修其他院系课程。

在燕京大学新闻系学生中，选修课程学分超过主修课程的情况十分普遍。据刘豁轩对 67 名毕业生所修学分统计显示。其新闻专业课程所修学分仅占全部课程学分的 27.2%，而其他专业学分则高达 72.8%，其中英语、政治学、社会学、历史学都是学生热衷选修的专业。此外，诸如生物、地理、化学甚至宗教、卫生等较为生僻的科目，也有学生选修。事实证明，大量副修、选修课程的开设，拓宽了新闻教育的外延，使学生在注重新闻专业学习的同时，又拥有了经济、政治、历史等领域的知识背景，极大地提高了学生的综合素质。值得注意的是，燕京大学素有重视外语教学的传统，作为一门工具性学科，外语对新闻工作是极为重要

1　刘豁轩．报学论丛［M］．益世报社，1946：94-96.

2　蔡元培．在北京大学新闻研究会上的开会词［N］．北京大学日刊，1918-10-16.

3　黄宪昭．燕京大学新闻学系概况［M］// 燕京大学新闻学系．新闻学研究．北平：京华印书局，1932：330.

的。燕京大学新闻系将英语和第二外语作为要求学生掌握的必修课程，提升其外语能力，这无疑增加了学生的“国际竞争力”。据毕业生汤德臣回忆：“抗战及战后，中央社海外单位，如伦敦、巴黎、纽约、华盛顿……记者都是燕大出身。代表中央社在1945年春联合国在旧金山开筹备会议的三位记者，是清一色燕大新闻系出来的”[1]，这恐怕与该系重视外语教学不无关系。

二、重视实践训练的职业化培养模式

如果仅注重专业的书本教育，缺乏实践技能的锻炼机会，新闻学专业学生仍难以适应新闻工作。燕京大学新闻教育的突出特点就是将实习作为教学的重要环节，推行理论与实践并重的培养原则。刘豁轩指出，新闻实习可以让学生得到全方位的锻炼：首先是“作报技术的练习”，因为“报业越进步，作报的手工技术也就越复杂，越需要训练”；其次是“思想训练”，新闻工作需要“客观的态度”“有条理的思考”和“知识的运用”，这不是讲的“天花乱坠所能济事”的，学生必须“自己多做”“有身临其境体验的机会”，才能培养出“根据理论加以解决”问题的能力。他举例说，如报纸的“经济独立”问题，“讲起来简单，行起来却有许多的困难”，学生只有在实践中才能对报人办报的艰辛有更加亲切的体会。

燕京大学新闻系将实习分为3种：一是课内实习，讲授课程过程中让学生接受采、写、编、评的训练。二是报纸编辑管理的校内实习。20世纪20—30年代，该系有中英文版日报《燕京新闻》、《新闻学研究》（年刊）、《新中国月刊》、中英文《报务之声》以及《中国报界交通录》等出版物，为学生提供了大量校内实习锻炼的机会。其中《燕京新闻》前身为《平西报》，是一个完全由燕京大学新闻系师生创办的独立报纸。该报共四版，其中三版为中文，主要刊登北平西郊社会新闻和时事新闻。一版为英文内容，以燕京大学校园生活为主。《燕京新闻》的社论、编辑、采访、发行、广告，“各项工作盖有中美两国学生分任”。报纸编辑室就设在印刷所内，目的也是让学生了解报纸的印刷工序。七七事变后，该报更名为《燕京日报》在北平城内发行，一时成为“北平国人自办英文报纸之唯一刊物”，其言论“渐有执北方舆论权威之势”。[2] 作为学生自办报纸，该报在

1 汤德臣．燕大新闻系杂忆［C］// 燕大文史资料：第七辑．北京：北京大学出版社，1993：107.

2 黄宪昭．燕京大学新闻学系概况［C］// 燕京大学新闻学系．新闻学研究．北平：京华印书局，1932：330.

平津报界已具有较大的规模和影响。通过这些报刊，学生对“报纸的业务有了具体的了解”。三是学生校外报馆实习与考察。该系规定：“假期内三年级以上之主修生，须到平津各报馆实习”，否则不能毕业。燕京大学新闻系创办后与全国各大报馆建立实习合作关系，扩大了学生校外实习的机会。由于燕京大学新闻系学生素质高，报馆对该系实习生大都比较欢迎。据《报学杂志》报道，1948 年，燕京大学新闻系每年实习学生达 40 多人，地点遍及平津地区，以及上海、南京、青岛、汉口、重庆、成都、香港等地，涉及报馆 20 多家。该系实习“人数之众，报社之多，地域之广”，在国内同类大学中“尚属空前”。从课程实习到课外实习，从书本到实践，燕京大学新闻系通过全方位的实习，为学生走向职场做了充分的准备。

三、培养领袖人才的精英教育理念

如果仅仅注重技能职业训练，却忽视对新闻人才的道德塑造，那么大学新闻教育就只能停留在“读书只为稻粱谋”的低级层面。正如密苏里大学校长黑尔所说：“如果报业只是印刷者的技术或买卖，或者只是在印刷工厂的管理，或是新闻的采集与传布，或是这些都加在一起，我们便不能承认这种教育是大学教育的一部分。”[1] 新闻机构乃社会之公器，从业者的道德水平、思想境界对整个社会有巨大的影响力。燕京大学新闻系成立之初即提出“新闻教育对中国将来的发展有重大关系”，教育的目的除“职业训练外，还要注意人格培养”[2]。1934—1937 年，梁士纯担任系主任期间，进一步提出应在培养德才兼备专业人才基础上着重培养新闻行业的“领袖”人才。他说：“今日中国报界所缺乏的不只是新闻人才而已，其最重大的缺陷还是领袖人才：有远见、有魄力、有主张、有伟大天才的人才。”他希望燕京大学新闻系每届毕业生中，“至少有几分之几，能达到领袖的地位。若是新闻教育所培养出来的人才，只能故其自身的生活，而在改革或倡导上无所贡献，那么中国新闻事业的前途就极其阴黯，那么燕京大学新闻系这种新闻机关，也就没有存在或发展的价值了”[3]。该系教师卢祺新则认为，领袖教

1　杨妮．密苏里大学的新闻教育［J］．新闻学研究（台湾），1989（32）：213.

2　张玮瑛．燕京大学史稿［M］．北京：人民中国出版社，1999：25.

3　梁士纯．事在人为［C］// 燕大文史资料编委会．燕大文史资料：第七辑．北京：北京大学出版社，1993：93-94.

育的目的在于“使受过良好教育有理想的人从事新闻工作。以协助中国发展出高尚，富有服务精神及负责任的新闻事业”，成为促进“社会公益和国家友好关系的砥柱”。刘豁轩还强调在日常教育中注意锻炼学生品质，培养学生的“服务、合作、诚实和负责任，以及道德的应用”。[1]事实上，民国初期新闻界提倡新闻教育的目的之一即净化报界，改变国人对报人的不良印象。民国初期学者指出，中国新闻界充斥着“舞文弄墨的文人”与“醉心利禄，不得志的官僚”，而依靠他们“发展事业，改良社会”形同“呓语”，而受过新闻教育的报人“思想之纯洁，意志之坚定”较旧式报人“强胜多多”[2]，新闻事业发展有赖于此。而燕京大学新闻系强调培养“领袖”人才，目的正是满足中国人对新闻教育改良报界、改造社会的双重需要。

四、开放多元的办学环境

燕京大学的创办是中西文化交流的产物。作为一所有美国背景的教会大学，该校确立了兼容并包的文化传统。受此影响，新闻系在办学中也鼓励学术自由交流，形成多元文化和谐发展的教学氛围。该系仿照密苏里大学新闻学院每年举行新闻学交流年会和讨论周的做法，定期邀请国内报界名流参加新闻讨论会。仅1931年举办的新闻讨论周就有成舍我、张恨水、张季鸾、戈公振、萨空了、罗隆基等多位报人学者参加，发表演讲稿20篇，这是民国新闻界少有的学术盛会。《民国日报》对此赞赏称：“此次各记者莅临燕大，主讲者均一时新闻界知名之士，各贡其所得，以为学业之切磋，亦即事业上之改进，多谈实理，莫托空言。新闻学得以日进于无疆，新闻事业之得以日臻于强健，新闻界团体得以砥砺而益坚，新闻得以锻炼而益众，则固又非燕大二三学子之幸也矣。”[3]

燕京大学新闻系开放的教学理念还体现在教师身份的多元构成上。据统计，1932—1933年，该系共有兼职和专职教师11人，其中90%具有外校学缘。其中出身密苏里大学新闻系的教师最多有6位[4]，占全部教师的55%。其余分别毕业于日本法政大学、北洋大学、岭南大学等知名学府。这些教师几乎都有参加报

1 刘豁轩．报学论丛［M］．益世报社，1946：92.

2 张君良．新闻教育机关与报业协作［J］．报学季刊，1935，1（2）：81.

3 新闻讨论周［N］．民国日报，1931-04-01.

4 燕京大学新闻学系．中国报界交通录［M］．北平：燕京大学新闻学系，1933：209.

业实践工作的经历。例如，系主任黄宪昭曾在广州主办中英文报纸，孙瑞芹在路透社担任编辑，张象鼎则是北平《大同晚报》主笔。甚至著名记者斯诺也曾在1934年受聘成为该系讲师。多元的师资组成可以促进不同学术思想、学术风格、思维方法的交叉和碰撞，促进学科发展和教师自身成长。而教师具有丰富的媒体从业经历，如能将其与所教新闻课程相结合，则会极大地丰富课堂教学内容，让学生对新闻工作有更多的直观认识。

燕京大学新闻系开放办学的理念表现为对美国新闻教育，尤其是“密苏里模式”的仿效与学习。创建于1908年的密苏里大学新闻学院是美国也是世界设立最早的新闻学院，被誉为“美国新闻记者的摇篮”“新闻学圣殿”。经过数十年的发展，该院形成重视人文综合素质培养和专业技能训练的“密苏里”新闻教育模式，其“教学方针和课程莫不为他校所注意”，在“美国报学教育界”中具有“领袖地位”。该院首任院长沃尔特·威廉博士更是热衷于在世界范围推广其经验。他曾先后5次访问中国，推动了中外新闻学界的交流。在他的倡导和支持下，燕京大学新闻系在困难之际几次得到密苏里大学在物资和师资上的帮助。燕京大学新闻系成立后与密苏里大学新闻学院建立密切的学术联系。1932年，两校开始互换教授，密苏里大学的马丁教授来燕京大学新闻系讲学，而燕京大学聂士芬也去密苏里大学授课。此外，两校还互相交换研究生。1929年，燕京大学助理卢其新赴密苏里大学深造，密苏里大学则派格鲁普来燕京大学研究并任课。第二次交换学生发生在1933年，燕京大学送汤德臣赴美，而密苏里大学则送白雅各来华。正是基于上述情况，最终促成燕京大学新闻系从人才培养、办学理念、课程设置和学术活动都打上了鲜明的“密大”烙印。[1]

五、结语

民国初期，正值中国新闻学发展的“萌芽之期”。新闻教育不仅要培养新闻人才，还肩负着改良报业，将新闻学“本土化”“科学化”的重任。徐宝璜曾提出“访员”应该“书法需纯熟”“国文需有根底”“应知本国及列强之政治、历史与现状”，[2]显然这只是对新闻从业者的最低要求。而蔡元培则指出，引进西

1　李建新 . 中国新闻教育史论［M］. 北京：新华出版社，2003：66.

2　徐宝璜 . 新闻学大意［J］. 东方杂志，1918，15（9）：93-94.

方学理，验证中国现时新闻事业之经验，才是大学新闻教育所承担的任务。更有甚者提出，“吾国报纸之不发达……最大原因则在无专门人才”“夫一国之中，所赖灌输文化，启牖知识，陶铸人才，其功不在教育之下者，厥惟报业。乃不先养育专才，欲起而与世界报业相抗衡乌乎得？”[1]将新闻教育视为净化报界，“改造整个社会的武器”。从燕京大学新闻系人才培养模式来看，其强调注重专业训练，同时让学生“养成一种合作、建设、服务人群的精神以服务社会国家”，不仅丰富了中国新闻教育的内涵，也顺应了时代潮流。

民国初年，中国的新闻教育虽“始具雏形，然大都简陋”[2]。即使“处于优越地位”的燕京大学新闻系也曾多次因缺乏资金而面临停办的窘境。在困难的环境中，该系能不断壮大办学规模，保证教学质量实属不易。做为民国初期新闻教育领域发展最好的学校之一，该系为中国培养了大批优秀的新闻人才。其中，萧乾、朱启平、曾恩波、蒋荫恩等人堪称代表。20世纪30—40年代，仅《大公报》就有燕京大学新闻系毕业生20余人。1945年，在“密苏里”号战舰上报道日本投降消息的3位中国记者也都出自该系。[3]燕京大学校长曾自豪地说：“新闻系独特的教学与实践使之成为中国而且也是亚洲第一所完全的新闻系。”“有一段时间，中国新闻机构派往世界各大首都的代表全是我校的毕业生。”[4]刘豁轩也认为，燕京大学新闻系“为中国报学教育奠定了将来发展的基础，踏出了一条明朗的路程，这是中国近代教育史上一定是要大书深刻的一页”[5]。重实践、宽口径、开放式的“燕大”模式不仅是国民初期中国新闻教育“本土化”的典范，也对我国当前新闻教育的发展不乏启示。

（原文发表于《教育评论》2010年1期）

1 戈公振．中国报学史［M］．上海：生活·读书·新知三联书店，1956：263.

2 周天墀．现代美国新闻教育［C］//燕京大学新闻学系．新闻学研究．北平：京华印书局，1932：223.

3 燕京研究院．燕京大学人物志（第二辑）［M］．北京：北京大学出版社，2002：87.

4 John Leighton Stuart.Fifty Years in China［M］.New York：Stanford Press，1954：70.

5 刘豁轩．报学论丛［M］．益世报社，1946：115.

重庆新闻学院与抗战时期中国国际宣传人才的培育

1937年全民族抗战爆发后，在军事斗争之外，为赢得国际社会的同情与支持，中国借助新闻、广播等对外传播形式，积极开展宣传和强化国际宣传能力，以求得对日宣传战的主动权。随着海外宣传的开展，中国新闻人才紧缺问题日渐凸显，急需具有国际视野、洞悉内外时局、熟知国际新闻理念与宣传规则的战时传播人才，进而赢得世界反法西斯阵营的支持与援助。抗战时期中国如何培养对外宣传人才？抗战时期中国新闻教育如何承担育才使命？抗战时期"外宣"人才培养与平时有何不同？对于这些重要问题，学界尚未有系统的阐述和研究。抗战时期，中国对日宣传严重滞后，急需适应战时要求的国际宣传人才。1943年，中美合办"重庆新闻学院"，以"培养国际高级宣传人才"为目标，以"应战时之需"的实践教学为原则，在课程设置与教学方法上开展教学改革与创新尝试，为抗战时期的中国培养了一批具有专业素养与国际视野的优秀人才。重庆新闻学院的创办是近代中国新闻教育与国家需求的一次成功对接，是抗战时期以培养高级对外宣传人才为目的国际化新闻教育机构，是抗战时期中国办学条件最为优越的新闻学院，其经验对当代中国国际传播人才的培养仍不乏借鉴意义。本文尝试以该学院"外宣"人才的培养为切入点，通过史料梳理，总结其抗战时期新闻教育的实践与经验，以期为当下中国国际传播人才的培养提供历史借鉴。

一、"应战时之需要"——重庆新闻学院的创立与抗战时期对外宣传的互动

全民族抗战爆发后，日本借中国战事失利，在国际上营造谣言，散播中国抗战行将"失败"的舆论，妄图动摇我方的抵抗意志。对此，中国民众和海外舆论迫切希望中国能够加强国际宣传活动，扭转国际传播的被动局面。1937年11月，国民党政府成立由董显光负责的国际宣传处，下设广播、外事、对敌等科室，通过新闻会议、协助采访等方式，在世界范围内开展对日宣传战。遗憾的是，抗战时期中国国际宣传人才的短缺，极大地制约了海外抗战宣传的传播效能。战前中

国新闻教育并未有针对性地着眼于战争宣传来培养人才。《大公报》对此曾疾呼，“新闻教育在中国，尚没有引起一般人十分注意，然而在今日，由国际宣传的立场上看来，可以知道新闻事业的重要与新闻教育的急需。”[1]报人曾虚白则指出，随着国际宣传战的开展，中国“痛感积极训练人才的必要”。[2]国难期间，中国新闻教育因日本侵华遭遇重大损失，燕京大学新闻院系被日军接管或破坏。一时间新闻人才的培养捉襟见肘与抗战时期中国对宣传人才的迫切渴求形成了巨大鸿沟。提高中国海外传播能力，培养国际宣传人才是抗战时期中国新闻教育面临的紧迫任务，重庆新闻学院的创办由此提上议程。

1943 年初，董显光同宋美龄赴美开展战时宣传时，与美国哥伦比亚大学新闻学院院长卡尔·艾克曼达成共识，约定由美方提供师资，中方提供基础设施，联合培养对外宣传人才。如董显光所说，“中国关起门来打日本入侵者而全世界却知之不多、处之漠然，全在于宣传没有跟上去”，必须“设立一所战时新闻学校，以英文来训练青年读新闻学”[3]，“用强化办法培训一批能用英文写作的新闻记者和报人来报道中国的艰苦反侵略战争，争取国际上对中国的同情与支持”。[4]1943 年 11 月，国民党政府国际宣传处以“战时中国唯一完善的新闻教育机构”中央政治学校新闻系为基础，组建中央政治学校新闻学院。该学院“是战时成立的新闻教育机构，也可说是应战时之需要而成立的新闻教育机构”，因校址在重庆两路口巴县中学，又被外界通称为“重庆新闻学院”，由此开启了抗战时期国际新闻宣传人才的培养实践。

二、重庆新闻学院国际高级宣传人才的培养目标与教学特色

1943—1945 年，重庆新闻学院着眼抗战人才需要，共招收三期学员，第一期结业 30 人，第二期结业 27 人，第三期未及开学即停办，实际“为民国新闻界培养了 57 名国际新闻高级人才”。[5]该学院在专业教学管理上实行中美共管。在课程设置上以美国新闻教育为范式，侧重训练学员掌握国际宣传的实务技能，形

1 佚名 . 新闻教育特刊发刊词［N］. 大公报，1936-05-09.

2 曾虚白 . 新闻记者职业问题讨论：中政校新闻学院之产生及其未来［J］. 中国新闻学会年刊，1944（2）：95-97.

3 佚名 . 董显光回忆录［J］. 报学杂志，1948，1（3）.

4 全国政协暨北京上海天津福建政协文史资料委员会 . 建国初留学生归国记事［M］. 北京 . 中国文史出版社，1999：98.

5 邓绍根 . 论哥伦比亚大学新闻学院与民国新闻界的交流合作及其影响［J］. 新闻与传播研究，2014（12）：39.

成了自身办学的鲜明“个性”。

（一）立足中西培养“高级国际宣传人才”的教育定位

新闻教育的手段和资源配置，取决于人才培养的目标定位。抗战时期中国新闻宣传人才的紧缺，迫使该学院在成立之初，即明确提出以培养“高级国际宣传人才”为办学目标。学院创办之初即在师资及学生选拔两个方面，对教学资源优化设置。在师资方面，该学院借助中美合作办学的优势，从美国哥伦比亚大学新闻学院直接引进师资来华执教，教务长克罗斯曾为《纽约先驱论坛报》的记者和律师，具有良好的口才和丰富的写作经验，负责讲授新闻史、新闻法、新闻伦理等课程。1944年6月克罗斯离任后，吉尔伯特继任教务长一职。他是中国问题专家，在华采访17年，不仅熟谙汉语而且掌握两种方言，具有丰富的国际新闻报道经验，负责新闻采访、新闻编辑和新闻写作等课程。除两位骨干教师外，助理教授罗吉斯曾任WIS电台节目监制；贝克尔为美国《世界观察》杂志编辑；德劳雷为《晚论坛》执行编辑。这些教师的理论和实践经验丰富，不仅增强了该学院的专业教学能力，更使学生能够在短时间内与国际宣传实务直接接轨。

除美方师资外，重庆新闻学院中方师资则由抗战时期中国宣传工作主要负责人直接充任。其中，该院正副院长则分别由国际宣传处负责人董显光、曾虚白担任。《中央日报》社长马星野、国民党政府“中常委”潘公展、国民党政府外交部次长甘乃光则分别教授“新闻学概论”“三民主义”“比较政府”等课程。在课程设置上，学院力求充分发挥美方教师在专业教学上的优势，几乎所有重要新闻理论及实务类课程多由美方教师充任。在办学思路上，曾虚白将该学院界定为，“一所大学以上程度的教育机构，教学的目标是培养能够担任国际宣传任务的高级新闻人才”“所以该学院的一切设施，从学院的甄别，课程的编订，都已达成这一使命为目的，并不拘泥于普通学校或研究员的常轨”。[1]对于国际宣传高端人才的界定，他认为应该具备以下5种素养：1.明悉国策国情；2.了解国际情势；3.熟悉驻在国文化风俗；4.熟练运用驻在国语言文字；5.具有采访新闻之敏感和处理新闻之技能。[2]这5点要求高度概括了国际宣传人才的特点，明确了人才技

1，2　曾虚白.新闻记者职业问题讨论：中政校新闻学院之产生及其未来［J］.中国新闻学会年刊，1944（2）：95-97.

能各项要求，对学院开展新闻教育实践具有极强的针对性和指导性。

为了实现高端人才培养的目标定位，重庆新闻学院从生源选拔上严格把关，要求报考者须有大学学历，熟练掌握英语会话和写作。录取考试科目，包括英文基础及口语、中外历史、地理、时事政治等，考生应是“于国内外大势有概要认识的青年”，其标准超出抗战时期同等高校的要求。1943 年，重庆新闻学院首批招生报考者达 250 人左右，但最终仅录取 30 人，足见考试和选拔的苛刻。这些录取学员年龄在 19 ~ 37 岁，他们当中既有流落于西南的清华、北大、南开的失学学生，也有已经工作多年的教师、公务员、新闻记者。尽管他们身份境遇各异，但大多是追求真理的爱国青年，对得来不易的求学机会倍加珍惜。

为了让学员安心学业，学院在抗战时期艰苦的条件下，为学员提供了优厚待遇。学员在院学习期间可优先进入国际宣传处工作，如成绩优异可获得公派赴美留学机会，其资助金额超过“庚款留美”项目。[1]据学生马大任回忆，1947 年他留学期间得到学院资助 3 500 美元，其中个人自筹仅 100 美元，足够支付在美生活费用而无需勤工助学。学员入学后即享受中校军衔待遇，原有工作者工资照发。如无工作，学校提供免费住宿和 1 200 元 / 月的津贴。优厚的待遇，使得学员尽管需要面临严格选拔，仍趋之若鹜。而经过重重选拔的得以入学的学生，则堪称抗战时期中国新闻教育最为幸运的“宁馨儿”。[2]

（二）以美国哥伦比亚大学新闻教育为蓝本设置课程

新闻学者黄天鹏认为，中国新闻教育从诞生之初即深受美国影响，其中以哥伦比亚大学新闻学院与密苏里大学新闻学院并驾齐驱，前者注重新闻纸科的实习，后者则关注优秀记者和编辑的培养。[3]重庆新闻学院结合中国实际需要和国际宣传的实务要求，以哥伦比亚大学新闻教育课程为蓝本，将课程分为政治课程、专业课程和实习课程 3 大类。其中专业课分 4 个学期，每学期 3 个月，前 3 个学期以专业学习为主，第 4 个学期则为课程实习，学生可到各战区采访报道。学业考核以作品和实习表现为标准。为了适应抗战时期人才培养的需要，学院在制定课程中力求精益求精，并未加入过多的通识课程，将更多的课时资源投放到专业课

1 马大任 . 回忆抗战时期的重庆新闻学院：并怀念国际宣传史上的一群小兵［J］. 传记文学，1998（1）：101-106.

2 佚名 . 新闻事业的新摇篮：记中政校新闻学院［N］. 大公报（重庆版），1943-11-05.

3 黄天鹏 . 新闻记者之教育［J］. 新学生，1931，1（5）：173-182.

程中。其具体设置见表 1[1]。

表 1　重庆新闻学院的专业课程表

课程	教学内容及教学方式
（一）新闻采访与撰写	初期规范新闻文体，后期撰写重大新闻，教学与实习并重
（二）新闻学基本理论	新闻出版史、新闻学、报纸政策、报纸道德、报纸发行及经营管理、报纸与世界事件关系等
（三）采访与编辑	课程（一）（二）的进阶课程，学员分采访组、撰稿组、编辑组，轮岗实操
（四）编报法	都市报编报法、编报基本原则、分组编报竞赛等
（五）宣传新闻学	公众心理及舆情，宣传策略，撰写鼓动文章
（六）无线电广播新闻	无线电史，无线电访谈，无线电与报纸，撰写无线电文等
（七）社评写作准备	社评选题及数据检索，调查新闻背景，撰写社评社论
（八）社评写作技术	课程（七）的进阶课程，深入讲授新闻评论，定题撰写社评、中美评论对比、文艺评论、剧评等
（九）特写撰述法	特写题材、文体、版式、读者群，新闻特写方法，深度报道写法

从课程名单考察可以发现，重庆新闻学院的课程设置核心是侧重新闻采、编能力的训练培养，且教学和考核要求由浅入深，层层递进。“编报法”“评论”和“特写”等写作课程的设置完全着眼于抗战时期新闻写作需要，使学员在学校教学阶段即接受良好的新闻写作训练。除理论课程设置之外，辅以实践教学，进而固化课堂及理论教学的效果。为发挥广播在宣传中的作用，课程设置还关注到了这一新兴媒介，特意增设广播新闻课程，以适应抗战时期中国国际广播快速发展的趋势。[2]

（三）“以实习为求学方法”——贴近国际宣传实务的实践教学与强化训练

重庆新闻学院成立之初，承袭了美国新闻教育中重视实践的传统，提出学院“不是一所纯粹学术研究机构”，要“以实习为求学方法”，通过大量实习带动

1　曾虚白 . 新闻记者职业问题讨论：中政校新闻学院之产生及其未来［J］. 中国新闻学会年刊，1944（2）：95-97.

2　齐辉，杨美美 . 抗战前后中国国际广播电台与世界听众的互动交流：以国际听众来信档案为中心考察［J］. 西南民族大学学报（人文社会科学版），2017（1）：153-158.

课堂教学参与性，检验课堂教学成果。在采访与写作这类课程中，美籍教授通常将课堂教学集中在一天，随后按照选题分组，分配采访、编辑、统筹等任务。通过引入竞争机制，教师全程参与指导，要求学员在规定时间内完成预定任务，综合评判学员的学习效果。学员交稿后，教授会当面讲评及修改文稿，使其“明晰有待改进的写作方法”。外籍教授知晓学员英文不精，故批改作业超乎寻常的细致，几乎是“一位教授对一个学生坐在一起，将稿子一句一句地改”。[1]所有的选题、采访、写作、讨论等环节，都是按照“真正的记者工作”要求来完成。经过训练，学员虽未毕业却已对新闻工作驾轻就熟。

重庆新闻学院的实习教学得到抗战时期国际宣传处的帮助，这是其新闻教育的一大优势。抗战时期，国际宣传处曾每周举行两次外国记者招待会，重庆新闻学院要求学生全程英文参与这项活动。很多学员在毕业前，对外国记者的提问偏好乃至工作特点即已了如指掌。由于学院的官方背景，学员毕业即有机会进入国际宣传、国际广播电台、《中央日报》等官方宣传机构实习和工作，求职起点颇高。

重庆新闻学院强调教学要培养学员具有纯熟掌握、切合国际宣传实际情形的英语新闻采编能力。美国新闻专业课教师全程采用英文讲授。课程教学所使用的案例、理论和专业课教材，多采自原版英文教材。学员在课堂教学中记录笔记、专业考试也用英文完成。语言障碍的突破，使得学员具备了跨文化传播的能力。

学院组织另一项实习任务是编译抗战时期英文周报《重庆新闻》（*The Chunking Reporter*）。这是一份四开的全英文报纸，每期4页，它既是新闻学院“学生实习的园地”，也是重庆公开发行的“惟一的英文报纸”。[2]该刊在创办之初，尚需外籍教授指导，但随着“教学设计的优良”，后期报纸完全由学生独立承担编辑、访员、特写等任务，“这张报纸，编排优美，报道精彩，很快博得重庆读者的赞扬”。作为学生的“试验品”，该刊前后发行了3年时间，“可以给学生以许多极感兴趣与兴奋的经验”，其对学生的实务训练是“其他各处任何新闻学校出版物所没有的”[3]。《重庆新闻》是针对外国读者的国际宣传刊物，因身份特殊，而成为抗战时期中国对外宣传的一个窗口。期刊的出版定位，“不是同别的

1 东南大学人文学院．东南大学文科百年纪行［M］．南京：东南大学出版社，2003：334.

2 方汉奇，李矗．中国新闻学之最［M］．北京：新华出版社，2005：364.

3 马大任．回忆抗战时期的重庆新闻学院：并怀念国际宣传史上的一群小兵［J］．传记文学，1998（1）：101-106.

报纸抢生意”，而是面向“外国使节、军事人员、学者和政府官吏”，报道中国抗战讯息。[1]它的国际新闻“主要报道各战场的军事新闻，包括太平洋战场、苏德战场”，同时刊发学生在赴滇缅战场采写的战地通讯，多次获得美国媒体转载，加强和拓展了中国抗战时期对外宣传的渠道。

（四）在育人中培养“求真”与“质疑”的新闻职业理想

重庆新闻学院在注重培养学生新闻宣传技能的同时，并未忽视对学生新闻理念与职业道德的锻造。学院创办者和领导者董显光多次指出，学院设立的初衷是“用西方的教学方法和新闻自由的观念来训练一些新闻作家”。[2]在办学过程中，尽管经费由中美双方提供，但董显光却享有“自由处理学院事务”的办学自主权，在有限范围内摆脱国民党政府的“严格控制”。办学中，学院强调新闻教育要以“育人”本位。院长董显光受美国新闻理念影响颇有民主作风。他曾对学员说：“你们不是我的干部，我不属于任何派系……我只是为国家教育一批国际宣传人才，你们是我的学生。”[3]对国民党政府实行的“党化”教育方针有所抵触。

在实践教学中，教员注重通过率身垂范来引导学员坚持新闻的真实性。院长董显光指出，“新闻学院一项重要任务就是教导学生，对报道的忠实性……原则能具有高度的尊重”“而这一方面的努力，大部应归功于美国教授”[4]。美方教员在学院教学中努力克服语言与文化的障碍，教学方式自由。教务长克罗斯教学认真严谨，他曾说：“假如你不参加学员的工作，你怎么能指导他们工作的错误？”[5]他事必躬亲的态度赢得了学生的尊重和信任。授课过程中，教师要求学生必须尊重和贯彻新闻真实性的原则，让学员懂得“空洞及徒事修饰之文字，并非合格报纸所需之最佳文字”。院长董显光则在日常教学中，对学生的“质疑”给予理解和包容。有一次，他在演讲中出现表述错误，被学生责问。他说：“接到学生如此坦白的意见，真感到有些惊异”，在旧时“教师和学监是极为学生敬畏的”，但他为了向学生灌输“民主精神”，当即“表示对他的意见非常欢迎”[6]。

1　董显光．董显光回忆录：为新闻自由而奋斗［J］．报学杂志，1948，1（5）：34-40.

2　董显光．董显光回忆录［J］．报学杂志，1948，1（3）.

3，4　马大任．回忆抗战时期的重庆新闻学院：并怀念国际宣传史上的一群小兵［J］．传记文学，1998（1）.

5　佚名．新闻事业的新摇篮：记中政校新闻学院［N］．中央日报，1943-11-05.

6　马大任．回忆抗战时期的重庆新闻学院：并怀念国际宣传史上的一群小兵［J］．传记文学，1998（1）：101-106.

他甚至告诫学员，国际宣传要敢于直面问题，“十条新闻中有九条是好的，一条是坏的，报纸的信誉就会提高，国际宣传的效果也会扩大”，[1]把“说实话”视为赢得国际尊重的前提和“达到宣传的目的”有效手段。在注重事实的基础上，学院还引导学生注意把握战时宣传的内涵和特点，正确处理“保密、安全、士气、民心”的内在关系，妥善处理“国际宣传与新闻自由之间的矛盾”。[2]

三、“为国家教育一批国际宣传的人才”——重庆新闻学院的办学成果

对于重庆新闻学院的人才培养效果，董显光曾颇为自豪地说，抗战时期“物价暴涨……我在政府工作”的同时，还要“负责 30 个学生及对中国完全陌生的 4 位教师”，这是“一份沉重的担子”。但两批学生毕业后，“我便感到十分丰厚的报偿了”。1943—1945 年，重庆新闻学院为适应抗战时期需要，采取了有针对性的人才培养模式，极为高效地为抗战时期中国培养了 57 名宣传人才。[3] 由于学员综合能力强，加之采取了“国际化”的培养方式，使得其毕业生大多被美国普林斯顿大学、康奈尔大学、密苏里大学等名校录取为研究生继续深造。解放前，哥伦比亚大学新闻学院招收的 28 名中国留学生中，就有 10 人出自该学院。

如果进一步追踪该学院毕业生的职业选择和专业表现，则能更进一步地证明重庆新闻学院培养“高级国际宣传人才”的目标取得了成功。已经毕业的 57 名学生大多能学以致用，他们或投身新闻界成为职业报人；或投身政界担任对外宣传机构负责人；或置身科研机构从事与对外传播相关的教学与研究工作；即使日后改行从事其他职业，也多能在各自的岗位有不俗的表现。在这些人中，有抗战时期台湾第一份英文报纸《中国邮报（英文）》的创办者，被誉为台湾第一女报人的余梦燕；[4] 有第一批回到新中国的海外新闻学留学生王作民，1949 年，她从密苏里大学新闻学院辗转归国，先后在新闻总署国际新闻局、《北京周刊》从事对外宣传工作，编译稿件逾一千万字，其撰写的《美国万花筒》被誉为“新中国

1，2　马大任．回忆抗战时期的重庆新闻学院：并怀念国际宣传史上的一群小兵［J］．传记文学，1998（1）：101-104.

3　邓绍根．论哥伦比亚大学新闻学院与民国新闻界的交流合作及其影响［J］．新闻与传播研究，2014，21（12）：80-89.

4　崔之清．当代台湾人物辞典［M］．郑州：河南人民出版社，1994：355.

诞生以来第一部长篇访美游记”；[1]有中国对外传播学研究的拓荒者段连成，20世纪80年代，他撰写的《对外传播学初探》，被誉为“我国对外传播理论建设的第一块基石”；有新中国最早提出重视“新闻价值”意义的莫如俭；有中国第一代海洋法研究专家张鸿增；有中国第一代版权专家汪衡。而重庆新闻学院学员也均各有所成，其情况参见表2[2]。

表2 重庆新闻学院学员毕业去向

姓名	毕业去向与成绩
池富仁	《密勒氏评论报》编辑，新华社驻外记者
彭瑞馥	联合国英文口译
王昌煦	全美华人协会秘书，其文章曾在20世纪80年代被《人民日报》刊载
李惠苓	外交官，联合国纽约总部秘书处工作长达30年
沈昌瑞	外交官，联合国秘书处翻译等
周庆陶	曾任广西桂林师范学院英语系教授，法国巴黎第三、第八大学讲师等
葛思恩	上海《新闻日报》记者、编辑，上海社科院教授等
苏明璇	香港“大学服务中心”，该中心专为中外文化交流服务
王鸿钧	中国台湾政治大学新闻系教授、系主任
朱家恢	美国纽约州立大学弗雷多尼亚学院教授
周家骖	北京外文出版社从事对外文化传播的翻译、审校工作
杨富森	华盛顿大学哲学博士，美国匹斯堡大学东亚语文系教授
马大任	哥伦比亚大学、康奈尔大学等知名大学图书馆负责人
陈冬	著名史学家陈垣之女，从事图书馆管理工作
李士魁	美国普林斯顿大学东亚图书馆工作
黎洁泉	曾在美国《洛杉矶时报》工作

董显光曾赞誉重庆新闻学院新闻教育为“中国报界增加了60名男女报人的潜在力量，增加了60名为新闻事业而奋斗的人（实为57人）”。[3]而对这些学

1 徐惟诚.徐惟诚文集：第11卷 杂文（上册）［M］.北京：商务印书馆，2015：473.

2，3 马大任.回忆抗战时期的重庆新闻学院：并怀念国际宣传史上的一群小兵［J］.传记文学，1998（1）：101-106.

员毕业后的发展考察显示，其成绩显然超出了办学者当初的预期。这些学生学有所成，活跃于中外新闻、教育、法律、外交等各个领域，对中华文化的传播和中外的沟通发挥了积极作用，重庆新闻学院从侧面说明其人才培养模式的成功。

四、结语

对于重庆新闻学院的办学成绩，曾虚白曾颇为自豪地指出："我们认为教学的设计很恰当切适，教学的推进很圆满顺利，而学员等努力向学的情形也保证了我们预期目标之必可到达。"[1] 重庆新闻学院作为"应战时之需要而成立的新闻教育机构"，在极为艰苦的条件下为中国培育了一批新闻宣传人才，堪称抗战时期中国新闻教育与国家需要的一次成功接轨。

重庆新闻学院能取得如此成绩，除教学创新外，还得益于所处时代与地域的特殊性。报人刘光炎指出，抗战时期重庆身为中国对外宣传活动的中心城市，为新闻教育提供了良好的外部环境。尽管抗战时期中国新闻"人才不多"，"但平、津、沪、汉、港、粤乃至海外办报的好手，差不多都集中在重庆"。所以"当时的学生"在这里学新闻"真是享受"。[2] 此外，国难之际人才奇缺，导致抗战时期各新闻机构用人"胸襟开展，只觉大地开阔，只愁没有人，尽量训练新人才，尽量提拔后进"[3]，这为青年学子脱颖而出提供机会与空间。

重庆新闻学院教育实践实际代表着中国新闻教育从平时模式向战时模式的务实性转换。这种"战时模式"的特征，是通过国际合作实现师资配备、课程设置、培养方式的优化，为抗战时期中国速成培养实践型新闻宣传人才。这种新闻教育模式的转换，既是时局所迫也是国家所需，显示了抗战时期中国新闻教育以救亡为己任，自觉服务于抗战需要的责任意识。

重庆新闻学院完全着眼于抗战时期需要，短期速成式的人才培养，是以学员自身综合素质为前提，以牺牲新闻学术研究为代价的。随着抗日战争接近尾声，这种偏重实践培养忽视学术研究的趋向，显然难以满足抗战胜利后中国对新闻教育的更高需求。对此，曾虚白亦有清醒的认识，他在学院未来规划中曾提出，今后学院应朝着"研究所"的方向建设，一方面保持"现在的作风"，另一方面要

---

1 曾虚白 . 新闻记者职业问题讨论：中政校新闻学院之产生及其未来［J］. 国新闻学会年刊，1944（2）.

2，3 刘光炎 . 抗战时期大后方新闻界追忆［M］// 曾虚白 . 中国新闻史 . 台北：台湾政治大学新闻研究所，1977：405.

“选取专题作精深的纯学术的研究”，实现新闻研究与技能培养的均衡发展，这似乎预示着中国新闻教育已开始准备从战时状态向战后重建之路回归。但遗憾的是，这一设想终因时局动荡和学院停办而未能实现。

（原文发表于《现代传播》2018 年 10 期）

抗战时期中国国际广播与世界听众的互动与交流

广播电台自诞生以来，凭借传播速度快、范围广的优势，迅速打破了报纸的垄断，成为近代世界最主要的传播工具。第二次世界大战时期，广播电台作为传播武器，受到世界各国的青睐，并在战争宣传中发挥了重要作用。尤其是国际广播，俨然成为战时军事、外交辅助手段和对外传播的工具，参战各国借助广播的传播特性，展开了空前激烈的广播战。广播战的核心内容是争夺国际听众，国际听众的多寡与收听率的高低成为衡量国际广播电台的综合实力与传播能力的重要指标。20 世纪 20—30 年代，以英、美、德、日等国为代表的国际广播电台，在世界范围内争夺听众，不断扩大其国际传播的影响力。抗战爆发后，日本从本土和伪满洲国等地对中国内地展开了广播侵略，试图瓦解中国抗战军民的战斗斗志与民族精神。为反制日本，1939 年 2 月，国民党政府决定在重庆成立国际广播电台，使用 11 种外语和 8 种方言每天对外播音近 10 个小时，向世界发出“中国之声”，并由此与世界听众建立了广泛和经常的联系。遗憾的是，由于史料的散佚，国内学界对抗战时期国际广播电台的活动与史实研究仍十分薄弱，其中涉及抗战时期甚至民国时期电台与听众互动与关系的研究更是尚付阙如。[1] 抗战时期，中国的国际广播如何吸引世界各国听众的关注？双方又是如何开展互动与交流？在跨文化传播的背景之下，中国国际广播电台与世界各国听众的互动对双方又产生了何种影响？对于这些重要问题，学界尚语焉不详，缺乏细致且深入的研究。[2] 近来，笔者在搜集史料过程中，发现重庆档案馆馆藏的抗战前后（1941—1948 年）

1　当前的研究中，彭芳群在《政治传播视角下的解放区广播研究》一书中，对解放区广播听众定位、听众效果分析等都进行了研究，尤其分析了解放区广播对国统区听众的传播效果，认为解放区广播在瓦解国民党士兵军官的心理防线上作出了重大贡献。然而，关于国际广播电台与听众互动研究在我国的研究中尚处于一片空白。仅有的研究是胡耀亭在《中国国际广播大事记》中，只是将国际广播电台历年来收到的海外听众来信做了一个简单的统计，对信件的解读并不完整，只是将其作为本书的附录。如 1939 年，据不完全统计，本年度国民党国际广播电台共收到海外华侨听众来信 40 多封，其中来自印度尼西亚 16 封，马来西亚、菲律宾、澳大利亚各 6 封，新加坡 3 封，缅甸 2 封，国内 1 封。

2　目前，中国对民国时期国际广播电台的研究较多，如胡耀亭的《抗战时期国民党国际广播电台节目的构成及其特色》，文章着重讲述国际广播电台在抗战时期的构成及其特色，指出抗战时期新闻节目为“广播宣传之重心主干”，时事评述为驳斥敌方广播的有力武器，演讲则是抗战时期最具特色的广播节目；王晓岚的《论抗战时期国民党的对外新闻宣传策略》一文中，论述在抗战时期，为了加强对外宣传，尤其是对美宣传，国际广播电台是一个重要的宣传工具。

中国国际广播电台与世界各国听众交往信件556封，这些信件涉及中国国际广播电台的播出内容、听众反馈和传播效果等众多内容，是研究抗战时期中国国际广播电台的珍贵史料，至今尚未有人对其进行全面的研究和解读。笔者不揣简陋，力图解读和分析这批通信，以微观视角探析中国国际广播电台与世界听众的交流过程及其效果，探究海外听众对中国国际广播电台的重要价值，进而窥探抗战时期中国国际广播电台的创办水准与传播能力，为当下中国国际广播电台在世界范围内讲好中国故事，提高国际听众认知提供历史借鉴。

一、抗战时期“中国之声”的创建及其海外传播

中国国际广播电台原为“中央短波广播电台”，1939年2月6日在重庆正式播音，呼号为XGOY，隶属于中央广播事业管理处，1940年1月15日改名为中国国际广播电台，英文名称为“Voice of China”，即“中国之声”，简称VOC。中国国际广播电台自创立后与NBC、CBS等国际知名广播机构建立了联系，每天用英、德、法、日等11种国家语言和客家话、潮州话等8种方言面向北美、东南亚及欧洲地区播音，并于此间与世界各国听众建立了沟通和联系，这种情况在现存档案中得到了充分的印证。笔者收集的重庆市档案馆所藏272封听众来信涉及16个国家和地区，其时间跨度为1941—1948年，充分说明中国国际广播电台自建立后逐渐具有较强的信号传播能力，其具体分布详情见表1[1]。

表1　海外听众的来信情况

年份／年	总数272/封	具体情况
1941	11	美国7封，澳大利亚2封，芬兰1封，菲律宾1封
1946	13	美国13封
1947	47	美国18封，英国26封，新加坡1封
1948	201	欧洲（瑞典83封，英国58封，挪威4封，奥地利3封，德国2封，捷克斯洛伐克2封，芬兰1封，丹麦1封，荷兰1封），东亚（中国17封，日本2封），东南亚14封，南亚（斯里兰卡）5封，北美洲（加拿大3封，美国2封），其他3封

1　整合重庆市档案馆资料《国际广播电台1942年美国际众报告》《国际广播电台听众来电、来信》《国际广播电台听众来信》《国际广播电台瑞典听众报告》《关于检送美文听众报告致国际广播电台工务科的函》《国际广播电台各国听众对节目的反应》。

从表格来看，这批听众来信保存的时间分布并不均匀，其中，抗战时期来信仅保存 11 封，而抗战以后信件保存较多，仅 1948 年就保存 200 封。出现这种情况，笔者认为有两个原因，一是档案资料的散佚，导致抗战时期及其他年份资料未能有效保存。二是有可能在国际广播电台创办初期，其传播能力有限，创办水平没有后期成熟，因此抗战时期与平时相比，来信互动可能不多。就地域来看，这批听众来信中，英国来信最多有 84 封，美国来信 60 封。尤其值得注意的是，与中国距离较远的北欧地区来信也相当多，其中瑞典一地来信就有 83 封，而挪威、丹麦、奥地利、芬兰均有来信被保存下来，可见，中国国际广播电台后期其信号已能远及北欧地区。此外，新加坡、菲律宾这些华人聚集区，中国国际广播电台的广播亦拥有数量庞大且稳定的收听群体，故来信数量较多。

二、中国国际广播电台与海外听众的对话与互动

（一）传播抗战信息，赢得海外听众同情与支持中国抗战

记者陆铿在《中国广播事业之展望》一文中指出："中国国际广播电台之产生，目的即在配合国际宣传，加强我国与盟友之联系。"[1] 抗战时期，中国国际广播电台使用多个国家语言，每天以消息、演讲、时事述评的方式，向世界听众发布中国战场的各类消息，揭露日本侵略者对华侵略的暴虐野心，宣扬中国抗日战争的必要性与正义性，为中国抗战争取国际支援与同情。这在现存的听众来信中得到了充分的展现，英国听众赫立逊在收听国际广播电台节目后，来信写道：

近闻贵台清晰之播音，藉悉贵国抗战之渐占优势，殊为欣慰。盖英国多数人士，皆认贵国为维护世界文化之前卫，中英两国间相距甚遥，而能有如此优良之收听成绩，不论在贵台播音方面或本人收听方面，实均获有光荣也。[2]

来信显示，中国国际广播电台的节目在英国不仅有着良好的收听效果，而且也成为英国民众了解中国抗战形势的一种手段，由于两国互为盟国，故广播无疑有助于加强双方的这种战略联系。在信件末尾，赫立逊向中国抗战军民的英勇斗争表达了崇高敬意，并祝愿中国能够"继续努力，获得最后胜利"。

1 陆铿 . 中国广播事业之展望［J］. 中国新闻学会年刊，1944（2）：92.

2 佚名 . 海外来鸿［J］. 广播周报，1939（173）：6.

除外国听众外，中国国际广播电台最大的海外听众群体是散布世界各地的广大爱国华侨华人，他们虽身处异邦，但是对亲人的思念、对祖国的关切并未因时空的阻隔而中断。由于战争倥偬，信件难通，广播无疑成为海外华人华侨了解祖国信息最为快捷的手段，他们纷纷来信，借助广播了解国内的战况，表达对中国抗战的坚定支持与必胜信念。一封来自暹罗（现泰国）华侨的来信认为，中国的国际广播节目对华侨了解中国抗战具有特别重要的意义。信中这样写道：

自我们祖国展开神圣的全面抗战，至今足足有 12 个月了，在这时候，我们政府诸公本着一面抗战一面建设的精神，在战时首都的重庆建立了这座规模宏大的广播电台，逐日向海外播送憑，使我们旅居海外的侨胞得于每日聆听我们祖国抗战胜利的捷报，得到无限的慰藉……

还有听众对于中国国际广播电台在抗战报道、信号传输及节目编排等方面提出了很多具体建议，为提高广播节目质量出谋划策，称赞中国国际广播电台的闽南语播音清楚，信息准确，信号稳定。信中写道：

贵执事（笔者注：指播音员）方以国际各种语言，及祖国各地方言之播送，深恐无此从容之时间。如能于可能之范围内，择优广播则尤幸矣。贵执事作闽南语时，听者咸嘉其语音之爽朗。尤其是每述一地方，必详细提示该地在某省之南，或某县之北，及若干公里之距离。故听者如按图索骥，不致茫然索解，而且发音正确，态度从容，诚属不可多得也。

有的海外华侨在收听中国国际广播电台节目的同时，不惜冒着生命危险为中国国际广播电台收听效果提供情报，收集信息。例如，1943 年 5 月 11 日晚，中国国际广播电台以厦门方言对新加坡华人播音，在播音即将结束时，播音员不无遗憾地说：

贵台连日收到各地对于贵台播音之感想颇多，独对南洋方面尚未接及任何人之报告书，希望南洋侨胞，作一‘听后感想’，寄上以资参考云云。

新加坡华侨在收听到电台请求后马上给予热烈回应，5 月 13 日，他们给中国国际广播电台回信，详细介绍了中国国际广播电台在新加坡播出的信号质量、节目内容和传播效果等信息，并对进一步提高节目提出了建议，信件内容如下：

是故同人等特将本晚“听后感想”，略述于下，以供监察焉。

（一）时事报告——用各种方言，如国语、厦门语、粤语、英语、马来语等报告，甚为明晰，句句入耳，惟有任何之杂音。与日本之广播电台较清楚颇多，实可与本坡相比，足见吾国对于宣传方面之注意，改良之迅速（按以前贵台之播音每不甚清晰），并可证明吾国政府办事之精神也。

（二）音乐方面——包括各种音乐，音调适当，节拍清楚，甚为动听。且所选均为救亡之名曲著名歌谱等，甚为适合现代化之有价值的音乐也。（按本晚所播之音乐计有《松花江上》《牺牲到最后开头》及《武家坡》等）

但在九时二十分（新加坡时间）以后则较逊色。常有呜呜呜之杂音。未知是否日本电台故意发音相扰。总之如此之收获，可谓成功之至也。聊欢数语，以供参考，专此奉闻。

抗战时期，在敌占区收听中国国际广播电台的节目无疑要冒着巨大的危险，仅在菲律宾即发生因收听同盟国广播而“传播反日宣传”被日军残酷屠戮的事件。尽管面对日本禁止收听的严厉惩罚，广大海外华人华侨仍借助中国国际广播电台的节目了解中国抗战的进程，通过电波纽带，他们维系着与祖国和家乡的联系，积极响应国内的号召与呼吁，为祖国捐款捐物，有的直接回国组成志愿队参与抗战斗争，在这里广播的宣传与鼓动无疑发挥了巨大的作用。

（二）抗战胜利后，海外听众愈加关注中国国际广播电台的节目质量与播音水平

抗战胜利后，国内政局动荡，各国听众来信更加关注节目质量，对中国国际广播电台的创办水平提出了更高的要求。而中国国际广播电台由于对外宣传作用下降，人员与经费不足加之缺乏独立的新闻编辑队伍，其节目稿源严重依赖中央社和《中央日报》。这些新闻稿件质量参差不齐，尤其缺乏信息的独家性和可靠性，从而招致了海外热心听众的批评。一位曾供职于中国国际广播电台，后在巴达维亚担任中央新闻社记者的谢先生（S.T.Hsieh），在来信中毫不客气地批评中国国际广播电台的新闻节目缺乏对听众的吸引力。他写道：“坦白地说，我认为国际广播电台新闻内容‘太单薄’了，我希望你能增添更多‘实质性内容’。”[1]“单薄”的实质是新闻节目缺乏可信性，稿件从内容到观点对听众而言缺乏吸引力。针对批评，中国国际广播电台在回信中也承认，“新闻不够充实”“但是碍于现

1 重庆市档案馆．国际广播电台听众来信［A］．档号：0004000100090000001：82.

有条件的制约也是无可奈何”“我们非常认可你关于英语新闻缺乏‘实质性内容’这一说法，但是英语新闻是由中央社提供，同时这是我们在重庆所能做到的”[1]。事实上，抗战胜利后，随着中央广播事业管理处和中央广播电台迁回南京，国际广播电台虽驻留重庆，但设备与人员均难以为继。为此，该台关停部分小语种节目，只留国语、粤语、英语、俄语和越语播音，从而导致海外听众的流失。这期间，中国国际广播电台的听众来信几乎都来自华人华侨，欧美听众来信几乎难觅踪影，来信内容也仅是提出“希望国际广播电台能增加一些时事评论等节目”[2]。由此可见，抗战胜利后国际听众更加注重节目质量，尤其是新闻节目是整个国际广播的支柱，但显然战后中国国际广播电台的新闻节目质量并未因战争结束而明显提高，难以满足国际听众的需求。

抗战结束后，娱乐节目重新成为中国国际广播电台播广播节目的重点。在传播策略上，抗战胜利后国际广播电台根据海外听众的收听喜好，适时加强了音乐节目的播出。资料显示，1947 年，每日播音时间为 6 时 35 分钟，其中新闻节目占 43%、演讲节目占 4%、音乐剧则占 53%。[3] 从中显示出中国国际广播电台对于音乐节目播出的重视。当时中国国际广播电台播出的音乐节目也颇受海外听众欢迎，其中一个名为“交响乐时间”（Symphony Hour）的栏目最受听众喜爱。在现存听众来信中，来自英国、瑞典、新加坡等国的听众，以及旅居天津、广东等地的国际友人均表示喜爱收听这档节目。一位来自新加坡的听众陈先生在来信中写道：“我非常喜欢听‘交响乐时间’，因为这是唯一一个每天都能听到交响乐节目。”而对于“交响乐时间”栏目的热播，中国国际广播电台似乎也颇为得意，称“它确实已经在世界上流行起来，而且最令人高兴的是有那么多人喜欢它”。[4] 由于“交响乐时间”栏目的热播，由此衍生的歌曲点播也成了听众与中国国际广播电台互动交流的另一种形式。在现存的听众来信中，很多都是听众的点歌要求，而中国国际广播电台一般都会尽量满足听众的要求。例如，在听众来信中有一位旅居天津的听众安德鲁·莫罗佐夫，他在 1948 年 3

1 重庆市档案馆. 国际广播电台听众来信［A］. 档号：0004000100090000000l：83.

2 重庆市档案馆. 关于请对 XGOY 节目增加情事评论致国际广播事业处的函［A］. 档号：00040001000330000032.

3 行政院新闻局. 广播事业［M］. 行政院新闻局，1947：233.

4 重庆市档案馆. 国际广播电台听众来信［A］. 档号：00040001000900000001：71-72.

月 16 日来信，希望能在 21 日的“交响乐时间”节目中，听到弗朗茨 · 李斯特的《匈牙利狂想曲》，同时他还为母亲的生日点歌。他写道：“我还有另外一个请求，3 月 28 日星期日是我母亲的生日，能请您为她点播一首肖邦的升 c 小调《幻想即兴曲》，这将是她收到的最大的惊喜。”[1] 中国国际广播电台在 3 月 23 日的回信满足了这位听众的要求，回信写道：“你 21 号的电台请求已经播放完毕。如果我们资料室里有肖邦的唱片，我们将会尽全力的为您母亲在生日当天播放。”[2] 而在另一位来自英国的听众贝内特的来信中，他也希望电台能在“交响乐时间”节目中为他点播一首平 · 克劳斯贝演唱的 *Silver Threads Among The Gold*，[3] 从回信中得知，中国国际广播电台同样满足了听众的请求。由此可见，抗战胜利后点歌及音乐节目成为中国国际广播电台最重要的娱乐节目形式，通过互动点播的音乐极大地满足了听众的悦乐需要和情感需求，这成为中国国际广播电台与观众互动沟通最为经常的交流方式。

除音乐节目外，听众与播音员的通信交往，也成为中国国际广播电台与海外听众交流的主要内容。众所周知，播音员是广播电台的灵魂。一位优秀的播音员的播音效果往往成为电台的“代言人”或“名片”，是收听率最重要的保障。正如民国播音专家陈沅所指出：“播音人员，既然是电台的灵魂，而灵魂的运用，就在运用灵魂者的善于安排了。以前曾说过，播音人员，犹之乎人体的神经系，而神经系是代表电台的声誉的。”[4] 抗战胜利后，随着国民党政府“还都”南京，中国国际广播电台虽仅剩国语、粤语、英语和越语 4 种语种播音，但播音员流失严重，引发播音质量下降，引起了听众的不满与批评。1948 年 1 月 4 日，马来西亚听众汤米 · 李在收听了中国国际广播电台的节目后，对播音员的发音表达了极度不满。他批评道：“对于听众来说，某些词被他朗读得非常可笑，不仅发音令人绝望，并且还带有非常明显的口音。”针对播音员的糟糕表现，汤米 · 李在信中提出两点改正建议：第一，播音员应由新闻部门管理；第二，应增设对外听众需求栏目。他写道：“我建议那些学习语音的人应该由新闻部门掌管，而且国

1 重庆市档案馆 . 国际广播电台听众来信［A］. 档号：00040001000900000001：14.

2 重庆市档案馆 . 国际广播电台听众来信［A］. 档号：00040001000900000001：15.

3 重庆市档案馆 . 国际广播电台听众对节目的反映［A］. 档号：00040001000920000001：267.

4 佚名 . 陈沅漫谈广播［J］. 影音，1947（1-2）：10-11.

际广播电台英语节目应该是以满足听众需求为目的的。”也有听众来信反映中国国际广播电台播音员播音语速太快，导致信息收听时有遗漏。一位听众在来信中写道：“贵台晚间之纪录新闻，报告速度太快，致时有遗漏……为此特请转知张宝珍先生（此人应为播音员）等在能力范围内尽量减低速度，最好以南京电台之速度为标准，这可符合纪录新闻节目设立之原意。”[1] 这些建议对播音员了解观众收听习惯，提高播音水平无疑具有价值。

作为以“说话”为职业的有声语言传播主体，善于表达是播音主持人应该有的“专业技能”，有些中国国际广播电台的播音员并不都像汤米·李所说的那样“令人绝望”。有两位播音员的广播也得到了许多海外听众的认可与赞赏，他们是来自加拿大广播公司（CBS）西岸区节目主任、著名记者邓乐夫夫妇。作为专家，他们受到国民党政府邀请来华指导中国国际广播电台的播音工作。一位菲律宾的听众来信称，“邓乐夫和她的夫人是非常优秀的新闻播音员，他们不仅语言表达清晰，而且容易理解”。[2] 他们纯正的美式口音，受到许多听众的喜爱。除邓乐夫外，还有其他播音员也得到了听众的赞赏。一位驻清迈领事馆负责人来函盛赞中国国际广播电台某播音员的声音是其他国语播音台所不能企及的，“贵台国语播音员某女士，声音极为清脆，且语调轻重配合适宜，尤觉入耳堪称标准，国语播音口非其他各台所能及”。[3] 由于广播突出语音的传播特质，听众往往容易与播音员建立友谊关系，随着战争的结束，中国国际广播电台的节目向娱乐方向回归，听众的要求也更加追求娱乐效果和信息的多元准确，尽管中国国际广播电台尽力地满足听众的需求，但听众来信中针对节目质量和播音水平提出的诟病，也从侧面反映出中国国际广播电台后期节目制作质量的下降。

（三）加强与海外媒体互动合作，不断提高传输技术水平，扩大传播空间

在现存中国国际广播电台通信档案中，有相当数量的信件为该台与世界各国广播电台或新闻机构来往的公函，抗日战争时期，国际广播电台使用短波广播传播，因此其广播节目要想落地，就必须与各国当地电台建立合作，利用当地广播

1 重庆市档案馆 . 关于请以南京电台口语速度为标准致重庆口技广播电台的函［A］. 档号：0004000100085000030：1.

2 重庆市档案馆 . 国际广播电台听众来信［A］. 档号：00040001000900000001：118.

3 重庆市档案馆 . 关于告知国语广播播音员播音情况致重庆中国国际广播电台的函［A］档号：00040001000850000028.

传输信号网络来提高信号的稳定性。抗战时期，国际广播电台与国际各大广播机构建立了广泛合作，现存部分通信反映了双方机构合作与交往的情况。例如，抗战胜利后，中国国际广播电台与 *Radio News* 杂志合作。*Radio News* 创刊于 1919 年，是美国一份以介绍无线电广播及电子技术发展的专业性杂志。该杂志负责人肯尼斯·伯德曾主动致信中国国际广播电台，希望其提供相应资料和技术信息给 *Radio News* 刊登。这些信息内容包括电台信息、广播频率甚至是节目时刻表，以便向 *Radio News* 的读者和其他国家电台俱乐部作详细介绍。信中说，“作为回报，我不仅会向 *Radio News* 的读者介绍，同时我会直接向美国、英国和其他国家的电台俱乐部介绍国际广播电台”[1]。现存资料显示，1946 年 9 月，*Radio News* 的“国际短波”（International short-wave）栏目中刊登了冯简的回信及中国国际广播电台的来信。一名瑞典听众在 1948 年 8 月 23 日的来信中称，他从 *Radio News* 杂志上看到了关于南京的广播电台和中国国际广播电台的信息。[2] 关于这次活动的初衷，肯尼斯·伯德写道：“我希望可以收到关于战时国际广播电台所经历的考验，以及在如此艰难的环境下你们是如何坚守的信息，这些信息将使 *Radio News* 获得更多的关注。”[3] 很显然，信件显示双方完成了一次愉快的合作，*Radio News* 刊登了对中国国际广播电台的介绍，并得到了读者的反馈，从而引发了读者对中国国际广播电台给予更多的关注。

在现存来往信件中，还有一部分信件是用于检测中国国际广播电台海外收听情况的内容。由于距离遥远，中国国际广播电台迫切希望海外听众能在来信中告知收听的各种实况效果，包括收听的时间、频率、波长、主要内容、收听设备、天气情况及收听是否受到干扰等。这便于中国国际广播电台不断调整播音技术力量，提升信号传播质量。中国国际广播电台在创建初期总电力为 35 kW，抗战胜利后，总电力为 45 kW，由于波长和频率的影响，中国国际广播电台的信号传输质量也参差不齐。1941 年的资料显示，中国国际广播电台的信号传输以南洋为最佳，欧洲次之，北美则较差。有关听众的收听报告对于中国国际广播电台的重要性，中国国际广播电台台长冯简曾在给听众的回信中说道，收听报告“有助于

1 重庆市档案馆 . 国际广播电台听众来电、来信［A］. 档号：00040001000820000001：133.
2 重庆市档案馆 . 国际广播电台听众来电、来信［A］. 档号：00040001000820000001：28-29.
3 重庆市档案馆 . 国际广播电台听众来电、来信［A］. 档号：00040001000820000001：135.

检查我们电台日志，对于我们具有很高的参考价值”。[1] 在现存听众来信中，就有多个因听众来信反馈收听效果不佳，从而使中国国际广播电台调整收听信号的案例。例如，1947 年，众多美国东部地区听众来信反映中国国际广播电台信号接收效果不佳，掺杂杂音，收听效果模糊。这些意见引起了中国国际广播电台的重视。最初电台将信号不佳归结于当地广播电台信号干扰和天气原因，但后来随着信号的持续恶化遂引起了冯简的关注，经其观察和研究发现，问题出现的原因很有可能是极光活动影响了电波信号的传输。当时，重庆至美国东部电波以及古巴等北美地区的电报传播路线都要经过北极，此地北极光活动频繁，因此影响了中国国际广播电台信号在北美地区的传输效果。这些信息的准确掌握都得益于散布在世界各地的海外听众能够反馈信息。

三、结语

中国报人赵君豪在描述抗战时期国人收听广播的盛况时这样写道：

中日战端既开，各地民众关怀大局，莫不亟亟于聆听战事之消息，重以交通阻梗，报纸寄递极形濡滞，于是无线电遂为唯一传播战讯之利器……听众亦视收音机为挚友，集聚其旁，未肯他适。至于内地民众，则多趋往相识之商店，屏息勿声，静聆胜负之局，其一种悲喜交集之神情，冷眼旁观者，往往为之坠泪。[2]

这种收听场景于海外听众而言也如出一辙。在现存来信中，海外华侨曾这样描述收听国际广播电台的场景：

关于此间收听方面，就本台宿务一埠而言；凡属华人中等商店，莫不各置收音机一座，尤其是近来益为普遍。每天九时开店后（菲律宾各处市街均一律于夜间九时关闭），全体店员，皆环列收音机之下，以听取祖国战时消息。一闻前方忠勇将士得到胜利，辄拍手欢呼；一闻倭寇肆虐，则咬牙切齿。伟哉！广播宣传……菲律宾垠里拉埠，虽有华报五所，最快亦须两天，始可披阅，总部及当前可直接向收音机听取。此外华人小商店，虽无听取机会，而学校方面之学生会，则于每晚收译记录新闻，用简便印刷机印刷，于翌早分送侨界。所以对于祖国战讯无不家喻户晓，盖其宣传已普遍化矣。[3]

1　重庆市档案馆．国际广播电台 1942 年美国听众报告［A］．档号：00040001000830000001：4.

2　赵君豪．中国近代之报业［M］．上海：上海书店，1990：139.

3　佚名．听众来函［N］．广播周报，1939（173）.

由于广播传播范围广、速度快、注重声音特质的传播特性，抗战时期中国国际广播电台的播音节目才得以穿越时空的阻隔和极端的战争环境，成为海外听众了解中国抗战信息最为快捷和有效的手段。广播传播的共时性，亦使得中外听众得以在同一时空场域接受信息，形成一种“天涯共此时”的独特氛围，进一步培养了海外听众对中国国际广播电台的忠实度与依赖度。除了新闻资讯外，中国国际广播电台亦给听众带来声音的独特美感，提供了娱乐享受。一位来自美国华盛顿的听众在来信中称非常高兴能在大西洋西岸收听到来自太平洋西岸的广播。“对于能收到来自遥远地方的广播是一件令人兴奋的事情，我不禁想到我们生活在一个非常奇妙的世界中，一首歌通过一根电线，在空气中，在如此遥远的距离传输过来。”[1]麦克卢汉提出“媒介即人的延伸”，广播作为一种声音媒介，其极强的声音感染力为其优势所在。这种媒介优势同时也是塑造国家形象最有效和最快捷的手段。抗战时期，中国国际广播电台与世界听众建立了广泛且经常性的沟通与来往，通过书信往来，电台与听众之间平等相待的情感联系，这有利于电台形象的塑造与品牌推广。事实上，正是凭借抗战时期的优异表现，中国国际广播电台得以在抗战胜利后跻身世界级广播电台的行列。1947 年 10 月 2 日在美国大西洋城召开的国际无线电会议上，中国无线电台呼号由以前的“X”改为“B”，将中国广播与英、美、苏三国一同并列为世界四强之一。[2]

从中国国际广播电台与世界听众互动交流的研究中，笔者发现关注节目质量，重视情感的交流，努力提高电台的传播技术，是中国国际广播电台得以长期发展的原因之一。而这一切都是基于“送上门的老师”——对听众的尊重，视听众为上帝，不断听取和满足听众日益丰富和多元的收听需求。遗憾的是，作为国民党政府官方宣传机构，中国国际广播电台后期热衷于为国民党政府发动内战鼓动和发声，与其创办之初的办台方针与听众路线渐行渐远，最终完全沦为国民党党化宣传的工具。

综上，抗战时期中国国际广播电台成为中国对外传播一个重要的窗口。它向世界传播中国抗战信息，通过节目和电波与世界各国听众建立了广泛的沟通与联

1　重庆市档案馆 . 国际广播电台听众来电、来信［A］. 档号：00040001000820000001：8.

2　温世光 . 中国广播电视发展史［M］. 台湾：三民书局，1983：99-100.

系。借助国际听众来信，中国国际广播电台以“听众的需求为导向”，不断丰富和提升广播节目质量，改善播音技术，提升电台信号传输范围，注重加强与海外媒体合作，极大地提升中国抗战宣传的传播效果，成为抗战时期中国国际传播的重要手段之一。

（原文发表于《西南民族大学学报》（人文社科科学版）2017 年 11 期）

中央通讯社与抗战时期中国新闻事业格局的嬗变

通讯社是近代新闻传播机构的类型之一。自其产生之初，它的主要功能就是为报刊、杂志和广播等大众传播机构提供各类新闻资讯。通常认为是法国人哈瓦斯创办了世界近代第一家通讯社。1825 年，哈瓦斯将英、法、德等国新闻素材进行整理，供给巴黎报纸，并由此逐渐发展成“哈瓦斯”通讯社。此后，通讯社因其强大的国际传播能力为世界强国所看重，形成了英国路透社、美国“美联社”等诸强。通讯社出现于 19 世纪初的欧洲。和商业报刊一样，都是工业革命的产物，同时也是一对双胞胎。两者相辅相成，相互为因。联合国教科文组织的著名报告说：“通讯社的创办既有助于办起大宗发行的日报，同时也是继办起这种日报后出现的。”[1]

中国最早的通讯社是 1872 年路透社在上海设立的路透社远东分社。中国人自办的通讯社则是 1904 年骆挺之在广州创办的中兴通讯社。[2]据戈公振《中国报学史》统计，截至 1916 年，全国共有 150 多家通讯社，其中“北京最多，武汉次之”[3]。另据《报学季刊》统计，1934 年上海有通讯社 30 家，北平有 47 家，其中绝大多数为国人自办。中国自通讯社创办之初虽然占据绝对的数量优势，但“实际设备甚简”，加之国内政治斗争复杂，以致这些通讯社大多为“一党一派而宣传”，不仅“不为国内报刊所信任，对外更无论矣”[4]。

通讯社从创办之初即具有鲜明的国际传播特征，是世界强国争夺舆论霸权的利器。第一次世界大战期间，德皇威廉一世曾感慨，“德国的失败，不是失败于军事方面，而是德国没有一个路透社”。[5]在国际传播斗争中，通讯社无论是传播力还是影响力都远在报纸之上。通讯社的“力量比报纸大”，“报纸可以给若

1　肖恩·麦克布赖德. 多种声音一个世界［M］. 中国对外翻译出版公司第二编译室，译. 北京：中国对外编译出版社，1981：12.

2　蔡铭泽. 新闻传播学［M］. 4 版. 广州：暨南大学出版社：2014：137.

3　戈公振. 中国报学史［M］. 上海：生活·读书·新知三联书店，1955：253.

4　戈公振. 中国报学史［M］. 上海：生活·读书·新知三联书店，1955：253.

5　安清. 建立健全国营通讯社［J］. 上海记者，1942，1（1）：5-6.

干万人看，而它的消息却可以给若干百万人看；在空间上，报纸可以流行于一定的地域，而它的消息却可以超越一定的地域，而流畅于广泛无限的世界”。[1] 戈公振更是明确提出，“自今日之国际眼光馆之，报纸之销量常委文字及地域所限，若通讯社纸消息，则常能间接遍及各国，通讯社势力骎乎驾于报馆而上之”。因此，“各国政府”无不投入“巨帑”，“从事于此，为外交上之利器也”。[2]

传播格局的失衡引起中国新闻界有识之士的高度警觉。1909 年，上海《民吁日报》即呼吁“今日创设通讯部之不可缓”。[3] 次年，中国报界又痛陈，“吾国报纸，欧美情势及外交消息皆取材外电。彼多以己国之利害计，含有宣传蛊惑作用，故常有颠倒是非、变乱真伪之举。抄载稍一不慎，鲜不堕其术中”。[4] 1910 年，全国报业俱进会，成立之初即倡议设立通讯社，希望从边疆及海外入手以次推及内地。[5] 1920 年，全国报界联合会又颁布决议，选派富有经验的海外留学生赴欧美重要都会“探访调查，缓用邮稿，急以电达”，但因经济拮据多流于空谈而未及实行，形成了对外国新闻通讯社稿件高度依赖的局面。

在国际上，通讯社的经营虽仍标榜“真实”“迅速”“客观”等新闻原则，但在近代世界错综复杂的国际斗争中，各国通讯社皆受各国政府巨额之资助……所谓共同“遵守之信条，早已破坏无余”[6]。这些在华通讯机构，其新闻生产大多从本国殖民利益出发阐发事件看法，对中国反帝爱国运动和国民革命运动极尽诋毁和中伤，引起国内爱国民众和新闻界的强烈不满。戈公振指出，英国的路透社和日本的东方通讯社对华新闻输出规模最大。前者成为“供给我国报纸新闻”之“翘楚”，后者则成为“日本政府之机关”。更有爱国人士对西方在华通讯社进行了更为细致的分析。例如，路透社确以英帝国利益为转移。它在中国之所以发展迅速，盖因“我国无大规模通讯社之组织”，“在我国之积极活动，含有多量之政治背景”，“此国人不可忽视着也”。但从更为深远的视角来看，自民国初年，中国已成为路透社、合众社、电通社“已造成分割和操纵我国新闻市场之

1　侯轩明 . 怎样办通讯社［J］. 党务周报，1928（10）：3.

2，5　戈公振 . 中国报学史［M］. 上海：生活 · 读书 · 新知三联书店，1955：254.

3　王润泽 . 中国新闻媒介史［M］. 北京：北京大学出版社，2011：238.

4　戈公振 . 中国报学史［M］. 上海：生活 · 读书 · 新知三联书店，1955：255.

6　王绍成 . 国际通讯社与中国（上）：国际通讯社给予我国之威胁及补救方策［J］. 国闻周报，1932，9（14）：1-6.

局面”，其活动不仅破坏中国的自主之“新闻政策”，且“妨碍我国新闻通讯社之发展”。[1]

抗战前，中国“内地新闻”与“国际消息”几乎沦为英、美、日等国通讯社的“独占事业”。虽然中国名义上为英国路透社的势力范围，但实际已形成日、美、法、德等国通讯社协作共管的局面。外国通讯社借助其在华特权，抢占信息市场，到抗战前几乎完全主导了中国信息的对外发布和传播。它们依仗雄厚的资金形成了对中国新闻信息市场的绝对垄断。在报道中，外国通讯社对于中国这样的所谓“边缘国家”的报道多集中在负面信息，诸如“内乱”“灾荒”和“诡异事件”。从而形成了国际新闻报道格局“东方”与“西方”，“南方”与“北方”的不平衡现象。而争取中国信息自主权，建立新的国际传播秩序，则成为近代中国争取新闻救国，谋求报业独立的中心议题。

近代中国自路透社在华活动开始后，外国通讯社迅速成为中国新闻信息市场的主要供应者。正如一位报人所言，“我们每天看报的时候，总常常看到国内或国际新闻的前面，有‘路透社 ×× 日电，哈瓦斯 ×× 日巴黎电’的字样”。而每遇到重大突发事件发生，时常因外国通讯社的报道，造成“不利于我国之世界舆论”。例如，日本为侵占中国东北蓄意制造的中村事件和“九一八”事变，即利用其国际通讯社的势力向世界诬告中国炸毁南满铁路，混淆国际视听，使我国在外交中陷于极为不利的境地。民国记者龚弘不无感慨地指出，“中国自己经营的新闻通讯事业除小规模的私人经营，良莠不齐。大规模的全操于外人之手，这是一种多危险的事。好比吾人的耳目被外人掩塞操纵，一旦有事被外人摆布，其危险可知。所以决定用国家力量来发展吾国通讯事业”。[2]

抗战前，中国新闻界呼吁，“国难当前之今日，为我国宣传计，为实现自主之新闻政策计，均应创办大规模之国际与国内通讯社，此乃刻不容缓。”更有读者直陈，“一个国家有一个代表通讯社，差不多已经成为普遍的事实了”。有鉴于国际宣传斗争的需要，摆脱中国对外国通讯社信息的依赖，中国人热衷自办一批通讯社。中国近代国人自办通讯社大体可分为官办和私营两类。前者以中央通

1 王绍成 . 国际通讯社与中国（下）：国际通讯社给予中国之威胁及补救方策［J］. 国闻周报，1932，9（15）：1-7.
2 龚弘 . 中央通讯社巡礼［J］. 中外月刊，1936，10（4）：108-110.

讯社为代表，后者则以民国初年上海的国闻通讯社、申时电讯社等为代表，但终因力量有限未成规模，所办通讯社经营捉襟见肘，大多沦为西方通讯社的代办机构。寻求信息流动与内容的公正和平等，用举国之力兴办国家通讯社，打破外国通讯社对中国新闻市场的垄断，已成中国新闻界争取新闻传播民族自决权重要路径之一。

1924 年 4 月 1 日中央通讯社成立，全称为“中国国民党中央执行委员会宣传部通讯社”（以下简称“中央社”），该社初创时期以传播国民党“党务资讯”为主要功能。1932 年，萧同兹出任社长，对中央社开始了大规模改革，通过引进人才，更新设备，改革新闻报道内容与方式，使该社具备了国家通讯社的气象。作为民国时期中国唯一的国家级通讯社和少数具有国际影响力的中国新闻机构，国内新闻史研究对中央社却鲜有关注。已有的研究评价多习惯于认为，中央社是“国民党反共反人民的重要组成部分”，它“蒙蔽群众，颠倒是非，中伤人民，极尽造谣之能事”[1]，“维护了国民党反动派的利益”，加强了其对“全国报刊的控制”，多从政治视角对其进行评价。[2]

但如深入史料，放宽视野，从近代新闻产业发展的专业角度考量，我们不难发现，中央社对于近代中国新闻传播业态的嬗变产生的影响是复杂和多面的，唯有依靠史料深入具体的历史情境，对其进行重建，才能抽丝剥茧，真实和准确地还原其面象，对其中国近代新闻传播史的地位予以客观的评价与审视。中央社是近代中国规模最大的国家级通讯社，它的兴办及经营，对于民国新闻业的传播格局产生了深远的影响。随着中央社实力的壮大，民国时期中国新闻界打破了自近代以来重大新闻需依赖外国通讯社的失衡状态。中央社所确立的“专业化”“社会化”服务理念，促进了国内新闻传播业发展的平衡，刺激了中国地方报业的勃兴。本文通过挖掘史料，对中央社在中国报业演变中所发挥的复杂作用，进行了重新的定位与评估。

1 左东枢 . 回忆国民党中央通讯社［C］// 四川省委文史资料研究委员会 . 四川文史资料选辑：第 23 辑 . 1981：112.

2 陈旧浓 . 中国对外传播史略［M］. 北京：外文出版社，2010：69.

一、中央社——国民党政治传播的“喉舌”

1924年国民党一大召开，宣布在广州设立中央社，其以“发布党内新闻”，帮助国民政府宣传为主要任务。1927年，中央社从广州迁入南京，国民党中宣部主管新闻宣传的萧同兹参与工作，中央社步入快速发展时期。在国民党蒋介石政权与地方军阀混战中，中央社一跃成为国民政府宣传体系和舆论控制的重要一环，不仅成就了南京国民政府在信息传播和发布的优势地位，更为蒋介石所倚重和重视。

1929年，南京国民党政权与阎锡山和冯玉祥展开混战，一时间“举国骚然，谣言四起”。而有线电报信息传输又甚为“迂缓”，于是中央社借助国民党短波电台，播发消息，每天下午2点和8点两个时段，由全国各地机关和报馆接收。自此，中央旨意和讨逆军情得以一日之内，播发全国，其功效绝非电报所能及也。除国内外，中央社还乘势供给海外报纸以电讯，其经费均由国民政府资助。在军阀混战期间，该社“一遇重要消息，即优先拍发”，数日一电或一日数电，字数不等，月花费电讯费高达2 000余元，将国民政府的内外政策和军事胜利迅速传播至海外和南洋，稳定了外国势力和南洋华侨对国民党政权的信心。

九一八事变后，中国抗日救亡运动风起云涌，1932年全国各地成立锄奸团，惩办汉奸、卖国贼和奸商，一时间“南京、徐州、杭州、天津各处热血之士，相继执弹而从，将尤以扫除全国奸商”，得到了全国新闻界的热烈报道。事件中唯中央社“反乎尔者”，对锄奸团的行动报道十分消极。该社甚至刊登启事，要求“各报切勿刊登是稿”，新闻“即发之而复收之”。当时各报报道称：“中央社既为官厅宣传机构，秉承政府旨意而如是也”[1]，从中揣测国民政府对锄奸团的政治态度选择进退。

1935年，日联社发布新闻稿称，蒋介石与中国共产党达成谅解，国民党将“容共联俄籍以制日”，中央社迅速作出反应，发电辟谣称，“自民十六清党以来，始终采取积极肃清政策”，不仅军事上有“积极剿共之事实”所谓“容共政策实为离奇而堪惊异”[2]。

1 凤凰．中央社不同情锄团奸［J］．礼拜六，1932（465）：4.

2 佚名．中央社闻客共谣［J］．华年，1935，4（39）：779.

为了加强信息传播的准确性，这一时期中央社随着国民党军事行动的拓展在其组织内发展了众多通讯员，同时在津浦线、平汉线、陇海线等交通沿线派驻了随军记者。他们采写的新闻“敏捷确实”且题材丰富，每日发稿两次，有线电报亦未停止。该社日均稿件销售400余份，通讯费用增至3万元每月。[1]1930年，中央社从国民党党部迁出，标志其进入了发展的快车道。1932年，国民政府进一步计划扩充中央社规模，除在国内增设机构外，还计划在北美、中美、南美及澳大利亚等重要城市拟派通讯员。[2]

在中央社组织章程中，该社明确了其职能属性、机构设置、人员和资金配置等情况。该社隶属于中央执行委员宣传部，并与交通部订立合同，借助专用无线电台，传递和广播无线电讯。中央社社长由国民党任命，其各部门主任则由社长任命。其经费来源为稿费，不足的差额则由国民党予以津贴资助。全盛时期，中央社甚至决定了中国报社的作息时间。有报人曾抱怨为等待中央社的电稿，全国各大报馆大多要工作到凌晨四、五点钟才收场，若是遇到重要新闻发布，甚至要到五、六点钟，各报馆才能排完版面，打印清样，此时东方早已大白。长期的夜班工作，使得不少报人的健康恶化，“长夜煎熬，终年如是，摧残健康”。

抗战时期，为了维护国共两党团结抗战的局面，中国共产党积极配合和利用中央社这一媒体平台向全国民众展示其抗战主张和坚定意志。1937年，八路军领导人朱德和彭德怀接受了中央社记者王少桐的专访，针对中国共产党的抗战军政主张和国共两党统一战线问题作了系统的回应，该文随后以《今日之朱彭》发表在《中央日报》上，对平型关大捷给予积极报道，并被中国共产党的《解放》周刊转载。中国共产党对此回应称，“对于八路军长短作公正之介绍……我们愿意将八路军的一切优点介绍给全国友军”，并由此希望“全国先进记者乃本客观之态度，积极将八路军之情形介绍给全国友军，这对于争取抗战胜利，确定是给以莫大的援助”。1939年9月16日，毛泽东又接受了中央社《扫荡报》和《新民报》的联合专访，就“抗战相持阶段是否到来？如何实现抗战时期民主政治？抗战统一战线如何维护？”等问题进行了详细的回答。在随后的延安采访中，中

1　佚名．附录：中央通讯社工作概况［J］．中央党务月刊，1929（12）：429-430.

2　佚名．（二）充实中央通讯社［J］．中央党务公报，1932（11）：215-236.

央社记者观察到，八路军到处都能得到群众的同情和帮助，记者在八路军的驻地采访期间无论问到哪位居民都能得到对中国共产党的正面评价。

解放战争时期，为维护国民党的一党专政统治，中央社亦不惜制造谣言打压异己。例如，1947 年 10 月，中央社发电称，“中共将民盟失业人员尽量收容，运往侵占区工作”，并言之凿凿地注明此消息“乃确定不移”。此报道一出，梁漱溟和民盟迅速发表声明，称此为“不择手段之陷害”，民盟质问中央社虽贵为国民党的通讯机关，竟然公然散布这样拙劣的谣言，终将追究其法律责任。1947 年 10 月，中央社受国民政府之命颁布民盟“参加叛乱”的资料，全国各大报纸相继转载，民盟为此驳斥称，“考其内容，全属虚造”，并由民盟南方总部刊印《斥中央社所谓“民盟参加叛乱真象”》一书，针对中央社的政治诬陷给予澄清。解放战争期间，中央社亦多次指责我党挑起内战，1947 年，中央社发布一年军调处工作总结，企图将国共的摩擦和争端归咎于我党的挑衅，新华社借助在香港的《群众》杂志撰文给予逐条批驳。在《评中央社“一年来军调处工作总结”》一文中，新华社用大量事实证明 1946 年国民党军队对解放区的围剿和封锁，驳斥中央社的谎言。

由于中央社后期对国民党政治的粉饰，对其政敌造谣和攻击，使得该社的职业精神和新闻道德备受民国新闻界的诟病和批评。有报人指出，中央社是国民党专制统治的附属物，该党自身的腐化于民众而言有目共睹，而中央社却仍竭力为之粉饰自然，为民众所厌弃。更有青年直陈“中央社于今年来之倒行逆施”，对国统区此起彼伏的学潮的“歪曲之报道，恶意之宣传，非但社会人士对之完全失去信任，学府中同学对之尤为齿冷”。在爱国学生中，中央社被视为“造谣机关”，见中央社新闻多弃之不顾，而新闻毕业生中稍有理想者“均以服务中央社为耻”。

二、中央社设置之初打破了近代中外新闻传播格局的失衡状态

近代中国积贫积弱，形成了中外新闻传播严重失衡的状态。这种失衡不仅意味着新闻传播力量、传播流向等方面，中国与列强存在着巨大差异，更意味着在国际传播斗争中，中国难以掌握话语权。1872 年，路透社在上海开设分社，此后，法国哈瓦斯社、日本日联社等先后在华开展业务，借助列强势力，攫取新闻市场。

但中国媒体却因普遍采访能力不足，重大新闻报道普遍依赖外国通讯社供稿，至此形成了外国媒体垄断中国新闻信息市场的局面。例如，路透社来华后即“独霸我国新闻市场计有60余年之久”，“对内操纵我国的舆论与命脉，对外无形中成为中国的代言人”。[1]外国通讯社利用身份优势，获取情报，散播谣言，混淆视听，干涉中国内政，严重侵害中国的国家权益。

传播格局的失衡引起中国新闻界有识之士的高度警觉。中国报界曾痛陈，“吾国报纸，欧美情势及外交消息，皆取材外电。彼多以己国之利害计，含有宣传蛊惑作用，故常有颠倒是非变乱真伪之举。抄载稍一不慎，鲜不堕其术中”。[2]为与外国通讯社抗衡，国人曾自办一批通讯社，如民国初年上海的国闻通讯社、申时电讯社等，但终因力量有限未成规模。事实证明，用举国之力兴办国家通讯社，打破外国通讯社对中国新闻市场的垄断，已成为摆在中国新闻界面前刻不容缓的课题。

1931年，中央社着手与路透社、美联社、哈瓦斯社和塔斯社展开谈判，签订交换新闻合约。但因人员不足和设备简陋，这些协议徒具“象征”意义，中央社“发出的电讯很少为上海各报所采用”。为扩充实力，中央社确立5项发展目标：1. 在全国布置新闻采访网络，广泛采集国内各地的新闻，供应全国各地报纸；2. 在世界重要国家和地区派遣常驻记者；3. 与其他国家通讯社订立新闻供应合约；4. 必须用电报传递和传播新闻；5. 承担国家对外宣传的任务，目标是使其“成为一个规模宏大的国家通讯社”。借助国民政府的大力支持，1931—1937年，中央社在上海、天津、西安、南昌、重庆、成都、贵阳、广州等地建立了35家分社及办事处。同时，该社在东京、日内瓦、新德里等地建立了海外办事机构。中央社还收购了路透社在南京和上海的电台、设备和人员，在此基础上组建为中央社收报机总台。20世纪30年代中后期，全国电报通信网络的建立使中央社的实力大增。该社陆续与国外通讯社签署了一系列交换新闻的协议，[3]详见表1。

1　曾虚白. 中国新闻史：下册［M］. 台北：三民书局，1984：571.

2　戈公振. 中国报学史［M］. 上海：生活·读书·新知三联书店，1955：255.

3　中央通讯社六十周年社庆筹备委员会. 中央社六十年［M］. 台北：“中央通讯社”，1984：15.

表 1　中央社与国外通讯社签署交换新闻协议

通讯社	时间	主要内容
路透社	1933 年 12 月	中央社与路透社订立交换新闻合约
路透社	1934 年 1 月	中央社收回在上海以外各地的中文发稿权
哈瓦斯社	1933 年 12 月	中央社与哈瓦斯订立交换新闻合约
合众社	1937 年 1 月	中央社与美联社订立新闻合约，在南京编发合众社中文稿
海通社	1939 年 11 月	中央社接收海通社在华电台，并代编发该社新闻广播

1931—1939 年，中央社用了 8 年时间，逐步收回了外国通讯社的发稿权，依靠实力逐渐打破了外国媒体对中国新闻市场的垄断。据马星野回忆，“只有强有力的通讯社，才配同人家谈自由谈合作，不然不是自由而是支配，不是合作而是垄断”。中央社与国外通讯社能签署新闻交换合同，显示了该社新闻信息的搜集传播能力取得了显著提高。

为增强对外传播实力，中央社于 1934 年 9 月成立英文编译组，专门负责中外新闻的编译工作。“当时外国驻华记者并非精通中文”，西方媒体翻译中文新闻有不小的难度。为此，中央社独辟蹊径，引进了一批受过美国密苏里新闻教育的熏陶、笃信新闻救国理念的青年俊杰入社工作。其中，任玲逊、汤德臣、卢祺新、沈剑虹、王家松、徐兆镛、李宜培、曾恩波等来自燕京大学新闻系，曹圣芬、彭河清、赵炳良、林家琦、潘焕昆等则毕业于中央政治学校新闻系。英文编译组成立之初，稿件无人问津，他们决定从北方英文报业打开缺口。该编译组在天津一天免费为《天津时报》和《华北星报》提供英文稿件 3 次。因中央社在“政府公告”“外交声明”新闻的发布上享有特权，很快便取得了两家报社的信任。随后，“政治新闻，煽情新闻，以及外国通讯社所不能掌握的中国城市的众多新闻”，也开始由中央社供稿。试用结束后，两家报纸均对中央社的服务满意，遂以每月 40 元的价格订购中央社的业务。据徐兆镛回忆，“英文部开办之初，各地外人主办之英文报纸，囿于成见，采用甚少，因本部之努力改进，外报态度逐渐更改，至二十六年（1937 年）抗战开始之前，各地英文报纸均采用本社英文稿，即未发稿各地引文报，亦有抄收英文广播者”。[1]北方新闻市场的拓展，为中国新闻业独立发展拓展了传播空间，更为日后中国新闻界走向世界，拓展国际传播空间提供了契机。

中国近代通讯社虽然众多，但因没有稳固的经济基础，缺乏长远眼光的主持人，所以民营通讯社大多设备简陋，工作成绩亦十分贫乏，加之政治力量和各方的阻挠，不但无法谋求发展，甚至不能生存。1931 年，中央社在社长萧同兹的主持下，分设编辑、采访、电务、事务、英文各部门，其人员亦扩充至 30 多人，是此前的 4 ~ 5 倍。1932 年，中央社规划在全国设立华北、华东、华中、华南、西北 5 大通信网。其中心分别为北平、上海、汉口、香港和西安。在社务管理上，萧同兹借助蒋介石的信任，提出中央社总部迁出国民党党部，社务组织和工作自由主持的建议。在宣传政策上，中央社提出接受“中央党部的指导”，但要有“独立之精神”。1935 年，在广州、重庆、成都、南昌先后设立分社。抗战胜利后，进一步在长沙、兰州、贵阳、昆明、洛阳、福州、迪化设立分社。

20 世纪 30 年代以后，中央社开始积极参与国际重大新闻事件的报道，在国际传播中崭露头角。1933 年 11 月，中央社派新闻学术名宿戈公振以特派记者的身份出席日内瓦新闻国际会议。此后，该社又向马德里、东京、菲律宾、柏林等地派驻记者进行采访。1936 年，柏林奥运会期间，中央社记者冯有真利用德国无线电设备，“直接将比赛进程，传送回国内”，开中国新闻传播现场直播报道的先河。抗战前，为掌握日本侵华动向，中央社派国民党资深报人陈博生[2]筹办东京分设，“这是中央社第一个国外分社，也是中央社迈向国际性大通讯社的第一步”。抗战期间，中央社记者活跃于印度新德里，美国旧金山、纽约、华盛顿，英国伦敦，德国柏林，法国巴黎，苏联莫斯科，阿根廷部分城市，发回了大量的域外报道。此时，中央社记者已开始与国外新闻同行展开业务竞争，经历了残酷的战争考验，进一步确立了世界级新闻通讯社的地位。这一时期，中央社向各战区派驻大量的战地记者，他们用“普遍与深入的采访，报道战争的演变”。其中，李缄三同中国远征军翻越野人山，彭河清随军采访滇西战场，宋德和随美军报道

1　徐兆镛 . 英文编辑部之过去现在与将来［C］// 二十周年纪念刊上辑，1954.

2　陈博生，国民党资深报人。马星野评价其“懂英文，谙日文，也深稔国际关系，同时有长久的办报经验”，对“中央通讯社”的发展贡献颇大。

太平洋战场消息，用中国人的视角，向世界报道中国和世界反西斯战争的动态。在新闻信息传递速度上，中央社记者彭河清抢在美联社和路透社之前发布了中国军队收复龙陵的胜利消息，而曾恩波则第一个向世界播发了日本在“米苏里”号战舰上投降的新闻，从而赢得了国际新闻界的尊重。1945 年 9 月，中央社记者曾恩波与路透社、美联社等世界 5 大通讯社，共同参与了日本在“米苏里”号战列舰上的投降仪式报道，中央社的国际地位得以确认。[1]

值得一提的是，尽管中央社在海外通讯网络的建构上十分重视，但海外新闻的接收和发布却仍以路透社、哈瓦斯社的电稿为主。其海外新闻来源多为与上述通讯社交换稿件获得并编译，缺少原创和自行采集的新闻。故有报人抱怨，中央社虽有十余处海外分社，但国际新闻的来源却仍不丰富，仅有南洋新闻来源较好。发回的“直接采访消息，仍甚有限”，无法完全“替代交换电讯之外国通讯稿”，建议中央社的海外通讯网应进一步“扩大”，内容仍需“扩充”和加强。

三、中央社提升了地方报业获取及发布新闻的能力

中国近代社会的不平衡性导致新闻传播业发展也随之失衡。近代新闻业主要集中于北京、上海、武汉等中心城市，而广大内陆地区由于经济不发达，文化教育事业落后，新闻业发展极为薄弱。中央社的建立及服务为中国地方新闻业的崛起提供了契机，使广大内地传媒拥有与中心城市相同的新闻信息源和发稿速度，进而打破了地方新闻业的发展瓶颈。

萧同兹出任中央社社长之初，即提出以“专业化”的精神立足于为中国新闻界服务。中央社国内分社，每天上午 10 点专机抄收来自总社的甲种广播信息到午夜截止。分社另设发报机及收报机与总社保持直接通报。分社编辑来往电讯使用莫尔斯电码，接收总部发出的国际、国内新闻电码，译成中文，送交编辑室加上标题，经校对和油印分发给各地报社。经此操作各报社编辑拿到的中央社稿件都是经过整理的新闻成稿，通常无需再次进行修订和编辑，从而极大地减轻了报社编辑的工作量。

以往地方新闻业的新闻信息获取极为不便，“大多采撷各大埠的旧闻，于新消息发生数日甚至半月才登出”，这严重制约了中国地方新闻业的发展和竞争力。

1　冯志翔 . 萧同兹传［M］. 北京：传记文学出版社，1974：224-225.

这种信息落后与闭塞的局面，至中央社通信网络建立开始发生改变。例如，杭州的《东南日报》本为一地方报纸，自设立中央社的收报机后，“消息和各大报一般经营，因此大昌”，该报因经营出色，其报纸“行销全浙各县，上海各大报的销量因此大跌”。[1]而武汉和郑州的报纸竞争，因“争抢平汉路的市场”“汉口的报纸一直占据上风”“后郑州报纸接受了中央社的消息，武汉报纸只好和郑州报纸平分平汉路的销路”。[2]中央社的设立打破了中心城市在报业竞争中的优势和垄断，提升了地方报纸的实力。胡适曾说，“有了中央社，才使国内各地报纸改换了新面目，这是中央社最大的成就”。中央社的工作提高了地方报社获取新闻信息的能力，使之具备了与全国大报相同的信息搜集能力和发稿速度。胡适在安徽绩溪乡居期间，阅读当地的报纸，发现上面刊登的是前一天的国际和国内新闻，对此甚为惊喜，这种情况要归功于中央社的努力。刘豁轩也说，“中央通讯社的成立，对于全国二流以下的报，有很大帮助，差不多购一份中央通讯社的稿子或买两架无线电收报机，便可以办一个像样的报纸”[3]。

除了为地方报纸提供新闻外，中央社还设立采访部，将全国各地方的新闻稿件进行汇总、整理和编排，视其价值供全国使用，甚至转发国外媒体。此外，中央社各分社记者还会自行采访和撰写“连载性质的专访和特稿供本地使用”。即使没有设立分社的地方，报纸只须聘雇三四个报务员和两三个电务员，购置一架收报机即可每天接收一万五千字的甲乙种广播，其信息量足够两张四开地方报纸使用，办报的人力和开支成本节省一半。当时有报人认为，“中央社的消息既真实而且迅速，密码取费也不贵，于是索性将自己的通讯部裁去，专用中央社的稿件，内地报馆也因方便之故踊跃购取，中央社的经营遂蒸蒸日上，差不多整幅报纸上的电讯，不论国际国内几乎都是中央社的电稿”。[4]

中央社的存在，使全国各省甚至各县地方报纸具备了京、津、沪等大都市报纸相同的信息资源，它们无需再依赖大报的新闻即可独立生存，这是“中国新闻事业史上革命性变革”，进一步带动了地方报业的勃兴，为日后抗战时期中国新闻业坚持抗日宣传打下了基础。抗战期间，在“敌机狂轰滥炸的情况下，中央社

1，2　龚弘．中央通讯社巡礼［J］．中外月刊，1936，10（4）：108-110.
3　冯志翔．萧同兹传［M］．北京：传记文学出版社，1974：224-225.
4　冯志翔．萧同兹传［M］．北京：传记文学出版社，1974：128.

最重要的业务各种新闻广播仍能每日播发，不稍间断”。1937年9月25日，南京中央社总部遭到日本飞机的猛烈轰炸，日本通讯社甚至叫嚣，以后将再也听不到“中国人的声音”。[1]但仅过数小时，中央社的新闻广播又重新恢复播出。抗战时期，在广大沦陷区爱国报人坚持抗日宣传，他们依靠中央社新闻来保证报纸的运行，镇江《新江苏报》报人包明叔在敌人后方每天接收到中央社新闻广播，该报消息几乎完全依赖中央社的广播供稿，以油印报纸的方式在敌占区秘密发行，[2]中央社成为敌占区报人获取外界讯息的重要渠道。

抗战时期，中央社的报道和服务为保持中国新闻业实力、宣传国人不畏强敌坚持抗战的斗争精神发挥了重要作用，赢得了中外新闻界的普遍赞誉。《新华日报》陆诒曾赞扬中央社记者的报道说，“当时大部份关于战争的通讯，皆由中央社随军的同业拍发”[3]。张继鸾则在《赠战地记者》中开篇写道，“我首先要感谢中央社的同人。以武汉为中心的报界，规模都不够，战地特派记者，一般不多，而且是间断的。所以战讯的供给，主要靠中央社，其他各地更不待论”[4]。

抗战结束前，中央社曾为未来新闻服务提出了规划，试图通过社会公营，进一步提升中央社的社会服务能力。中央日报社长马星野提出，要将中央社建设成为“全中国新闻共同财产，用合作组织之方式集中人力、物力和财力，以图迅速之扩充”。他甚至雄心勃勃地宣布，“中央社国际新闻为今后努力的核心，使中央社采访及发稿之地点普及于全世界”，朝着具有国际知名度与影响力的世界通讯社努力。[5]

抗战胜利初期，随着新闻检查制度的放宽和各报对中央社性质的反思，各地报纸对中央社的新闻多缺乏足够的“信任”，这使得中央社的权威和垄断地位受到民营通讯社和各地方报业的挑战，其对知名大报的影响有所下降。据燕京大学新闻系抽样统计显示，抗战前，中国内地报业新闻主要依靠沿海大报新闻的简报为生，新闻时效性不强，内容更是贫乏得可怜，内地仅有部分国民党党报使用中

1 戴学义．中国自强抗战论略暨外交史观：壮哉国人自立抗战胜利六十周年大庆特刊纪念［M］．北京：人民文学出版社，2005：61.

2 包明叔．我在新江苏报与萧先生的交往［C］// 中国人民政治协商会议湖南省常宁县委员会文史资料研究委员会．常宁文史资料第四辑．衡阳：政协湖南省常宁县文史委员会，1988：63.

3 许晔．抗战时期的中央通讯社［J］．档案与建设，2009（3）：48-49.

4 李鸾．战地工作特辑：赠战地记者［J］．新闻记者，1938，1（4）：3.

5 马星野．新闻自由话［M］．南京：中央日报社，1948：27-29.

央社电稿。但到1935年，中央社的新闻已经能够占据内地报纸十分之四五的版面。到1936年，随着国内报纸对中央社的认可，其国内新闻所占版面大概上升至十分之七八，国际新闻大致为1/10，这样两者相加已经能够占据内地报纸十之八九的份量。1933年，国民党颁布新闻检查条例，其中，明确各报社发布新闻"以中央社消息为准"，使得各地报社对中央社的采稿量逐年上升。抗战时期，尽管民营通讯社如民革社、革新社等相继建立，但在新闻检查制度的重压下未能对中央社构成威胁。抗战时期，随着国民党政府政治重心的西迁，中央社在西南地区通信网络迅速建立，形成了抗战时期中国报业的"包办式"发布。正如张玉珩所说，抗战时期无人可以撼动中央社的新闻地位，即使"没有新闻检查制度，当时中国也没有一家报社可以建立自己的通讯网"，而"战报"的发布中央社更是享有"独占性"的特权。

由于中央社对抗战时期新闻发布的垄断性，抗战时期的中国无论是国内新闻还是国际消息，大都是千篇一律的中央社电稿。这令读者感到十分厌烦，甚至有人提出停止抗战时期各报发行，统一发行联合版，一方面可以节约"人工纸张"；另一方面，可以由中央社直接供给"纸型"，暗讽中央社的信息垄断。

据1947年3月20—22日，3天全国各个报纸版面统计显示见表2。

表2　1947年3月20—22日中央通讯社供稿在各地报纸日均所占版面统计

城市	报纸名称	中央通讯社供稿所占版面/%	其他新闻所占版面/%
北平	《世界日报》	56	44
重庆	《大公报》	57	43
上海	《新闻报》	44	56
杭州	《东南日报》	59	41
承德	《长城日报》	100	0
归绥	《奋斗日报》	100	0
沈阳	《东北前锋》	96	4

由上表可知，抗战胜利后中央社对报业中心的大报影响已非战前所能相比。各大报章的新闻采写力求多样化，有意规避因中央社供稿而给读者造成缺乏个性

的印象，这是报业竞争的必然结果。而在承德、沈阳这样的地方都市报纸，因为自身能力的薄弱，仍是中央社电讯的“翻版”，形成了中央社一统天下的局面。

抗战胜利后中央社沦为国民党内战宣传的工具，而这种“长久欺骗的结果”使得“中央社在民众心目中成为毫无信誉的说谎”，而报纸刊登中央社的电稿，无疑是以毁坏自身信誉和权威为代价的。对于中央社的新闻垄断，中国地方报业与报人给予了高度的警惕和清醒的认知。地方报业承认中央社使得地方报业在新闻的“质”与量上均有所提升，只要有收报机，各报都可以得到适时的新闻。但与此同时中央社的党派背景又使其丧失“公正立场”，将新闻道德置于国民党政府的利益之下，无法兼顾大众，中央社实为国民党政府新闻检查制度的延续，只是它对新闻的控制是更加“深刻”和隐蔽的。

四、结语

20 世纪 30—40 年代，中央社之所以仅用 10 余年时间，就从惨淡经营的无名之辈迅速发展成为世界知名通讯社，得益于蒋介石政府的全力扶持。中央社的发展计划是由蒋介石亲自审批[1]，其经费和设备由国民党中央党部、民国政府教育部和财政部划拨。[2]特殊的政治地位，促使中央社为国民党政府的内外政策服务。国民党和蒋介石的重要公文均由中央社负责发布。正如报人刘豁轩指出，“该社是国民党主办的，虽然在新闻政策上努力减少党的色彩，但终不免有党性色彩”。该社经费经过国民党中央监察委员会校审，由中央执行委员会财务处支付，分社由总社核算报销。尽管中央社标榜其超党派的社会服务理念，但实质上却难以摆脱对国民党政权的依赖，其作为国民党出的官方喉舌的功能与性质始终未变。

中央社虽然打破了国人对外国新闻通讯社信息的依赖，但却为中国新闻界树立了新的“权威”与“垄断”。中国地方报业因采访能力普遍不足，故严重依赖中央社的新闻供稿，导致全国报纸信息源单一。有报人指出，“全国报纸凡中央社所能到的地方，地无论南北，报纸无论大小，新闻内容是大同小异，千篇一律的‘标准化’”，同质化的倾向严重影响了中国报业的良性竞争。

中央社对中国新闻传播格局的影响是复杂和多面的。一方面，它是国民党创办的比较成功的新闻机构，打破了外国新闻机构对信息源的垄断，提升了中国新

1　高仲芹 . 萧先生和中央社无线电通讯网［C］// 政协湖南省常宁县文史委员会 . 常宁文史资料：第 4 辑 .1988：21.

2　王凌霄 . 中国国民党新闻政策之研究（1928—1945）［M］. 中国国民党中央党史委员会，1996：87.

闻业的竞争实力，促进了中国报业的良性发展。另一方面，它毕竟是国民党一手扶持建设起来的新闻机构，虽标榜新闻专业主义的服务理念，却终难摆脱党性色彩。袁昶超曾在《中国报业小史》中说，“在中国报业史上，恐怕没有一个新闻机构，其组织、规模与贡献，能够胜过中央社的。如果继续有安定的环境，中央社将不难发展成为一个国际通讯社，与英美各通讯社并驾齐驱”[1]。国共内战时期，中央社为国民党政治服务，完全忽视新闻道德，尽管看似其“资本雄厚”，后台屹然，但实际已对青年有为者亦无多少吸引力可言。在国共内战的战车上中央社已经“暮气索然”，最终未能挽回“永走下坡路道路”的轨迹，沦为与国民党政权“同归于尽”的命运。但历史走向往往不按人们的意愿发展。抗战胜利后，中央社的发展达到了顶峰，仅过了 4 年时间就随着国民党的崩溃迅速走向衰落，其结果令人扼腕，更值得深思。

（原文发表于《辽宁大学学报》（哲学社会科学版）2015 年 2 期）

1　袁昶超 . 中国报业小史［M］. 台湾：新闻天地社，1957：91.

上海世界报纸展览会与中国现代新闻业的成长

世界近代新闻产业形成后，报业展览会成为国际新闻界交流的重要形式。20世纪20年代后，中国人日益重视报业展览会的教育与交流功能，参与并举办了多次报展。其中，1935年上海举办的世界报纸展览会规模最大，影响最为深远，这是中国第一次举办世界报纸展览会[1]。此次展会通过展品的展陈观摩、研究比较等活动，加强了中外新闻界的联系，促进了中国人对新闻业的了解，展示了全民族抗战爆发前中国报业的进步趋向，被誉为“中国新闻史上光荣的一页”[2]。目前，学界对于中国近代报展的认识尚缺乏深入研究[3]。笔者试以史料为基础，以上海世界报纸展览会为重点，探讨民国时期，中国人如何克服重重困难成功举办世界报纸博览会，揭示报纸展览会在国际新闻界交流中的影响及对现代中国新闻业成长的意义。

一、中国报界与世界报纸展览会的历史渊源

所谓报纸展览会，“乃集合各地古今报纸及与新闻事业有关者之一切杂件，陈列一堂，以供众览之谓也”[4]。近代真正意义上的世界报纸博览会起源于1928年在德国科隆举办的万国报纸博览会。戈公振访欧期间曾参观科隆报展，他感叹，“博览会性质以报纸为主体者，吾未前闻。有之，自科恩始”。此次展览邀请48国参加，主办方对于中国展品“存着极厚的希望”，并拟为中国单独开办“一个单位”。当时，我旅德报人闻讯后多次致函国内，督促“国人注意搜集材料，参加报展”，但不幸的是，“时值国事扰攘，政府及报界自顾不暇”，加之中国人对“新闻学术研究的趣味不高”，以致国内报界对此次报纸展览会竟无人响应。

1 学界普遍认为1935年的上海世界报展为中国第一次举办世界报纸展览会。方汉奇先生在《中国新闻学之最》一书第335页中指出，上海世界报纸展览会是中国首次举办的世界报纸展览会；此外，孙文铄的《中国新闻界之最》、姚建红的《中国新闻史事溯源》等书均认为，上海世界报纸展览会是我国举办的第一次世界报纸展览会。

2 佚名．中国新闻史上光荣的一页：世界报展获得成功［N］．复旦大学校刊，1935-10-21.

3 关于上海世界报纸展览会的研究多见于知识性介绍，其中马光仁《上海新闻史》、方汉奇的《中国新闻事业编年史（中）》均对报展情况略有介绍。

4 戈公振．纪世界报纸博览会［C］// 新闻学撮要．北京：商务印书馆，1929：48.

展期将近，主办方只得委托中央通讯社驻柏林分社主任廖焕星向新闻学者黄天鹏求助，希望其代为在北京收集“中国各日报杂志以及传单等物愈多愈妙”。1928年5月12，报纸展览会展开幕，中国展馆占地面积颇大，陈列了黄天鹏收集的中国各类报纸300余种[1]。戈公振在参观中国馆后不无失望地指出，展品“无准备，故无系统，遂无精彩”，为中国新闻界未能利用世界报纸展览会之机宣传本国新闻业而遗憾。科隆报纸博览会之后，报纸展览会这一新闻业交流形式逐渐为国际新闻界所重视，各类报纸展览会相继举办，其中1928年瑞典斯德哥尔摩“万国报展”，1930年威尼斯“世界学生报展”，1931年美国纽约举办报纸版式展览会，均有较大影响[2]。

中国最早举办报纸展览会是1926年由上海新闻协会主办的南洋各报展览会。此次报纸展览会展出南洋地区华文侨报及《苏门答腊报》经理刘士木和上海《时报》总编辑戈公振所藏书报共百余种[3]。戈公振先生访欧期间有感于科隆万国报纸博览会的成功，指出“我国为造纸及有报纸最先之国，大可藉此（指举办报展）宣传”[4]，呼吁国人应重视报纸展览会在新闻宣传和报业交流中的作用。为此在1931年8月8日，戈公振在西湖罗苑举办了“中外报纸展览会”，陈列他访欧期间收集的欧美报业照片和报纸样本。其中既有《泰晤士报》《纽约时报》《朝日新闻》等外文报纸，亦有《申报》《时报》创刊号等国内报纸珍品。这次报纸展览会规模虽小，却有很强的学术色彩，报纸展览会中展出了戈公振、徐宝璜、蒋国珍、任白涛、邵飘萍、谢六逸等新闻学名家的著作，显示了中国新闻学研究的蓬勃活力，而报纸展览会的学术交流作用也初露端倪。西湖报纸展览会后，戈公振还想在上海举行一次规模更大的展出活动，但因各种因素未能如愿。此后，1935年，杭州新闻记者公会亦曾举办全国报纸展览会，此次展览得到了各地新闻记者公会、新闻学会、大学新闻系的广泛帮助，共征集全国各类报刊1 455种。该报纸展览会在江浙两省引起轰动，参观人数累计超过三万人次[5]，受此鼓舞，

1 胡道静 . 在展览会里的中国报纸［M］// 报坛逸话 . 北京：世界书局，1946：74-75.
2 钟华组 . 报展的历史［J］. 报学杂志，1948，1（8）.
3 孙文铄 . 谢国明 . 中国新闻界之最［M］. 北京：社会科学文献出版社，1993：184.
4 戈公振 . 纪世界报纸博览会［M］// 新闻学撮要 . 北京：商务印书馆，1929：48.
5 钟韵玉 . 记杭州两次报纸展览会［M］// 杭州文史丛编 . 杭州：杭州出版社，2002：253.

南京新闻界人士也有“筹备举行全国报纸展览会”的意愿，这些报纸展览会规模虽不大，且收集的均为国内报纸，但却显示出20世纪30年代中国人对举办新闻专业展览会的高涨热忱，并为1935年上海世界报纸展览会的成功举办打下基础。

二、成功举办上海世界报纸展览会

（一）报纸展览会的缘起

1935年上海世界报纸展览会主办者是复旦大学新闻学学会。1935年3月，复旦大学新闻系召开大会，决定举办一次报纸展览会，以庆祝复旦建校30周年，同时新闻学人亦想通过此次报纸展览会“引起社会人士对报纸的兴趣，促成报业改良”，“藉此充实新闻学系的内容”。

20世纪30年代，尽管中国新闻业已有长足的发展，但若举办世界报纸展览会，不仅在中国乃至整个东亚都尚属首次，何况由新闻教育机关来发起展览，更是前所未有的创举。为此，复旦大学新闻学会进行了充分的前期准备，成立了世界报纸展览会筹备委员会，由复旦大学新闻系主任谢六逸任会长，盛维棨、舒宗侨、施鼎、盛澄世、熊岳兰、谢家礽、王允谋、汪远涵、夏仁麟9人为筹备委员，分别负责总务部、国内报纸征集部、国外报纸征集部、统计图表部、交际部等9个部门的具体工作，协调展览事宜。为扩大报纸展览会的影响提高权威性，筹委会还聘请专家学者10余人担任顾问。筹备委员会制订了周密的工作计划，将征集展品范围划分为本国报纸、各国报纸、新闻照片和图表、报馆介绍及成绩、电讯机器、印刷设备等12个门类。严密的组织与分工成为世界报纸展览会筹备工作高效率的保证。

（二）展品征集

筹备世界报纸展览会工作繁杂，其中尤以展品收集最为艰巨。为此，筹备委员会于3月29日在上海青年会举行新闻记者招待会，公开向上海新闻界寻求帮助[1]。鉴于华北是中国报业的又一中心，筹备委员会特派舒宗侨远赴“平津接洽”，“与平津报界领袖会晤”，取得的结果“甚为圆满”。北方报业同仁的支持令筹委会信心大增，随后又派代表赴南京，与国民党政府中央宣传委员会负责人会商，

1 据马光仁先生《上海新闻史》记载，报展筹备委员会成立于1935年2月，并在2月29日召开新闻会对外征集展品（复旦大学出版社1996年，第806-807页）。此说经笔者考察有误，据《报展》（纪念刊）记载新闻会召开时间应为1935年3月29日（《报展》（纪念刊）第11页）。

谋求政府“官方”的协助。“宣委会”对于民间举办世界报展亦持支持态度，不但提供了全国《报社通信社一览》，还承诺赠送罕见的海外华侨报纸参展。国民政府的支持使得展品的征集工作大为提速。按照“宣委会”提供的《报社通讯社一览》，筹备委员会“按图索骥”向全国 1 500 余家新闻机构发去了参展邀请信和《国内报纸征集调查表》，后者详列了各报纸的名称、地址、筹办时间、创办人、销量等数据，以备展出之用。

作为世界报纸展览会，国外报纸展品的征集无疑难度最大。筹备委员会认为，收集国外报纸“既要大量的金钱，又要相当的参考”。无奈之下，主办者又向国民政府外交部求助，将 1 200 余份邀请函和报纸调查表通过外交部转发给各国驻华使馆，再由使馆转送所在国报馆。由于国民政府外交部的介入，此次报纸展览会无形中具备“官方”背景，各国新闻机构收到邀请函均十分重视，积极响应。5 月，邀请信发出后仅一个多月就陆续收到外国参展报纸回复，“先是日本、朝鲜、印度、缅甸”，到后来“德国、意大利、美国都跟着寄来了”[1]。

报纸展览会筹备工作的顺利开展，除官方帮助外，更得益于新闻研究学者和报界同仁的鼎力相助。戈公振、王一之慷慨将其珍贵私藏报纸无偿借给展会使用。适逢南京新闻界筹备全国报纸展览会，展会负责人仇培之亦将南京报纸展览会收集的部分展品提供给筹委会。而杭州新闻记者公会经过接洽也将全部材料借用，其中不乏《申报》创刊号、《点石斋画报》等珍品，此举极大地提高了上海报纸展览会展品的质量。

尤其值得注意的是，20 世纪 30 年代，上海作为中国重要的工商业城市和报业中心，备受中外印刷制造厂商的重视。世界报纸展览会在上海举行也成为他们展示产品、争取国内市场的契机。英国麦纳印铸机器制造厂、德国泰来洋行、美国中国电器公司、华商明精机器厂均带来新式印刷机器参展。其中，麦纳印铸机厂的大平板机、新式铸字机，麦纳打字机；礼和洋行的套色印刷机；泰和洋行的色板印刷机，自动铸字机，各式铅版、纸版、油墨均为首次在中国展出。出于对报纸展览会商业价值的考虑，这些机器运输、组装和现场演示费用全部由厂商自

1 复旦大学新闻系 . 我们的工作［J］. 报展，1936（纪念刊）：9-19.

行负责[1]。经过各方努力，截至展会开幕前一个月，报纸展览会总共收集各类展品总计逾 3 000 件，可谓“洋洋大观”。

（三）盛大揭幕

1935 年 10 月 7 日，上海世界报纸展览会如期开幕，全部展览共 6 个展厅，占用复旦大学校舍 10 余间。第一展厅主要陈列珍贵的历史报纸、通讯稿、杂志、报馆应用文件和新闻教育成果，展品中有历史价值的报纸 50 种，图表 32 幅，各类照片 130 多张，彩色画报 12 幅，中外通讯稿件 200 余种。第二至第四展厅主要陈列国内报纸与报业先贤遗照事迹。其中，国内报纸 1 500 种，报纸合订本 300 余种，展品遍及 30 多个省市地区，云南、贵州、广西等偏远省份亦有报纸送展。国内展区中，展出最多的是上海报纸，共 150 余种，约占当时上海全部报刊总数的近 50%[2]。第五展厅为世界报纸展厅，共展出世界报纸 500 余种，遍及 5 大洲 38 个国家和地区。其中有各类报纸创刊号、专刊、纪念刊、年鉴共 50 余种，包括纽约太阳报创刊号等珍品。最大的第六展厅是机器设备展区，陈列各类印刷机器 20 余台。此外，还有多种电信设备，如中国电器公司自动电话机、交换机、打字发报机，各种电表、真空管、上海电报局的国际电台设备均为首次在国内公开展出。

世界报纸展览会堪称上海的文化盛事，国民党政府立法院院长孙科、驻德大使程天启、国民党政府外交部前部长王正廷等民国政界名流均前来参观。作为民国时期新闻业的一次专业展会，此次报纸展览会亦引起了民国新闻教育者和众多报人的关注。中央政治学校新闻系主任马星野带领学生 10 人从南京赶到上海参观学习，燕京大学新闻系主任黄绍宪、沪江大学新闻系、交通大学校长黎照寰、文学家林语堂等也都与会参观。民国报界翘楚如《新闻报》总经理汪伯奇、《申报》经理马荫良、《北平世界日报》社长成舍我、镇江《苏报》社长成康和也均到会助阵。

展会期间，筹备委员会组织十分周道。7 天展期中，首日就有四千多参观者涌入。为方便游览，了解报纸的历史，筹备委员会特别印制了中英文两种版本的

1　复旦大学新闻系 . 我们的工作［J］. 报展，1936（纪念刊）：9-19.
2　储玉坤 . 现代新闻学概论［M］. 北京：世界书局，1939：49.

《参观指南》《申报概况》《新闻报概况》《厂商说明》，免费赠给游客阅读。展览每天进行 8 个小时，尤其是 10 月 10 日，由于适逢“双十节”放假和第 6 届全国运动展览期间在上海开幕，使参展人数骤增，各国驻沪记者，各大院校学生，英、法、德、日等国来宾纷纷到来，形成参观高峰。参观者对古旧报纸、外国报纸和日本盲人报纸产生了浓厚兴趣，而各种印刷机器的现场展示，更使展览达到高潮，至 10 月 13 日下午报纸展览会闭幕，游者仍“源源不绝”。主办方不得已，应上海各界强烈要求，拟在上海公共租界内延期数日继续展出，但由于抗战局势动荡，未能实现。

此次报纸展览会，上海各报纸给予了高度评价，“因事前已略有宣传，故外界极为注意，展览会之初数日，本外埠报纸均有批评，一致认为报展为中国新闻史开一新纪元，其在集材布置各方均已成功”。《申报》不但发表数篇有关报纸展览会的新闻，还在 10 月 8 日以《世界报纸展览会开幕》为名，发表时评文章，认为报纸“日销百万份在国外为常，在我国则绝无，他若通讯之布置，一切物质之供给与享用亦远不如人，此次大报展，使吾人自知所短，力求改正之道，其意义实大焉”。上海《新闻报》则用“琳琅满目，美不胜收”八字概括此次报纸展览会的展品丰富。而《新人周刊》则撰文指出，“世界报纸展览之创举，这实在是一件很有意义的事，尤其是在新闻事业落后的中国，这一番举动不能不说是相当的需要……从这里也可窥见近代报纸进化的迹象”。《晨报》则称此次报纸展览会“观者络绎于途，无不同声称誉”。此外，上海《字林西报》《时事新报》《大晚报》《立报》也对此次报纸展览会给予了正面报道和评价，显示出报纸展览会产生了巨大的社会影响力。

三、上海世界报纸展览会对民国新闻业的社会影响及其意义

1935 年，上海世界报纸展览会是抗战前中国新闻界难得的盛事，对中国报业影响深远。储玉坤在《现代新闻学概论》也指出：“民国二十四年（上海）举行报展，唤起一般人士对于报纸的兴趣，其意义甚为重大。”[1]

首先，此次报纸展览会促进了中外新闻界的交流，推动了中国新闻业“世界化”进程。上海世界报纸展览会汇集了 20 世纪 30 年代世界上的优秀报纸，通过

1 转引自马光仁 . 上海新闻史［M］. 上海：复旦大学出版社，1996：808.

展品的陈列和对比，以直观的方式激发中国报人总结域外报业经验，直面差距，取长补短，参与世界报业竞争。谢六逸指出，举办和参与世界报纸展览会是中国报业走向国际化的必然趋势。“这几年来，我国报业顺应时代的要求，却有进步的趋势。”但同时，“世界各国报业，也有高速的发展”，中国报业如要赶超欧美，就不能“闭门造车”，而需“眼光向外”，中外报纸的优劣对比，正可“供我国经营报业者参考”，达到“取人之长，补我之短”的目的。[1]作为报业经营者，《新闻报》经理汪伯奇则对报纸展览会功能认识更为务实。他认为，第一次世界大战后世界各国新闻业均有不同程度的进步，国人报业欲“迎头赶上欧美报纸，殆非易事”。在汪伯奇看来，“欧战以后，各国政治制度大有变更，影响于新闻事业不浅”，环视世界新闻业，“环境虽异，其发达程度完全相同”。他在对比英国《每日电讯报》、法国《小巴黎人报》和苏联《真理报》后指出，上述报纸动辄有发行“二百万份之新纪录”，而反观中国新闻业“虽不无进步”，但“技术之幼稚，专门人才之难求”，突显中外新闻产业规模的差距。对此，南京新新通讯社社长仇培之极为认同。他承认中国近代新闻业虽“已有蓬勃之气象”，“然比之欧美日本则望尘莫及”，中国“最大之报纸为《申》《新》两报，每日不过十五万份，而欧美重要报纸日销一百七八十万份，相差奚啻霄壤”而“编排采访人才之缺乏，机器物质方面较之先进国家也瞠乎其后”。上海举办世界报纸展览会正可使中国新闻业学习国际新闻强国的成功经验，进而“共谋我新闻事业前途发展”[2]。

其次，此次报纸展览会展示了近百年中国新闻业的进步成果，引发国人对新闻业的高度关注。20世纪30年代，在世界性经济危机和国难背景之下，中国新闻业发展逆势而上，迎来了一个“空前蓬勃的时代”[3]。中国报人渴望通过报纸展览会将近代新闻业的进步成果展示给国人，在回顾总结百年报业历程中，激励同侪，既往开新。有报人指出，20世纪20—30年代，仅10年时间中国报业“无论在编制上或印刷上，立刻可以发现极显然的不同”。“从近代报纸到现在，在这六七十年的过程中，中国报纸究竟进步到了什么程度？那些地方还没有进

1　谢六逸．发刊辞［J］．报展，1936（纪念刊）：1-9.
2　汪伯奇．世界报纸展览感言［J］．报展，1936（纪念刊）：12-13.
3　曾虚白．中国新闻史［M］．台北：三民书局，1966：351.

步？”，举办报纸展览会正是为了“检讨过去”“推进将来”[1]。谢六逸指出，“我国报纸，创始甚早，初期报业虽然简陋，但富有历史的价值，其中还有报业前辈的言论风采，也是我们朝夕敬仰的”，通过报纸展览会，“将各种报纸的幼年、少年和壮年时代陈列起来，可以进一步激励我们的事业，唤起我们研究的精神”。尤其是近年来“海外华侨报纸为数虽多，但平时国人阅读接触较少还有边疆各省市地方报纸，正可以通过展览会进行比较观摩”。而各种先进印刷机器的现场演示，也使中国人了解其“形式和效用”进而推动中国人对报业的了解。在中国报人看来，“中国新闻事业不能有很大的发展”，很大程度上是“由于国民对新闻事业隔膜太深。他们不仅不明白新闻纸神圣的任务和贡献，甚至看轻新闻事业而施以摧残”。报纸展览会的举办，让“民众更进一步地认识新闻事业，也使从事报业者便于参考”，可谓一举两得。从民众踊跃参观的热情和媒体的报道力度来看，此次报纸展览会确实引发了国人对新闻业的关注。

再次，此次报纸展览会能够顺利举行，得益于全国新闻界的鼎力支持，体现出抗战前中国新闻界爱国团结的进步趋向。戈公振曾批评中国新闻界有各自为政，党同伐异的积习，“各报之间，既无公会，且少联络，当时并有一种风气，各报善于笔战，夸己之长，蹈人之短，所争者乃极细而无意义之事”[2]。这种局面在抗战前为之一变，报纸展览会筹办之初，筹备委员会就面临展品收集的困难，幸有平津及沪宁杭地区报人的相互合作提携，方使报纸展览会顺利举行。对报界这种团结协作的精神风貌，燕京大学新闻系主任梁士纯在《报展纪念刊》中撰文指出，抗战前中国报界几个好现象之一，就是“报界自身的团结”，尽管这种“团结力”还没有赶上欧美各国和日本报界的团结力，但与清末民初相比已有明显进步。现在报馆之间的竞争尽管“如前之认真，如前之热烈”，但大体能保持“一致”。报纸展览会成功举办无疑是中国报人谋求合作，彰显团结精神的一次尝试。

最后，此次报纸展览会充分发挥了普及新闻知识，培养爱国精神的教育功能，推动了 20 世纪 30 年代新闻教学科研活动的开展。此次世界报纸展览会不仅是新闻界的业内交流，其成功举办已成当时上海的文化盛事。近代中国教育文化事业

1　谢六逸 . 发刊辞［J］. 报展，1936（纪念刊）：1-9.

2　戈公振 . 中国报学史［M］. 上海：生活 · 读书 · 新知三联书店，1955：103.

和新闻传媒都十分落后，国人对新闻各种科技成果更是知之甚少。此次报展，大量展示了“印刷机器的进化与应用”“报纸制作的经过”，通过现场制作演示，使参观者身临其境地得到一次科普教育。尤为难得的是，在国难背景下，报展还将 1932 年，“一·二八”淞沪抗战中上海出版的各大报纸号外及临时报道共 43 种收集展出，以昭示国人勿忘国耻，弘扬爱国主义精神。胡道静在参观后称此举，“却为一大时代中新闻事业的精神的表现”。[1]

除教育功能外，报纸展览会还宣传了民国新闻教育成就，加强了新闻教育机关和与媒体的合作。谢六逸认为，“我国报纸年来虽有进步，但一般人对新闻教育尚不知注重”。通过举办报纸展览会，“新闻教育机关显示其服务报业的诚心，而报业经营者对于研究新闻学的机关则尽量补助”。报纸展览会的成功举办显然扩大了新闻教育的影响，展示了新闻教育服务社会的诚意，推动了新闻教育与报业之间的合作。利用报纸展览会收集的材料，复旦大学新闻系师生绘制了 1935 年 4 月 30 日《上海各报软硬性新闻比较表》，内容翔实准确，“深得观众的称赞”。报纸展览会结束后，筹备委员会又出版了《报展纪念刊》，收录了谢六逸、梁士纯、成舍我、马星野等学者的学术论文 20 余篇，内容涉及外国新闻史、新闻摄影、报刊编辑、新闻伦理等领域。报纸展览会已成为南北新闻学者切磋学术的平台[2]。

四、结语

在近代中国新闻史上，以上海世界报纸展览会为代表的各类报展对中国新闻业发展的推动作用是综合性的。中国报人仇培之曾指出，“报展谓之为读报运动宣传周可，谓之为报学研究会可，谓之为报纸竞赛会亦无不可”[3]。20 世纪 30 年代的上海世界报纸展览会意义绝非仅限于新闻界内部交流，俨然已具备了推介报纸产品，提升中国人文化素质和科学素养的综合功能。上海世界报纸展览会的成功举办进一步掀起了中国人举办报纸展览会的热情。据统计，仅 1936 年国内即有汉口“全国新闻纸杂志及儿童读物展览会”，无锡全国报纸及杂志展览会，开封基督教青年会全国报章杂志展览会，因此，这一年又被称为中国近代新闻史上

1 胡道静 . 上海世界报纸展览会［M］// 上海通社 . 上海研究资料 . 上海书店，1937：428.

2 蒋金戈 . 五十年前的一次世界报展［J］. 新闻记者，1988（3）：40.

3 仇培之 . 举办报展之意义及今后之愿望［J］. 报展，1936（纪念刊）：5-7.

的“报展年”[1]。可惜这种良好的发展态势，却因为抗战的全面爆发戛然而止。抗战胜利后，中国人更注重报纸展览会的政治教育功能，却忽略了其在专业建设与交流方面的作用，加之抗战的条件限制，报纸展览会的规模与影响已远不及抗战前。尽管如此，抗战前后中国报业博览会的勃兴，是中国报业发展到一定历史阶段的产物，体现了中国报业经济的崛起与报人观念的进步，昭示了这一时期中国报业现代化水平的提升。

（原文发表于《国际新闻界》2010 年 10 期）

1　胡道静 . 报坛逸话［M］. 北京：世界书局，1940：74-75.

后　记

从冰城到山城，从松花江到嘉陵江，不知不觉间，我来渝竟然已十载有余。2014 年初，爱人带着孩子去海南游玩，留我一个人在家百无聊赖，想到一眼看到未来的生活，望着窗外的漫天风雪，换个环境生活的想法由此萌生。无意之间，给重庆大学投放的一份简历，没想到竟就此开启了人生的一段新旅程。也许这就是生活，当你以为要按部就班地沿着老路走下去的时候，不经意间总会有峰回路转的时刻。天意弄人，在 36 岁时我还是放弃了“事业编制”，离开了人生的“舒适区”，离开生活了几十年的故乡，带着对未来的憧憬，奔赴西南未知的岗位。

在渝十年的经历看似平静，实则充满了各种各样的“挑战”。重庆与哈尔滨的环境反差极大，衣食住行各个方面，我与家人都要重新面对和适应新的环境。初来乍到，面对学校的“考核”压力，科研上自己从头再来，只能靠拼搏和毅力去一点点打开局面。记得 2014 年秋冬之际，我几乎每天都泡在学院办公室的电脑前打磨论文，很多时候都是一坐就是一天，晚上学院关门多次被学校保安关在了教学楼里。我还记得一篇关于记者节的论文前后修改了不下 10 稿，最终顺利发表。2016 年，父亲在哈尔滨突发脑出血，虽然抢救及时保住了生命，但身体一侧却失去了知觉。2017 年，孩子手指因意外受伤，同年我又莫名大病一场。回想这几年经历的各种“无妄之灾”，还好自求多福，我都咬牙坚持有惊无险地挺了过来。

人生不易，没有这十年的历练，也许我还不明白这四个字的含义。感谢这十年经历的人与事，它让我提高了能力，磨炼了心性。本书是这十年所写的部分论文，这些论文曾被国内一些新闻传播学期刊载，我都逐一进行了修改与标注。

特别感谢我的博士生陈康和沈玉莲，陈康对书稿格式进行了大量修改，沈玉莲则对书稿进行了校对，谢谢你们的工作。此外，还要特别感谢重庆大学出版社张慧梓、唐启秀、陈筱萌诸位编辑、校对负责人员耐心细致的工作。本书在写作过程中得到了王润泽、蒋建国、蔡斐、赵建国、邓绍根、王咏梅等师友的帮助和指导。特别感谢学院领导的关心和帮助，资助此书顺利出版。

本书的内容主要集中在抗战新闻传播史领域，本人学力有限，希望本书能抛砖引玉，欢迎各界读者对书稿内容提出宝贵意见，我将在今后的研究中继续补充和完善。